面向新工科普通高等教育系列教材

Python 程序设计基础

殷丽凤　于林林　徐　蕗　主　编
任洪海　郑广海　刘　震　副主编

机械工业出版社

本书是一本系统而详细的 Python 入门教材，涵盖了 Python 语言概述、基础语法、程序控制结构、组合数据类型、字符串、函数、文件和异常处理、面向对象程序设计、正则表达式、Python 常用库以及综合实践等内容。本书以简单易懂的方式，从 Python 语言的基础开始，带领读者逐步深入掌握 Python 的核心概念和语法。每一章都有大量的实例演示和习题练习，读者可以更好地理解 Python 语言的应用场景和解决问题的方法。

本书不仅适合作为高等院校、职业本科院校计算机及相关专业的教材，也适合 Python 初学者、自学者、工程师和开发者阅读参考。

本书配有二维码视频，供读者参考和巩固所学知识点。本书还配有电子课件，需要的教师可登录 www.cmpedu.com 免费注册，审核通过后下载，或联系编辑索取（微信：13146070618，电话：010-88379739）。

图书在版编目（CIP）数据

Python 程序设计基础 / 殷丽凤，于林林，徐蕗主编.
北京：机械工业出版社，2024.12（2025.6 重印）. -- （面向新工科普通高等教育系列教材）. -- ISBN 978-7-111-76894-4

Ⅰ．TP311.561
中国国家版本馆 CIP 数据核字第 2024KV8311 号

机械工业出版社（北京市百万庄大街 22 号　邮政编码 100037）
策划编辑：解　芳　　　责任编辑：解　芳
责任校对：肖　琳　张　征　责任印制：张　博
北京华宇信诺印刷有限公司印刷
2025 年 6 月第 1 版第 2 次印刷
184mm×260mm・18 印张・458 千字
标准书号：ISBN 978-7-111-76894-4
定价：69.90 元

电话服务　　　　　　　　　网络服务
客服电话：010-88361066　　机　工　官　网：www.cmpbook.com
　　　　　010-88379833　　机　工　官　博：weibo.com/cmp1952
　　　　　010-68326294　　金　书　网：www.golden-book.com
封底无防伪标均为盗版　　　机工教育服务网：www.cmpedu.com

前　　言

　　Python 是一种通用的高级编程语言，由 Guido van Rossum 在 1989 年底编写，首次发布于 1991 年。由于强调代码的可读性和简洁的语法，使得 Python 成为一种容易学习和使用的语言。因此，它在计算机科学领域应用广泛，包括但不限于 Web 开发、数据科学、人工智能和机器学习、科学计算、游戏开发和系统管理等领域。本书旨在为读者提供一个全面、系统的 Python 学习资源，帮助读者快速掌握 Python 编程的基本原理和技巧。

　　通过本书，读者可以从 Python 的基础知识开始，逐步深入掌握 Python 的基本原理、核心概念和算法。本书可帮助读者打下扎实的理论基础，普及 Python 技术，让更多人了解和认识到 Python 的价值和潜力，同时还提供了实践指导和应用案例，指导读者将 Python 算法用于实际问题，从而快速掌握 Python 编程的基本原理和技巧。

　　本书共分 11 章，涵盖了 Python 语言概述、基础语法、程序控制结构、组合数据类型、字符串、函数、文件和异常处理、面向对象程序设计、正则表达式、Python 常用库以及综合实践等内容。每一章都配有大量的实例演示，帮助读者更好地理解 Python 语言的应用场景和解决问题的方法。

　　第 1 章介绍了 Python 语言的概述，包括程序设计语言的基本概念，Python 语言的特点、应用和版本，以及搭建 Python 开发环境的方法。

　　第 2 章介绍了 Python 语言的基础语法，包括关键字和标识符、常量与变量、基本数据类型、基本输入输出、运算符和表达式等内容。

　　第 3 章介绍了 Python 程序的控制结构，包括程序控制的基本结构、顺序结构、分支结构、循环结构，以及实践——实现一个简单的景区售票系统。

　　第 4 章介绍了 Python 语言的组合数据类型，包括列表、元组、集合、字典，以及实践——实现一个简单的学生管理系统。

　　第 5 章介绍了 Python 语言的字符串处理，包括字符串的基础知识、常见操作，以及实践——实现一个简单的文字处理器。

　　第 6 章介绍了 Python 语言的函数，包括函数的定义和调用、参数和返回值、参数传递、变量的作用域、特殊形式的函数、模块与包，以及实践——实现一个购物车系统。

　　第 7 章介绍了 Python 语言的文件和异常处理，包括文件概述、文件访问、文件操作、os 模块和 shutil 模块中的文件操作方法、异常的定义和处理，以及实践——通过文件操作实现小案例：待办事项。

　　第 8 章介绍了 Python 语言的面向对象程序设计，包括类与对象、类的成员、成员可见性、特殊方法、封装、类的继承、多态、运算符重载，以及实践——实现一个简单的电影订票系统。

　　第 9 章介绍了 Python 语言的正则表达式，包括正则表达式概述、基本规则、正则表达式的组、正则表达式的函数，以及实践——实现一个文件提取替换系统。

第 10 章介绍了 Python 语言的常用库，包括 Python 标准库和第三方库，以及实践——可视化分析国民经济核算数据。

第 11 章介绍了综合实践，包括宿舍管理系统、图书管理系统、地铁数据分析与可视化，涉及数据库设计、实体类创建、功能实现等内容。

本书由大连交通大学的殷丽凤、任洪海、郑广海、刘震以及大连科技学院的于林林和徐蕗共同编写，具体分工如下：殷丽凤编写第 6~8 章，于林林编写第 4、5 章，徐蕗编写第 2、3 章，任洪海编写第 1 章和第 9 章，郑广海编写第 10 章，刘震编写第 11 章。大连交通大学软件学院的研究生王闯、王韵涵、李金霖和付子龙在本书编写过程中对案例和插图的收集、制作提供了辅助支持。

在编写本书的过程中，深入研究了大量国内外的著作、学术论文以及互联网上的高质量资源。衷心感谢所有为本书提供知识和智慧的作者和研究者们，他们的辛勤工作为本书的编写提供了宝贵的参考资料和灵感来源。鉴于参考文献众多，尽管努力整理和列出，但仍可能有所疏漏。对于未能提及的作者，在此深表歉意。

希望本书能够帮助读者快速掌握 Python 编程的基本知识和技巧，为读者进一步学习 Python 编程打下坚实的基础。

感谢您的阅读！希望本书能成为您学习 Python 程序设计的宝贵资源。如果您有任何问题或需要进一步的指导，请随时联系我们（邮箱：yinlifeng1030@djtu.edu.cn）。我们非常乐意为您提供帮助！

编　者

目　录

前言

第1章　Python语言概述 ………………… 1
1.1　程序设计语言 ……………………… 1
1.1.1　机器语言 ……………………… 1
1.1.2　汇编语言 ……………………… 1
1.1.3　高级语言 ……………………… 1
1.2　Python语言简介 …………………… 2
1.2.1　Python语言特点 ……………… 2
1.2.2　Python语言应用 ……………… 3
1.2.3　Python版本 …………………… 3
1.3　搭建开发环境 ……………………… 4
1.3.1　安装Python解释器 …………… 4
1.3.2　利用IDLE编写代码 ………… 5
1.3.3　安装PyCharm ………………… 6
1.3.4　安装Anaconda ……………… 10
1.4　Python规范 ………………………… 12
1.4.1　注释规范 …………………… 12
1.4.2　代码缩进 …………………… 13
1.5　本章小结 …………………………… 13
1.6　习题 ………………………………… 14

第2章　基础语法 ………………………… 15
2.1　关键字和标识符 …………………… 15
2.1.1　关键字 ……………………… 15
2.1.2　标识符 ……………………… 15
2.1.3　常量与变量 ………………… 16
2.2　基本数据类型 ……………………… 17
2.2.1　数值类型 …………………… 18
2.2.2　空值、布尔类型 …………… 21
2.2.3　字符串类型 ………………… 21
2.3　基本输入输出 ……………………… 25
2.3.1　input()函数 ………………… 25
2.3.2　eval()函数 ………………… 26
2.3.3　print()函数 ………………… 27

2.4　运算符和表达式 …………………… 28
2.4.1　算术运算符和算术表达式 … 28
2.4.2　赋值运算符和赋值表达式 … 29
2.4.3　关系运算符和关系表达式 … 32
2.4.4　逻辑运算符和逻辑表达式 … 32
2.4.5　成员运算符和成员表达式 … 33
2.4.6　同一性运算符和同一性表达式 … 34
2.4.7　位运算符 …………………… 34
2.4.8　运算符的优先级 …………… 35
2.5　本章小结 …………………………… 36
2.6　习题 ………………………………… 36

第3章　程序控制结构 …………………… 40
3.1　程序控制的基本结构 ……………… 40
3.2　顺序结构 …………………………… 40
3.3　分支结构 …………………………… 41
3.3.1　单分支结构：if语句 ……… 41
3.3.2　双分支结构：if-else语句 … 43
3.3.3　多分支结构：if-elif-else语句 … 44
3.3.4　嵌套选择结构 ……………… 46
3.4　循环结构 …………………………… 47
3.4.1　while循环语句 ……………… 47
3.4.2　for循环语句 ………………… 49
3.4.3　循环嵌套结构 ……………… 52
3.4.4　break语句和continue语句 … 53
3.4.5　pass语句 …………………… 54
3.4.6　while-else语句 ……………… 55
3.4.7　for-else语句 ………………… 55
3.5　实践——实现一个简单的景区售票系统 ……………………………… 56
3.6　本章小结 …………………………… 58
3.7　习题 ………………………………… 58

第4章　组合数据类型 …………………… 63

4.1	列表	63
	4.1.1 列表的基础知识	63
	4.1.2 创建列表	64
	4.1.3 访问列表元素	65
	4.1.4 添加列表元素	67
	4.1.5 修改列表元素	69
	4.1.6 删除列表元素	70
	4.1.7 列表的排序	72
	4.1.8 列表的统计	73
	4.1.9 列表的常用内置函数	75
	4.1.10 列表推导式	75
4.2	元组	76
	4.2.1 创建元组	76
	4.2.2 访问元组元素	78
	4.2.3 元组推导式	79
4.3	集合	80
	4.3.1 创建集合	80
	4.3.2 访问集合元素	81
	4.3.3 添加集合元素	82
	4.3.4 删除集合元素	83
	4.3.5 集合的操作	84
	4.3.6 集合推导式	86
4.4	字典	87
	4.4.1 创建字典	87
	4.4.2 访问字典元素	88
	4.4.3 删除字典（元素）	90
	4.4.4 添加字典元素	92
	4.4.5 修改字典元素	94
	4.4.6 字典推导式	95
4.5	实践——实现一个简单的学生管理系统	96
4.6	本章小结	100
4.7	习题	100

第5章 字符串 107

5.1	字符串的基础知识	107
5.2	字符串的常见操作	108
	5.2.1 字符串的格式化输出	108
	5.2.2 字符串的拼接和复制	112
	5.2.3 字符串的分割和合并	113

	5.2.4 字符串的查找和替换	114
	5.2.5 字符串的大小写转换	115
	5.2.6 字符串的测试判断	116
	5.2.7 字符串的排版	118
	5.2.8 字符串的加密和解密	118
5.3	实践——实现一个简单的文字处理器	119
5.4	本章小结	122
5.5	习题	123

第6章 函数 126

6.1	引言	126
6.2	函数的定义和调用	128
	6.2.1 函数的定义	128
	6.2.2 函数的调用	129
6.3	函数的参数和返回值	130
	6.3.1 函数的参数	130
	6.3.2 函数的返回值	131
6.4	函数的参数传递	131
	6.4.1 值传递和引用传递	131
	6.4.2 参数类型	135
6.5	变量的作用域	140
	6.5.1 局部变量	140
	6.5.2 全局变量	141
	6.5.3 global 和 nonlocal 关键字	142
6.6	特殊形式的函数	144
	6.6.1 递归函数	144
	6.6.2 高阶函数	147
	6.6.3 lambda 函数	148
	6.6.4 装饰器	150
6.7	模块与包	151
	6.7.1 模块	151
	6.7.2 包	153
6.8	实践——实现一个购物车系统	154
6.9	本章小结	156
6.10	习题	157

第7章 文件和异常处理 164

7.1	文件概述	164
	7.1.1 文件的分类	164

	7.1.2	文件的标识	165
7.2	文件访问		166
	7.2.1	打开文件	166
	7.2.2	关闭文件	168
7.3	文件操作		169
	7.3.1	文件读操作	169
	7.3.2	文件写操作	171
	7.3.3	文件的定位读写操作	173
	7.3.4	文件迭代操作	175
7.4	os 模块中的文件操作方法		177
	7.4.1	获取平台信息	177
	7.4.2	文件/目录操作	178
	7.4.3	os.path 模块	179
7.5	shutil 模块中的文件操作方法		180
7.6	异常		181
	7.6.1	异常定义和分类	181
	7.6.2	异常处理	182
7.7	实践——通过文件操作实现小案例：待办事项		186
7.8	本章小结		189
7.9	习题		189

第 8 章 面向对象程序设计 190

8.1	类与对象		190
	8.1.1	类的定义	190
	8.1.2	对象的创建与使用	191
8.2	类的成员		192
	8.2.1	属性	192
	8.2.2	方法	194
8.3	成员可见性		198
	8.3.1	公有成员	198
	8.3.2	私有成员	198
	8.3.3	保护成员	199
8.4	特殊方法		200
	8.4.1	构造方法	200
	8.4.2	析构方法	201
8.5	封装		202
8.6	类的继承		204
	8.6.1	单继承	204
	8.6.2	多继承	206

	8.6.3	重写	207
8.7	多态		209
8.8	运算符重载		210
8.9	实践——实现一个简单的电影订票系统		212
8.10	本章小结		216
8.11	习题		217

第 9 章 正则表达式 219

9.1	正则表达式概述		219
9.2	基本规则		219
	9.2.1	正则表达式中的字符串类型	219
	9.2.2	模式字符串中的普通字符	220
	9.2.3	模式字符串中的转义字符	220
	9.2.4	模式字符串中的特殊字符	220
9.3	正则表达式的组		221
	9.3.1	捕获组	221
	9.3.2	条件匹配	222
	9.3.3	断言组	223
9.4	正则表达式的函数		225
	9.4.1	正则对象和匹配规则	226
	9.4.2	常用成员函数	227
	9.4.3	Match 对象	232
9.5	实践——实现一个文件提取替换系统		233
9.6	本章小结		234
9.7	习题		235

第 10 章 Python 常用库 236

10.1	Python 标准库		236
	10.1.1	turtle 库	236
	10.1.2	random 库	239
	10.1.3	time 库	241
10.2	第三方库		244
	10.2.1	PyInstaller 库	244
	10.2.2	jieba 库	245
	10.2.3	Matplotlib 库	248
10.3	实践——可视化分析国民经济核算数据		253
	10.3.1	读取数据	254
	10.3.2	绘制折线图	255

10.3.3	绘制散点图 …… 255		11.2	图书管理系统 …… 264
10.3.4	绘制条形图 …… 256		11.2.1	程序代码 …… 265
10.3.5	绘制饼图 …… 257		11.2.2	运行结果 …… 267
10.4	本章小结 …… 258		11.3	地铁数据分析与可视化 …… 269
10.5	习题 …… 258		11.3.1	数据获取及预处理 …… 269
第 11 章	综合实践 …… 259		11.3.2	地铁数据可视化 …… 272
11.1	宿舍管理系统 …… 259		11.4	本章小结 …… 279
11.1.1	程序代码 …… 259		参考文献 …… 280	
11.1.2	运行结果 …… 261			

第 1 章　Python 语言概述

　　Python 语言因其简洁易读的特点在各个领域广泛应用，无论是在搜索引擎、机器学习还是数据挖掘等领域，Python 都占据着重要地位。在当前数字时代，信息技术迅速发展，Python 语言在各个应用领域都扮演着关键角色，简单易学的特性使其成为初学者的理想选择。本章详细介绍了计算机语言的分类，深入讲解了 Python，并介绍了关于 Python 开发环境的搭建和相关规范。

1.1　程序设计语言

　　程序设计语言是人与计算机进行交流的工具，是一种能被计算机识别和执行的特定编码系统。为了能够让计算机顺利工作，人们开发了一套用于编写计算机程序的语法规则，按照计算机语言的发展过程，可以将其分为机器语言、汇编语言和高级语言。

1.1.1　机器语言

　　机器语言是一种直接由计算机硬件执行的底层编程语言，它是由二进制代码组成，每个指令都对应着计算机硬件上的具体操作。在机器语言中，程序员需要以计算机能够理解的形式直接指示计算机执行特定任务，包括控制数据传输、算术运算和逻辑操作等基本操作。由于机器语言直接操作硬件，因此它具有高效性，但同时也更加复杂且难以理解。

1.1.2　汇编语言

　　汇编语言是一种低级编程语言，与机器语言相对应，它使用助记符来代替二进制代码，使程序员能够更容易地理解和编写程序。每个助记符都对应于机器语言中的一个指令。与机器语言相比，汇编语言更接近人类可读的形式，但仍然是直接与计算机硬件交互的语言。它为程序员提供了对计算机中的寄存器、存储器和其他硬件资源的直接访问。汇编语言程序通过将助记符转换为相应的机器指令来运行。相较于高级编程语言，它提供了对计算机硬件更直接、更灵活的控制，因此在一些对性能和资源敏感的系统上有广泛的应用，如嵌入式系统、驱动程序和操作系统开发等。

1.1.3　高级语言

　　高级语言是一种相对于底层机器语言和汇编语言而言更抽象、更易读写的编程语言。它使用更接近人类自然语言的语法和结构，使程序员能够更方便地编写和阅读代码。高级语言的设计目标是提高代码的可读性和可维护性，同时减少程序员的工作量。高级语言的代码更容易理解和书写，因为它使用了更高级的抽象概念，如变量、函数、条件语句和循环等，使程序员能够更直接地表达算法和逻辑。高级语言的代码更加可读，因为它使用了有意义的命名和结构化的代码块。高级语言提供了许多编程工具和库，以帮助程序员更高效地编写代码。高级语言通常提供了丰富的函数和方法，使程序员能够重复使用已有的代码块，并使用高级抽象来处理复杂的任务。高级语言还支持模块化编程，使程序可以分解为模块或类，提高代码的可维护性和重用性。

常见的高级编程语言包括 Python、Java、C++、JavaScript、C#等。这些语言提供了丰富的库和工具，简化了常见任务的实现，使得程序员能够更专注于问题的解决而不必过多关注底层细节。高级语言的使用在提高编程效率、降低错误和加速开发周期等方面都具有显著的优势。

1.2　Python 语言简介

Python 是一种高级、简洁易读的编程语言，由 Guido van Rossum 于 1991 年创建。其独特的语法结构采用缩进表示代码块，使得代码具有清晰的结构。Python 是一种解释型语言，无需显式编译，具有跨平台性，可在多个操作系统上运行。它支持面向对象编程，拥有强大的标准库和活跃的开发者社区，提供了丰富的第三方库和框架。Python 在 Web 开发、数据科学、人工智能等领域有广泛应用，成为编程学习和实际开发中的热门选择。由于简单易学的特性和广泛的用途，使得 Python 在全球范围内得到了广泛的认可和应用。

1.2.1　Python 语言特点

Python 作为一门简单、易读且功能丰富的编程语言，其设计注重可读性、简洁性以及解决问题的简单性。Python 以清晰直观的语法为特色，使得代码更易理解和维护。其丰富的库和框架支持使得开发者能够高效地实现各种功能，从而在软件开发的多个领域得到了广泛应用。然而，任何编程语言都有其优势和劣势。下面，将详细介绍 Python 的优点和缺点。

1.2.1　Python 语言特点

（1）Python 语言的优点

1）简洁易读：Python 的语法设计简洁而直观，代码易于理解和阅读。它使用了缩进来表示代码块，而不是传统的花括号，这使得代码结构清晰，更易于编写和维护。

2）功能丰富：Python 提供了许多内置函数和标准库，涵盖了各种常见的编程任务。它支持面向对象编程、函数式编程以及动态类型系统，这使得 Python 可以灵活地适应不同的编程风格。

3）跨平台性：Python 是一种跨平台的语言，可以在多个操作系统上运行，包括 Windows、Linux、macOS 等。这意味着可以用相同的代码在不同的平台上进行开发和部署。

4）大量的库和框架：Python 生态系统拥有丰富而活跃的第三方库和框架，为开发人员提供了广泛的工具和资源。一些著名的库包括 NumPy、Pandas、Matplotlib、Django、Flask、TensorFlow 等。这些库和框架加速了开发过程，并提供了高效的解决方案。

5）多领域应用：Python 在各个领域都有广泛的应用，可以用于 Web 开发、数据科学、人工智能、机器学习、自动化测试、网络编程等多个领域。Python 的灵活性和易用性使得它成为各种应用开发的首选语言。

6）强大的社区支持：Python 拥有庞大而活跃的开发者社区，提供了丰富的文档、教程和资源。无论是初学者还是有经验的开发人员，都能轻松获得支持和解决问题，并从社区中学习。

（2）Python 语言的缺点

1）执行速度较慢：相对于一些编译型语言（如 C/C++），Python 的执行速度较慢。这是因为 Python 是一种解释型语言，需要在运行时逐行解释代码。虽然 Python 中的一些库和工具使用了高效的底层实现（如 C 语言），但在某些对性能要求极高的场景下，Python 可能无法满足要求。

2）占用内存较大：Python 的动态类型和自动内存管理机制会带来一定的内存开销。相对于一些静态类型语言，Python 需要更多的内存来存储对象和管理内存。这可能在特定的资源受限环境中造成一些挑战。

3）全局解释器锁：Python 的全局解释器锁（GIL）是 Python 解释器的一个特性，它在同一时间只允许一个线程执行 Python 字节码。这意味着在 CPU 密集型任务中，Python 的多线程并不能实现真正的并行性，只能实现并发性。这使得 Python 在某些多线程应用中无法完全发挥多核 CPU 的优势。

4）相对较小的标准库：虽然 Python 提供了很多实用的内置库，但相对于其他语言来说，Python 的标准库相对较小。在某些特定领域的开发中，可能需要依赖第三方库来获得更丰富的功能和工具支持。

5）设计限制：某些情况下 Python 的设计会受到一些限制，不够灵活。例如，Python 在函数式编程方面的支持不如一些函数式编程语言（如 Haskell）那样丰富。此外，Python 对于软件架构的某些决策限制也可能使得某些开发需求难以满足。

1.2.2 Python 语言应用

Python 是一种多功能的编程语言，如今已被广泛应用于各个领域。

（1）网络开发

Python 提供了多个库和框架，如 Django 和 Flask，用于开发 Web 应用程序、API 和后端服务。它也被用于网络爬虫、网络服务器搭建以及网络安全等方面。

（2）数据科学和机器学习

Python 在数据科学和机器学习领域有很强的应用性。如 NumPy、Pandas 和 SciPy 提供了数据处理和科学计算的功能，而 Scikit-Learn 和 TensorFlow 等库则提供了机器学习和深度学习的工具。

（3）自动化和脚本编程

Python 的简洁和易用性使得它成为自动化脚本编程的首选语言。可以使用 Python 编写脚本来处理文件操作、定时任务、数据处理等。它也被广泛用于系统管理、DevOps 等领域。

（4）游戏开发

Python 提供了多个游戏开发框架，如 Pygame 和 Panda3D，用于开发 2D 和 3D 游戏。Python 的易用性和适合初学者的性质使其成为学习游戏开发的不错选择。

（5）科学计算和数据可视化

Python 的库和工具使得处理科学计算、统计分析和数据可视化变得简单。Matplotlib、Seaborn 和 Plotly 等库提供了绘图和数据可视化的功能，适用于科学研究和数据分析。

（6）AI 和自然语言处理

Python 在人工智能领域有广泛的应用，如自然语言处理（NLP）、语音识别、图像处理等。如 NLTK、SpaCy 和 OpenCV 提供了处理文本和图像的功能。

1.2.3 Python 版本

Python 的版本有很多，以下是一些常见的 Python 版本。

（1）Python 2.x 系列

Python 2.x 系列包括 Python 2.0、Python 2.1、Python 2.2 等。Python 2.7 是 Python 2.x 系列的最后一个主要版本，发布于 2010 年。Python 2.x 系列在 Python 3.x 发布后逐渐被淘汰，不再得到官方的维护和更新。

（2）Python 3.x 系列

Python 3.x 系列包括 Python 3.0、Python 3.1、Python 3.2 等。Python 3.x 系列是当前主要的 Python 版本，目前最新的稳定版本是 Python 3.12。Python 3.x 系列在语法和特性上有一些与 Python 2.x 系列的不兼容之处，但它带来了很多改进和新功能，并且得到了广泛应用和推广。

在使用 Python 3.x 系列时，可以参考其版本号的后两位，例如 Python 3.7、Python 3.8 等，这些版本通常会包含一些新的功能和改进，同时也修复了旧版本的一些错误和问题。

不同的 Python 版本可能存在一些细微的差异，特别是在一些标准库和第三方库的兼容性方面。因此，在选择 Python 版本时，最好考虑不同项目的需求和所使用库的兼容性。同时，尽可能选择最新的稳定版本，以获得更好的性能、安全性和功能支持。

1.3 搭建开发环境

在运行 Python 文件之前，需要搭建好开发环境。本节将详细讲述搭建 Python 开发环境的步骤。

1.3.1 安装 Python 解释器

在 Windows 操作系统下安装 Python 的过程相对简单。以下是详细的安装步骤：

（1）下载 Python 安装包

访问 Python 官方网站的下载页面（https://www.python.org/downloads/windows/），根据 Windows 操作系统（32 位或 64 位）选择合适的 Python 安装包。推荐下载稳定版本（例如 Python 3.9.x 或更高版本）。

（2）运行安装程序

双击下载好的安装包，启动 Python 安装程序。在安装界面上，可以看到有两个选择，勾选"Add Python to PATH"选项（这将使得 Python 在系统环境变量中可用，方便在命令提示符中使用 Python 命令）。单击"Customize installation"（自定义安装）按钮，可以选择 Python 的安装位置和需要安装的组件，例如 pip（Python 包管理工具）、IDLE（Python 自带的集成开发环境）等。如果不确定如何自定义安装，可以直接单击"Install Now"（立即安装）按钮使用默认设置进行安装。

（3）安装过程

单击安装按钮后，Python 安装程序将开始安装过程。安装过程中，安装程序会显示安装进度。请耐心等待，直到安装完成。

（4）安装完成

当看到"Setup was successful"（安装成功）的提示后，单击"Close"（关闭）按钮，完成 Python 安装。

（5）验证安装

为了验证 Python 是否安装成功并正确配置，可以打开命令提示符（按〈Win+R〉组合键，然后输入"cmd"并按〈Enter〉键）并输入以下命令：

>>>python --version

如果安装成功，将看到类似如下的输出，显示安装的 Python 版本信息：

Python 3.11.3
>>>

现在，Python 已经成功安装在 Windows 操作系统上，可以开始使用 Python 进行编程。建议使用一个合适的代码编辑器或者集成开发环境（IDE），如 Visual Studio Code、PyCharm 等，以提高编程效率和便利性。

另外，还可以使用 Python 自带的包管理工具 pip 来安装所需的第三方库。例如，要安装 NumPy 库，只需在命令提示符中输入以下命令：

>>>pip install numpy

这将下载并安装 NumPy 库及其依赖项。如此，就可以开始使用 Python 进行各种编程任务，包括机器学习、数据分析、Web 开发等。如果在安装或使用 Python 过程中遇到任何问题，可以参考 Python 官方文档（https://docs.python.org/3/）或者搜索相关教程和问答，以获取帮助和解决方案。Python 社区庞大，拥有丰富的资源和友好的用户，相信读者能够快速上手并善用 Python 进行编程。

1.3.2　利用 IDLE 编写代码

当使用 Python 进行编码时，可以选择使用 IDLE（Integrated Development and Learning Environment）作为 Python 的集成开发环境（IDE）。下面是使用 IDLE 编写代码的基本步骤：

（1）打开 IDLE

在计算机中找到已安装的 Python 解释器，然后启动 IDLE。

（2）创建新文件

在 IDLE 界面中，单击菜单栏的"File"→"New File"。这将打开一个新的编辑窗口，用于编写代码。

（3）编写代码

在 IDLE 的编辑窗口中，输入要编写的 Python 代码。例如，可以编写一个简单的"Hello, World!"程序，如图 1-1 所示。

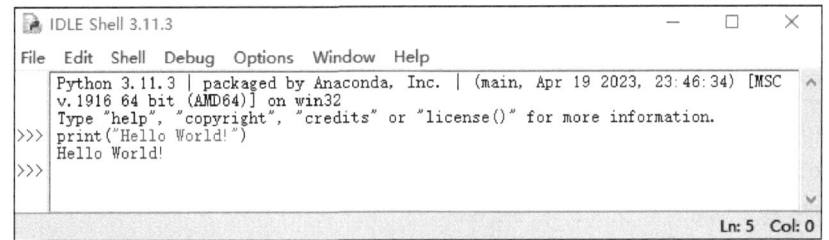

图 1-1　IDLE 界面

（4）调试代码

如果编写的程序出现错误或需要进行调试，可以使用 IDLE 的调试功能。通过在代码中设置断点，可以逐步执行程序并跟踪变量的值。

（5）保存文件

在 IDLE 的编辑窗口中，单击菜单栏的"File"选项，选择"Save"来保存 Python 代码文件。可以选择一个合适的文件名和文件类型（扩展名通常为".py"），然后选择保存的目录。

在 IDLE 中，有一些常用的快捷键可以帮助提高编码效率。表 1-1 是一些常见的 IDLE 快捷键。

表 1-1 IDLE 快捷键

快捷键	说明
F5	运行当前编辑窗口中的程序
Ctrl + F6	关闭当前程序输出窗口，重新运行程序
Ctrl + N	新建文件
Ctrl + O	打开文件
Ctrl + S	保存文件
Ctrl + F	查找文本
Ctrl + G	跳转到指定行
Ctrl + Z	撤销操作
Ctrl + Y	重做操作
Ctrl + X	剪切选定的行或文本
Ctrl + C	复制选定的行或文本
Ctrl + V	粘贴剪贴板上的内容
Ctrl + 空格	代码自动完成
Alt + O	打开"Options"菜单
Alt + W	打开"Window"菜单
Ctrl + B	显示/隐藏"文件浏览器"窗口
Ctrl + H	显示/隐藏"Python Shell"窗口

1.3.3 安装 PyCharm

PyCharm 是一款由 JetBrains 开发的集成开发环境（IDE），专门用于 Python 编程语言的开发。它提供了丰富的功能，包括代码编辑、调试、版本控制、代码分析、测试等，旨在提高 Python 开发者的生产力。

PyCharm 包括两个主要版本：PyCharm Community Edition（社区版）和 PyCharm Professional Edition（专业版）。社区版是免费的，适用于大部分的 Python 开发任务，而专业版则提供了更多高级功能，如数据库工具、科学计算支持、Web 开发框架支持等。无论是初学者还是有经验的开发者，PyCharm 都可以提供强大的工具来提高代码质量和开发效率。特别对于机器学习的学习与研究，PyCharm 都能提供非常大的助力。下面演示 PyCharm 社区版的下载安装过程：

（1）下载 PyCharm

首先，需要访问 JetBrains 官方网站并下载 PyCharm。网址为 https://www.jetbrains.com/pycharm/download/，官网网页如图 1-2 所示。

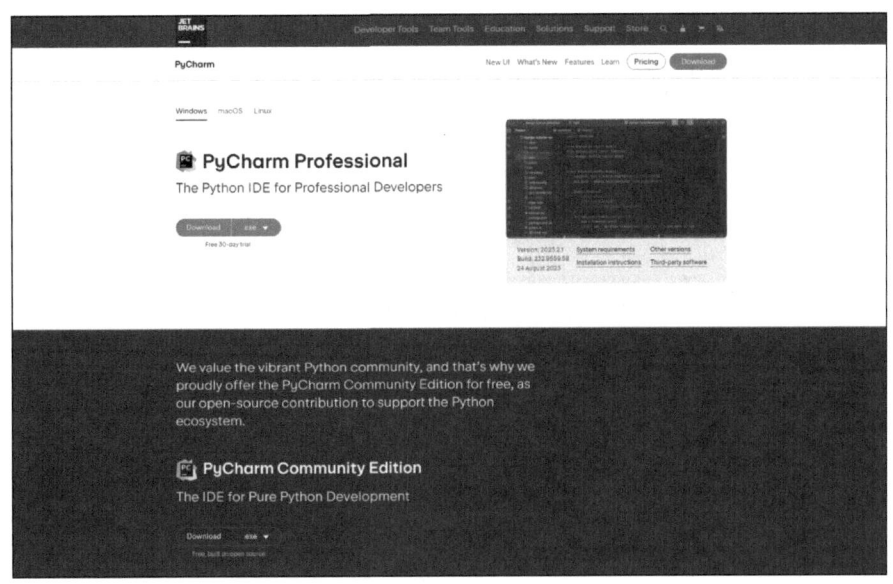

图 1-2　PyCharm 官网

（2）选择版本

在下载页面上，会看到两个版本：Community Edition 和 Professional Edition。根据需求选择一个版本进行下载。Community Edition 是免费的，适用于大多数用户，而 Professional Edition 则提供更多高级功能。

（3）选择操作系统

选择适用操作系统的版本，如 Windows、macOS 或 Linux。

（4）下载安装程序

单击相应版本和操作系统后，下载安装程序。下载完成后，运行安装程序。

（5）安装向导

如图 1-3 所示，打开安装程序后，按照安装向导的步骤进行操作。通常情况下，只需要单击"Next"按钮来完成安装过程。

图 1-3　安装向导

（6）选择安装位置

在安装过程中，会要求选择 PyCharm 的安装位置。可以选择默认位置，也可以自定义安装路径，如图 1-4 所示。

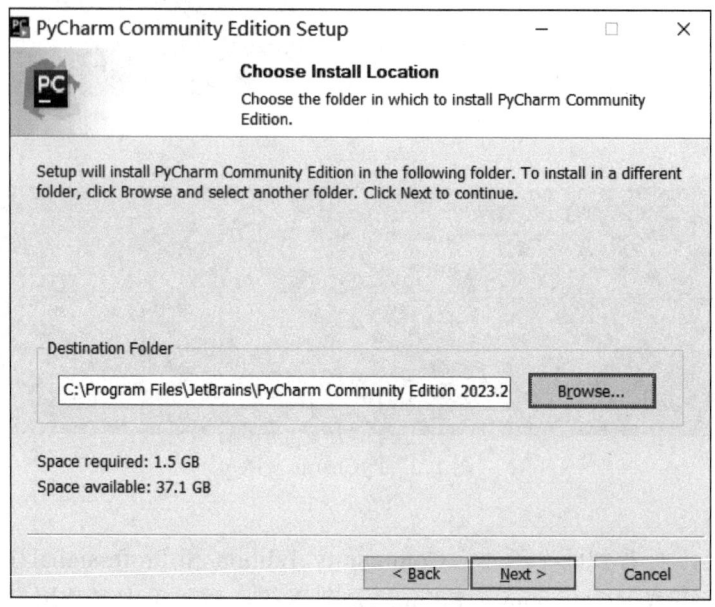

图 1-4　选择安装位置

（7）设置安装选项

如图 1-5 所示，勾选选项，并单击"Next"按钮。

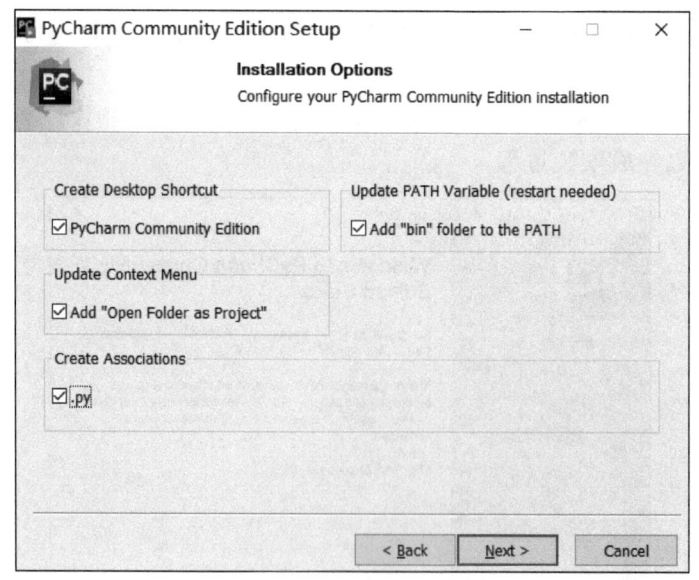

图 1-5　设置安装选项

（8）开始安装

如图 1-6 所示，单击"Install"按钮，开始安装。

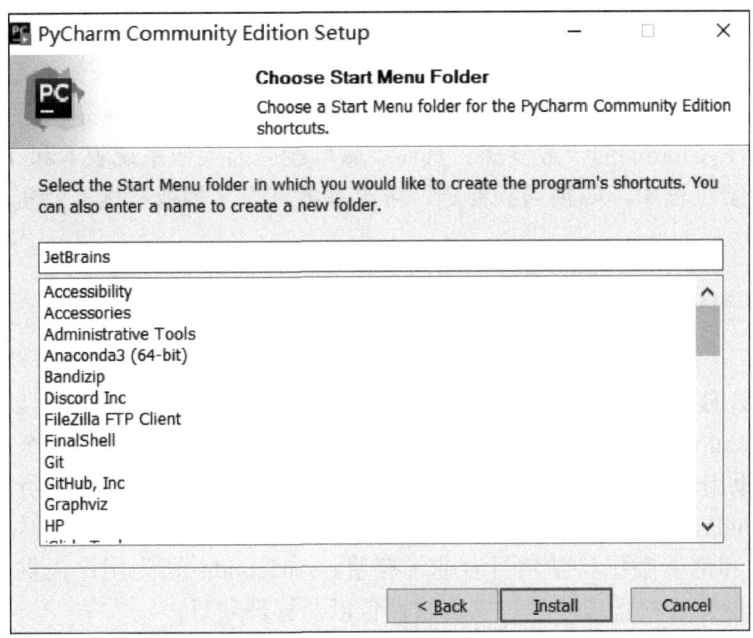

图 1-6　开始安装

（9）选择启动器选项

安装完成后，通常会有一个选项用来创建桌面快捷方式或启动器图标。根据需要进行选择。

（10）启动 PyCharm

安装完成后，可以在开始菜单（Windows）或应用程序文件夹（macOS）中找到 PyCharm，并启动它，如图 1-7 所示。

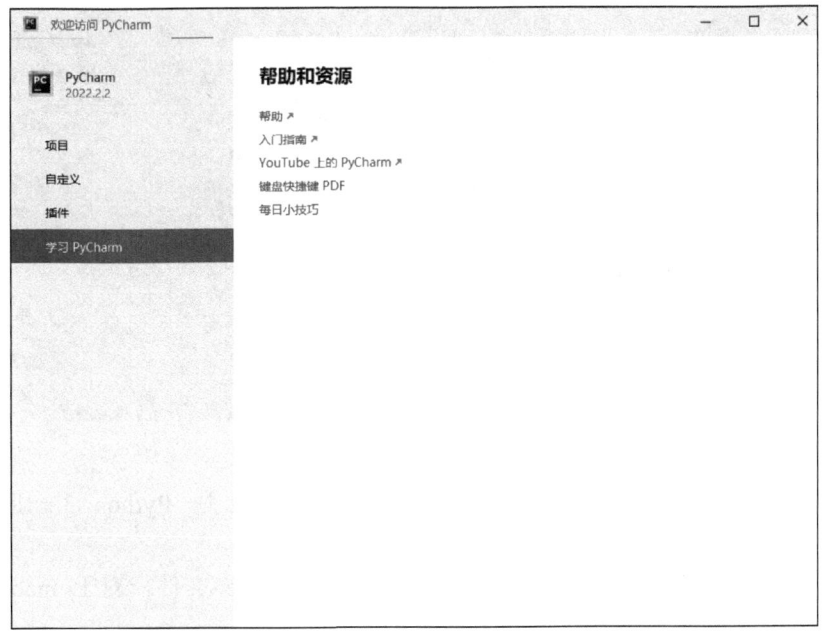

图 1-7　PyCharm 界面

(11)开始使用

打开 PyCharm 后,可以创建新项目、导入现有项目,或者直接开始编写代码。PyCharm 提供了丰富的功能,包括代码补全、调试、版本控制等,可以极大地提高开发效率。

以上是安装 PyCharm 的一般步骤。具体步骤可能会因操作系统版本和 PyCharm 版本而有所不同。在安装过程中,如果遇到问题,可以参考官方文档或社区支持资源,或者在网上搜索相关教程。

1.3.4 安装 Anaconda

Anaconda 是一个用于科学计算和数据科学的开源发行版,它包含了许多用于数据分析、机器学习和科学计算的工具、库和环境。Anaconda 发行版附带了 Python 解释器以及众多常用的科学计算库,如 NumPy、Pandas、Matplotlib、SciPy 等。此外,它还提供了一个名为 Conda 的包管理器,可以帮助用户轻松地创建、管理和切换不同的 Python 环境,并安装所需的软件包。

通过 Anaconda,用户可以方便地建立独立的环境,以适应不同项目需求,而不会干扰彼此,这在开发和部署数据科学项目时非常有用。Anaconda 还为用户提供了图形界面和命令行工具,使其能够轻松管理环境、安装软件包以及管理项目。

总之,Anaconda 是一个备受欢迎的工具,特别适用于数据分析、机器学习和科学计算的用户。下面演示 Anaconda 的安装教程。

1)访问 Anaconda 官方网站 https://www.anaconda.com/products/distribution 官网网页如图 1-8 所示。

图 1-8 Anaconda 官网

2)选择适用于操作系统的 Anaconda 发行版(通常是 Python 3.x 版本),单击"Download"按钮。

3)打开下载的安装程序(对于 Windows 可能是一个.exe 文件,对于 macOS 可能是一个.pkg 文件)。

4)如图 1-9 所示,选择"Just Me"(仅为我安装)选项,然后单击"Next"按钮。

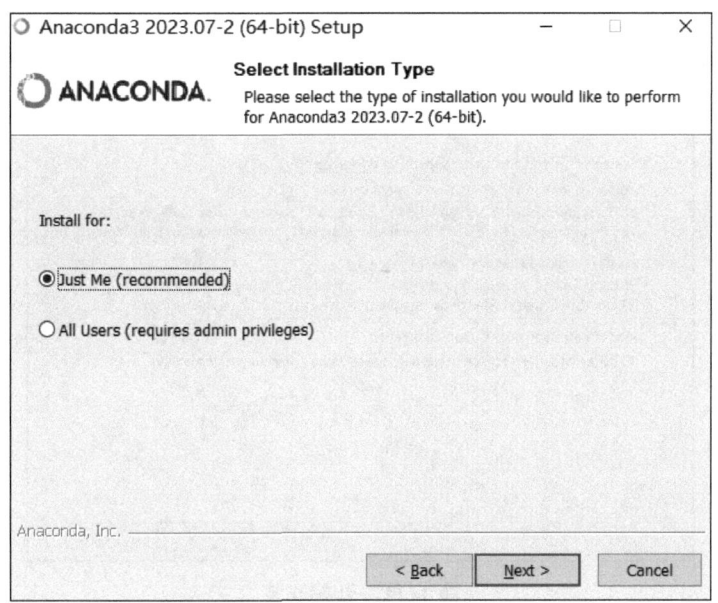

图 1-9　Anaconda 安装选项

5）如图 1-10 所示，选择安装目标文件夹和选项（通常使用默认设置即可），然后单击"Next"按钮。

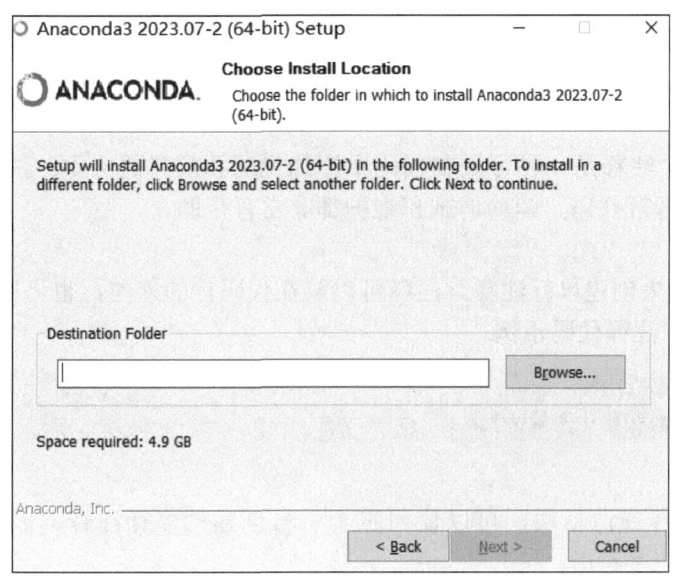

图 1-10　选择安装位置

6）如图 1-11 所示，选择"Register Anaconda 3 as my default Python 3.11"（将 Anaconda 3 注册为我的默认 Python 3.11）选项，然后单击"Install"按钮。

7）安装完成后，打开命令行窗口，输入"conda – version"命令来验证 Anaconda 是否成功安装，并查看其版本。

8）开始使用 Anaconda，利用指令创建虚拟环境、Python 包等。

以上只是一个简单的 Anaconda 安装指南。如果想要更深入地了解详细的步骤，请查阅 Anaconda 官方文档或在线资源。记得随时查阅最新的信息，以确保准确性。

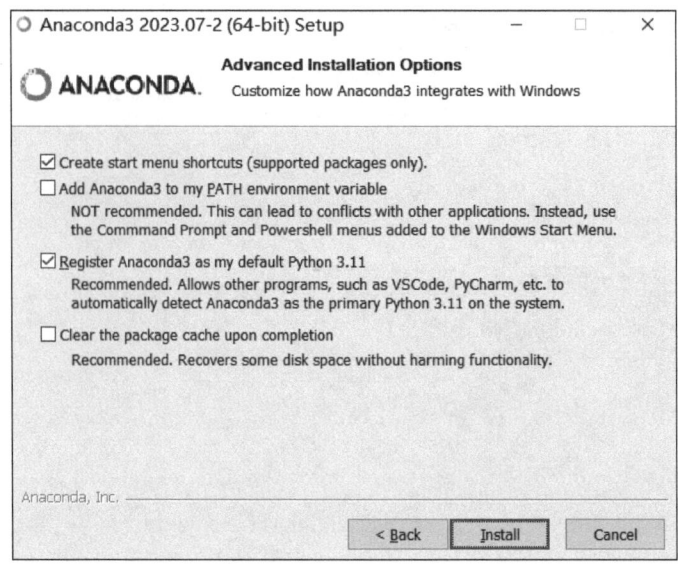

图 1-11　开始安装

1.4　Python 规范

Python 有一套官方的编码规范,提供了一些用于编写清晰、可读和一致性较高的 Python 代码准则。本节介绍 Python 语言的相关规范。

1.4.1　注释规范

在 Python 中,注释是一种可以在代码中添加说明和解释的文本。注释对于提高代码的可读性、便于他人理解代码、辅助调试和维护都非常有帮助。

(1) 单行注释

使用"#"号来创建单行注释。注释可以放在代码行的末尾,也可以单独占据一行。

【例 1-1】　单行注释代码示例。

```
# 这是一个单行注释
x = 10        # 初始化变量 x 为 10
```

(2) 多行注释

对于较长的注释或注释块,可以使用三个引号创建的多行注释。多行注释通常用于函数、类或模块的文档字符串。

【例 1-2】　多行注释代码示例。

```
'''
这是一个多行注释示例。
它可以跨越多行,用于较长的注释说明。
'''
print('hello!')
```

(3) 文档字符串

文档字符串可以放置在函数、类或模块的开头,用于描述其用途、输入参数、返回值等详细信息的字符串。文档字符串应该使用一致的格式,通常使用三个引号的多行字符串来定义。

【例 1-3】 文档字符串代码示例。

```python
def my_function(x, y):
    """
    这是一个计算两个数之和的函数。
    参数:
    x -- 第一个数字
    y -- 第二个数字
    返回:
    两个数字的和
    """
    return x + y
```

(4) 注释的有效性

注释应该是清晰、易读、简洁、明确的语言。注释应该描述代码的意图和逻辑,而不是简单地重复代码本身。注释还应尽量与代码保持同步,避免因代码更改而导致注释不准确。

1.4.2 代码缩进

在 Python 中,缩进是一种用于表示代码块结构的重要语法。Python 使用缩进来表示代码的层次结构,而不像其他语言使用大括号或关键字。正确的缩进是确保代码正确运行的关键。

Python 的官方建议是使用四个空格进行缩进。通常每个缩进级别都使用四个空格,而不是使用制表符(Tab)字符。使用空格而不是制表符可以避免不同编辑器或 IDE 之间的显示差异。以下示例展示了如何使用缩进来表示代码块结构。

【例 1-4】 使用缩进表示代码块结构示例。

```python
if condition:
    # 当条件为真时执行的代码块
    statement_1
    statement_2
    # 次级缩进的代码块
    if nested_condition:
        nested_statement_1
        nested_statement_2
else:
    # 当条件为假时执行的代码块
    statement_3
    statement_4
```

缩进的一致性非常重要,它决定了代码块的层次结构和执行顺序。不正确的缩进会导致语法错误或逻辑错误。因此,在编写 Python 代码时,要确保正确使用缩进,并保持一致的缩进风格。

1.5 本章小结

Python 是一门功能强大、易于学习和使用的编程语言,适合初学者和专业开发者。本章通过计算机语言的介绍引出 Python 语言，介绍了 Python 语言的发展、Python 语言的特点和应用，以及 Python 的不同版本；接着介绍了安装 Python 开发环境的步骤；最后介绍了 Python 的相关规范。Python 在不同领域有着广泛的应用，接下来的章节将深入介绍 Python。

1.6 习题

一、填空题

1．程序设计语言包括三种类型语言，分别为_____、_____和高级语言。
2．高级语言翻译为机器语言的方式有两种：一种是编译，一种为解释。Python 属于_____型语言。
3．Python 可以在多种平台运行，这体现了 Python 语言_____的特性。
4．Python 中使用_____表示单行注释。
5．Python 中建议使用_____个空格表示一级缩进。

二、判断题

1．Python 采用强制缩进的方式使得代码具有极佳的可读性。（   ）
2．Python 3.x 版本不完全兼容 Python 2.x。（   ）
3．Python 语言不仅支持面向对象，也支持面向过程。（   ）
4．PyCharm 是 Python 唯一的集成开发环境。（   ）

三、单选题

1．下列选项中，不是 Python 语言特点的是（   ）。
　　A．语法优美　　　B．执行效率非常高　　　C．开源　　　D．类库丰富
2．下列关于 Python 的说法中，错误的是（   ）。
　　A．Python 是一种代表简单主义思想的语言
　　B．Python 只能通过面向过程编程
　　C．Python 是一门高级的计算机语言
　　D．Python 是从 ABC 发展起来的
3．下列哪个不是 Python 的应用领域（   ）。
　　A．游戏开发　　　B．科学计算　　　C．操作系统管理　　　D．Web 开发
4．有关 Python 的注释叙述正确的是（   ）。
　　A．单行注释以分号开始
　　B．多行注释以 3 个单引号或 3 个双引号作为开始和结束符
　　C．多行注释以 3 个#作为开始符和结束符
　　D．注释也是程序代码，参与程序的执行
5．下列选项中，用来确定 Python 代码之间的逻辑关系是（   ）。
　　A．{ }　　　　　B．( )　　　　　C．[ ]　　　　　D．缩进

四、简答题

1．Python 语言的优点有哪些？
2．Python 语言可以实现哪些应用？

第 2 章 基 础 语 法

在本章中,将深入探讨 Python 编程语言的基础语法要素。首先,学习关键字和标识符的概念,了解关键字在 Python 中的特殊用途以及如何正确使用标识符来命名变量和函数。接着,将详细研究 Python 的基本数据类型,包括数值类型、空值、布尔类型和字符串类型,为后续的数据操作奠定基础。随后,将探讨 Python 的输入输出机制,学会如何获取用户输入和进行程序输出。最后,将深入研究运算符和表达式,包括各种运算符的使用方式和优先级,以便更有效地进行数值计算和逻辑操作。通过一系列的学习,将建立对 Python 基础语法的扎实理解,为后续的学习和实际编程打下坚实的基础。

2.1 关键字和标识符

在深入研究 Python 基础语法的过程中,首先聚焦"关键字和标识符"相关知识。

2.1.1 关键字

在日常生活中,会有一些关键的电话号码,如报警电话 110、火警电话 119、急救电话 120、交通事故电话 122 等,手机号码在注册时不可以占用这些关键电话号码。同样在 Python 中,也有一系列的单词,它们在 Python 中有着特定的用途,如用于表示语法结构、控制流程、定义函数和类等重要的编程元素,将这些单词称为关键字。由于关键字在语言层面被赋予特殊含义,因此在编写代码时,不能将它们用作标识符。

表 2-1 给出了一些常用的关键字,Python 中的关键字远不止这些,其他的关键字在日后的学习中会逐一接触。

表 2-1 关键字列表

True	False	None	if	else	elif
for	in	not	break	continue	import
from	def	pass	lambda	global	nonlocal
with	as	except	finally	assert	raise
yeild	or	is	del	class	await

2.1.2 标识符

在 Python 中,可以给很多东西起名字,比如变量的名字、方法的名字、类的名字等。这些名字统一称为标识符,用来作为内容的标记。

Python 标识符的命名要遵守以下命名规则。

(1)内容限定

标识符命名中,只允许出现英文、中文、数字、下画线这 4 类元素,其

2.1.2 标识符

余内容都不被允许。由于 Python 对中文的支持不够完善,所以不建议使用中文作为标识符;其次,数字不可以用作标识符的开头。下面给出一些标识符的示范。

正确的标识符:a   a_b   a1b2

错误的标识符:1   1_a   1abc

(2)大小写敏感

Python 能够准确地识别字母的大小写,下面以定义变量为例进行介绍。

【例 2-1】 Python 标识符示例。

程序代码:

```
>>>name = '雪豹'
>>>Name = '猞猁'
>>>name
'雪豹'
>>>Name
'猞猁'
```

可以看出不同大小写的标识符会被 Python 准确识别。

(3)不可使用关键字

在给标识符命名时,不可使用 Python 中的关键字。

【例 2-2】 关键字用作标识符代码示例。

程序代码:

```
>>>if = 3
```

运行结果:

```
File "<ipython-input-12-d7549b45180c>", line 1
    if = 3
SyntaxError: invalid Syntax
```

由于 if 是关键字,不能用作变量名,所以系统报错。

2.1.3 常量与变量

2.1.3 常量与变量

常量和变量是程序中用于存储数据的两个基本概念。

(1)常量

常量是指在程序运行过程中不会改变的量。一般分为字面常量和符号常量。

字面常量:如-1、3.14、zhangsan、0 等。

符号常量:一般使用大写字母或下画线表示的常量。

【例 2-3】 常量示例。

程序代码:

```
>>>PI=3.1415           # 圆周率
>>>E=2.71828           # 自然对数的底
>>>MAX_VALUE=100       # 最大值
>>>MIN_VALUE=0         # 最小值
```

上述代码定义了四个符号常量，圆周率 PI、自然对数的底 E、最大值 MAX_VALUE 和最小值 MIN_VALUE。

（2）变量

变量是程序中值可以发生改变的元素，在程序中用变量名标识。变量可以看成一个容器，专门用来存放程序中的数据。每个变量都拥有独一无二的名字，通过变量的名字就能找到变量中的数据。从底层看，程序中的数据最终都要放到内存中，变量名其实就是为它分配内存的名字，在内存中可以存放数字、字符串或任意数据类型的数据。

Python 语言变量名的命名规则与标识符的命名规则相同，变量在使用之前必须初始化，否则会报错。Python 语言使用等号"="作为赋值运算符，变量赋值的语法格式如下：

变量名=字面量或表达式

将"="右侧的值存放到左边的变量名中。"="称为赋值号，此语句也称"赋值语句"。

【例2-4】 变量赋值示例。

```
>>>x = 100        # 整数
>>>y = 3.14       # 浮点数
>>>z = "Hello"    # 字符串
```

结果分析：

第一个赋值语句将整数 100 赋值给变量 x，此后 x 就代表整数 100，使用 x 即使用 100。同理，第二个赋值语句将浮点数 3.14 赋值给变量 y，使用变量 y 就是使用 3.14，使用 z 就是使用 "Hello"。

变量的值不是固定的，可以随时被修改，只要重新赋值即可。另外，也可以将不同类型的数据赋值给同一变量。

【例2-5】 变量多次赋值示例。

程序代码：

```
>>>n=10          # 将 10 赋值给变量 n
>>>n=100         # 将 100 赋值给变量 n
>>>n="abc"       # 将"abc"赋值给变量 n
```

注意：

变量的值一旦被修改，之前的值就被覆盖了。换句话说，变量只能容纳一个值。上述代码中 n 的最终值为字符串 "abc"。

2.2 基本数据类型

程序处理的各种信息，统称为数据。在高级程序设计语言中，为了计算和处理的方便，根据描述信息逻辑含义的不同，通常将数据分为不同的类别，简称为数据类型。例如，如果想表达字符"B"，可以定义为字符串类型（str），其在内存中存放的是二进制数据 010000010；如果定义为整数类型（int），该二进制数据也可以表示为 66。由于数据类型的不同，字符"B"和整数"65"可以参与的运算也不同。因此，数据类型定义为一个值的集合以及定义在这个值集上的一组运算操作。Python 语言的基本数据类型包括：数值类型、空值类型、布尔类型和字符串类型。

2.2.1 数值类型

2.2.1 数值类型

表示数字或者数值的数据类型称为数值类型,也称为数字类型。Python 提供了 3 种数值类型:整数类型(int)、浮点数类型(float)和复数类型(complex)。

(1)整数类型(int)

整数类型是一种用于表示整数值的数据类型,即正数、负数或零。

【例 2-6】 整数类型数据示例。

程序代码:

```
>>>x = 10    # 正整数
>>>y = -5    # 负整数
>>>z = 0     # 零
>>>print(x,type(x))
10 <class 'int'>
>>>print(y,type(y))
-5 <class 'int'>
>>>print(z,type(z))
0 <class 'int'>
```

上述代码通过赋值方式定义了三个变量 x、y、z,内置函数 type()用来测试 x、y、z 的数据类型,上面结果表明变量 x、y、z 的值分别为 10、-5 和 0,且都为 int 类型。

注意:

与 C 语言不同,Python 语言中变量赋值无须事先声明数据类型。

在 Python 3.x 中,整数数据在计算机内的表示没有长度限制,其值可以任意大。

Python 语言的整型数据可以用十进制、二进制、八进制和十六进制表示,默认是十进制。二进制、八进制和十六进制均需增加前缀符号,具体如下。

1)十进制整数:没有前缀,由 0 到 9 之间的数字组成。例如:-100、0、100 等。

2)二进制整数:以 0b 或 0B 为前缀,其后由 0 和 1 组成。例如:0b0110、0B0110 等。

3)八进制整数:以 0o 或 0O 为前缀,其后由 0 至 7 之间的数字组成。例如:0o70、0O34 等。

4)十六进制整数:以 0x 或 0X 为前缀,其后由 0 至 9 之间的数字和 a 至 f 之间的字母或者 A 至 F 之间的字母组成。例如:0X8F、0xfa 等。

(2)浮点数类型(float)

浮点数是一种用于表示实数(包括小数)的数据类型。"浮"即浮动,指小数点的位置是可变的。如:$2.35×10^5$ 和 $23.5×10^4$ 是相等的。在 Python 语言中,浮点数有两种表示形式。

1)十进制小数形式:由数字和小数点组成,必须有小数点,用于表示小数部分。例如,5.68、9.67 等。

2)指数形式:浮点数的指数表示形式使用科学计数法,包括基数和指数。用字母 e(或 E)表示以 10 为底的指数,e(E)之前为数字部分,之后为指数部分。例如:浮点数 $2.35×10^5$ 在 Python 语言中的指数形式为 2.35e5 或者 2.35E5,浮点数 0.000235 在 Python 语言中的指数形式为 2.35e-4 或者 2.35E-4。

【例 2-7】 浮点数类型数据运算示例。

程序代码：

```
>>>a=1.5
>>>print(a)
1.5
>>>b=0.000345
>>>print(b)
0.000345
>>>c=5E-3
>>>print(c)
0.005
>>>print(type(a),type(b),type(c))
<class 'float'> <class 'float'> <class 'float'>
```

变量 a、b、c 均为浮点型。

注意：

用指数形式表示浮点数时，e 或 E 前面必须有数字，后面必须是整数。例如：e-2、1.2E-4.5、2E 都是错误的表示形式。

【例 2-8】 浮点数类型数据示例。

程序代码：

```
>>>a=E-3
```

运行结果：

```
NameError                                Traceback(most recent call last)
<ipython-input-12-12f82a234046> in <module>
---->1 a=E-3
NameError: name 'E' is not defined
```

NameError 表示名字错误，因为 E 前面没有整数，解释器把 E 识别为变量，但是在此语句之前 E 没有出现过，因此提示 E 没有被定义。

对于不同的计算机系统，Python 浮点数的数值范围和小数精度不同，可以通过 sys 模块的 float_info 详细列出 Python 解释器运行系统的浮点数的各项参数，具体语句如下：

```
>>>import sys
>>>sys.float_info
```

运行结果：

sys.float_info(max=1.7976931348623157e+308, max_exp=1024, max_10_exp=308, min=2.2250738585072014e-308, min_exp=-1021, min_10_exp=-307, dig=15, mant_dig=53, epsilon=2.220446049250313e-16, radix=2, rounds=1)

结果分析：

"sys.float_info" 提供了关于浮点数的一些重要信息。

1）max：表示浮点数能够表示的最大浮点数，在此示例中，"max" 的值为

1.7976931348623157e+308。

2）max_exp：表示浮点数能够表示的最大指数，在此示例中，"max_exp"的值为1024。

3）max_10_exp：表示浮点数能够表示的最大十进制指数，在此示例中，"max_10_exp"的值为308。

4）min：表示浮点数能够表示的最小的正浮点数，在此示例中，"min"的值为2.2250738585072014e-308。

5）min_exp：表示浮点数能够表示的最小指数，在此示例中，"min_exp"的值为-1021。

6）min_10_exp：表示浮点数能够表示的最小十进制指数，在此示例中，"min_10_exp"的值为-307。

7）dig：表示浮点数的精度，即有效位数。在此示例中，"dig"的值为15。

8）mant_dig：表示浮点数尾数的精度，即尾数的位数。在此示例中，"mant_dig"的值为53。

9）epsilon：表示浮点数能够表示的大于1的最小正差值。在此示例中，"epsilon"的值为2.220446049250313e-16。

10）radix：表示浮点数的基数，即浮点数的进制。在此示例中，"radix"的值为2，表示浮点数是二进制的。

11）rounds：表示浮点数舍入方式。在此示例中，"rounds"的值为1，表示使用向最接近的偶数舍入的方式。

（3）复数类型（complex）

Python语言中的复数类型与数学中复数的概念是一致的，用于表示具有实部和虚部的数值。复数的一般形式为"a+bj"，其中"a"是实部，"b"是虚部，而"j"表示虚数单位，也可以用"J"表示虚部。例如5+7j、-8.9+5.6J等。

对于复数x，可以用x.real获取其实部，x.imag获取其虚部，x.conjugate()获取其共轭复数，其他数值类型与复数进行运算时，结果为复数。

【例2-9】复数类型数据运算示例。

程序代码：

```
# 定义复数
>>>z1 = 3 + 4j            # 3 为实部，4 为虚部
>>>print(z1)
(3+4j)
>>>z2 = complex(2, -5)    # 使用 complex 函数定义复数
>>>print(z2)
(2-5j)
# 获取实部和虚部
>>>real_part = z1.real
>>>imag_part = z1.imag
>>>print(real_part,imag_part)
3.0 4.0
```

2.2.2 空值、布尔类型

本节介绍空值和布尔类型。

（1）空值（None）

在 Python 中，关键字 None 表示一个空值，通常用于表示一个变量还没有被赋值。None 是一个特殊的常量，表示什么都没有。

【例 2-10】 空值类型数据示例。

程序代码：

```
>>>x = None
>>>print(type(x))
<class 'NoneType'>
```

None 通常用于函数返回值、函数参数默认值、类属性默认值等情况，这些内容将在后面的章节学习。

（2）布尔类型（bool）

在日常生活中，判断是最基本的逻辑行为，如网站登录判断密码是否正确，指纹认证，人脸解锁，门禁刷卡等，那么在程序中，如何判断真假呢？这就引入了一个新的数值类型：布尔类型。布尔类型（bool）表示现实生活中的逻辑，它只有两个值：True 和 False。True 表示真，本质上是一个数字（记作 1）；False 表示假（记作 0）。

【例 2-11】 布尔类型数据示例 1。

程序代码：

```
>>>x = True
>>>print(x)
True
>>>print(type(x))
<class 'bool'>
```

不仅如此，布尔类型的数据也可以通过比较运算符来获得（运算符将在后面的章节中介绍）。

【例 2-12】 布尔类型数据示例 2。

程序代码：

```
>>>x = 10 < 5
>>>print(x)
False
```

2.2.3 字符串类型

1．字符编码

字符编码是将字符映射到数字的过程，以便计算机能够理解、存储和处理文本数据。由于计算机内部只能处理数字，因此需要一种方式将字符转换为数字。最常见的字符编码之一是 ASCII（American Standard Code for Information Interchange），它将字符映射到 7 位二进制数字（0～127），具体字符的 ASCII 编码见表 2-2。

表 2-2　ASCII 编码表

十进制	二进制	字符	描述	十进制	二进制	字符	描述
0	0000000	NUL	空字符	49	0110001	1	数字 1
1	0000001	SOH	报头开始	⋮	⋮	⋮	⋮
2	0000010	STX	文本开始	65	1000001	A	大写字母 A
⋮	⋮	⋮	⋮	66	1000010	B	大写字母 B
32	0100000	空格	空格	⋮	⋮	⋮	⋮
33	0100001	!	感叹号	97	1100001	a	小写字母 a
34	0100010	"	双引号	98	1100010	b	小写字母 b
⋮	⋮	⋮	⋮	⋮	⋮	⋮	⋮
48	0110000	0	数字 0	127	1111111	DEL	删除

然而，随着计算机的全球化发展，ASCII 不足以表示所有语言和字符。因此出现了其他字符编码标准，如通用字符集 Unicode（Universal Coded Character Set），它是一种用于文本编码的标准，旨在涵盖全球各种语言的字符，并为每个字符分配唯一的标识符，称为 Unicode 码点。Unicode 解决了不同字符集之间的兼容性问题，使得在计算机系统中更容易处理和交换文本数据。

UTF（Unicode Transformation Format）是一种字符编码方案，用于在计算机中存储和传输 Unicode 字符。UTF 有多个变种，包括 UTF-8、UTF-16 和 UTF-32，它们分别使用不同长度的字节来表示 Unicode 字符。UTF-8 对 Unicode 字符集进行编码时采用了一种可变长度的编码方案，即不同的 Unicode 字符可能使用不同长度的字节序列表示。对于 ASCII 字符，UTF-8 使用单个字节进行编码，即第一位为 0，后面的七位表示 ASCII 字符的码点，如 0xxxxxxx，x 表示码点的二进制表示中的位。对于非 ASCII 字符，UTF-8 使用多个字节进行编码，每个额外的字节前面两位均为 10，后面的六位用于表示字符的码点，如两字节编码：110xxxxx 10xxxxxx，第一个字节的前三位"110"表示后续有一个字节，第二个字节的前两位"10"表示它们是后续字节；三字节编码：1110xxxx 10xxxxxx 10xxxxxx，第一个字节的前 4 位"1110"指示后续还有两个字节；四字节编码：11110xxx 10xxxxxx 10xxxxxx 10xxxxxx，第一个字节的前缀"11110"指示后续还有三个字节。

Python 支持 UTF-8 编码，中文字符、希腊字符均可以作为标识符使用。

【例 2-13】 中文字符示例。

程序代码：

```
>>>速度=100
>>>速度
100
```

由此说明 Python 支持中文字符。

在 Python 3.x 中，所有字符串都是使用 Unicode 编码的字符序列。Python 提供了 ord() 和 chr() 两个内置函数，用于字符与机器内部编码值之间的转换。ord() 函数将一个字符转化为相应的编码值，chr() 函数将一个整数转换成 Unicode 字符。

【例 2-14】 字符与机器内部编码间的转换示例。

程序代码：

```
>>>ord('a'),ord('A')
(97, 65)
>>>chr(97),chr(65)
('a', 'A')
>>>ord('中'),ord('国')
(20013, 22269)
>>>chr(20013),chr(22269)
('中', '国')
```

【例 2-15】 字符串编码的转换示例。

程序代码：

```
>>>s="中国"
>>>sk=s.encode('utf-8')
>>>sk
b'\xe4\xb8\xad\xe5\x9b\xbd'
>>>sk.decode('utf-8')
'中国'
```

从上述代码可知：使用 encode('utf-8')方法得到字符串"中国"的 UTF-8 的编码字节流 b'\xe4\xb8\xad\xe5\x9b\xbd'，使用 decode('utf-8')方法可以将 UTF-8 的字节流解码为字符串"中国"。

2．字符串类型的表示

在 Python 中，字符串是有限字符组成的不可变序列，字符串可以包括字母、数字和各种符号。一般可以使用一对单引号、一对双引号或者三对单引号和三对双引号进行界定。例如：'Hello'、"China"、'''Beijing'''、"""Shanghai"""等都是合法的字符串。

（1）空字符串

空字符串用合法定界符直接表示即可，如一对单引号、一对双引号、三对单引号以及三对双引号都可以表示空字符串。

【例 2-16】 空字符串示例。

程序代码：

```
>>>''
''
>>>""
''
>>>''''''
''
>>>""""""
''
```

（2）三对引号

利用三对引号定义的字符串，如果使用变量去接收它，它就是一个字符串，如果不使用变量去接收它，就作为多行注释使用。

【例 2-17】 三对引号示例。

程序代码：

```
>>>a="'红豆生南国,
春来发几枝,
愿君多采撷,
此物最相思。"'
>>>a
'红豆生南国,\n春来发几枝,\n愿君多采撷,\n此物最相思。'
```

结果分析：

该例中字符串变量 a 内有三个\n，代表换行的转义字符。

（3）字符串引号的嵌套

如果想要定义的字符串本身包含单引号或双引号，即字符串存在嵌套，那又该如何定义呢？在 Python 中，字符串引号的嵌套通常是通过交替使用单引号和双引号来实现的。

【例 2-18】 字符串引号嵌套示例。

程序代码：

```
>>>s1="Let's go to school!"
>>>s1
"Let's go to school!"
>>>s2='He said:"Welcome to Beijing!"'
>>>s2
'He said:"Welcome to Beijing!"'
```

（4）转义字符

转义字符是以反斜杠"\"开头的特殊字符序列，用于表示一些特殊字符或在字符串中插入无法直接输入的字符。具体见表 2-3。

表 2-3 转义字符

转义字符	含义	转义字符	含义
\n	换行符	\"	双引号
\t	制表符	\\	一个\
\r	回车	\ooo	3 位八进制数对应的字符
\'	单引号	\xhh	2 位十六进制数对应的字符
\uhhhh	4 位十六进制数对应的字符	\Uxxxxxxxx	8 位十六进制数对应的字符，要求不大于\U0010FFFF

注意：

"\n"表示换行，换到下一行的行首；"\r"表示回车，回到本行行首。如果字符串本身有'或"，可以使用转义字符\'或\"来避免因为"或""作为定界符而产生的语法错误。

【例 2-19】 转义字符示例。

```
>>>print('B','\x42','\102')
B B B
>>>print("abc\ndef")
abc
def
>>>print("abc\rdef")
def
>>>print('Let\'s go to school!')
```

```
Let's go to school!
>>>print("D:\Python\test1.py")
D:\Python	est1.py
>>>print(r"D:\Python\test1.py")
D:\Python\test1.py
```

结果分析如下。

1）语句 print('B','\x42','\102')："\x42"表示十六进制 42 所对应的字符；"\102"表示八进制 102 所对应的字符；十六进制的 42 和八进制的 102 转换成十进制都是 66，所对应的字符为大写字母"B"。

2）语句 print("abc\ndef")：转义字符"\n"表示回车换行，在打印完 abc 后，输出指针移动到下一行，再打印 def。

3）语句 print("abc\rdef")：转义字符"\r"表示回车，在打印完 abc 后，回到行首，再打印 def。

4）语句 print('Let\'s go to school!')：当字符串内部本身含有单引号或者双引号时，可以使用对应的转义字符进行转义。

5）语句 print("D:\Python\test1.py")：转义字符"\t"表示制表符，所以输出 D:\Python，然后输出制表符表示的大空格，再输出 est1.py。

6）语句 print(r"D:\Python\test1.py")：在字符串前面加字母 r，使得其中的转义字符"\t"不会表示转义功能。

2.3 基本输入输出

2.3.1 input()函数

在前面的学习中，学习的代码都是已经设定好的数据，那如何从键盘中读取数据呢？Python 提供了 input()函数，从控制台（通常指键盘）获得用户输入，无论用户在控制台输入什么内容，input()函数都以字符串类型返回结果。在获得用户输入之前，input()函数可以包含一些提示性文字，语法格式如下：

```
变量名=input([提示性文字])
```

【例 2-20】 input()函数示例。
程序代码：

```
>>>input("please input an integer:")
```

运行结果：

```
please input an integer:
```

假设用户在文本框中输入数据 123，然后按〈Enter〉键，运行结果如下：

```
please input an integer:123
'123'
```

结果分析：

此运行结果表明，虽然输入的是数值，但 input()函数以字符串形式输出一个数字字符串。

2.3.2 eval()函数

eval(<字符串>)函数是 Python 语言中一个十分重要的内置函数，它用于执行一个字符串表达式，并返回表达式的结果。其语法格式如下：

```
eval( <字符串>)
```

【例 2-21】 eval()函数示例。

程序代码：

```
>>>x=3
>>>eval('x+2')
5
>>>eval('4.4+5.5')
9.9
```

结果分析：

eval()函数的作用是将输入的字符串转变成 Python 语句并执行。

【例 2-22】 eval()函数错误使用示例。

程序代码：

```
>>>eval("hello")
```

运行结果：

```
NameError                                  Traceback (most recent call last)
<ipython-input-6-4420b5291c73> in <module>----> 1 eval("hello")
<string> in <module>
NameError: name 'hello' is not defined
```

结果分析：

eval("hello")函数将去掉一对双引号，将 hello 解释为一个变量。由于之前没有定义过 hello 变量，因此解释器会报错。

如果用户希望输入一个数字（小数或者负数）参与后面程序的算法计算，可以采用 eval()函数与 input()函数的组合。具体格式为

```
eval(input( <输入提示字符串>))
```

【例 2-23】 eval()函数与 input()函数组合使用示例。

程序代码：

```
>>>r=eval(input("please input radius r:"))
>>>print(3.14*r*r)
```

输入 5，运行结果：

```
please input radius r:5
78.5
```

结果分析：

输入的数据 5 被转换成数值赋值给了变量 r，最终计算结果为 78.5。

2.3.3 print()函数

print()函数是 Python 中用于将数据输出到控制台（通常指显示器）的内置函数，它允许将文本、变量、表达式等输出到显示器屏幕上。基本用法是将需要输出的内容作为参数传递给 print()函数。

【例 2-24】 print()函数输出文本示例。

程序代码：

```
>>>print("Welcome to Beijing!")
Welcome to Beijing!
```

【例 2-25】 print()函数输出变量值示例。

程序代码：

```
>>>name="John"
>>>age=20
>>>print("姓名：",name,"年龄：",age)
姓名： John 年龄： 20
```

结果分析：

在此代码中，print("姓名：",name,"年龄：",age)语句输出四个参数，第一个参数为字符串"姓名："，第二个参数为变量 name，第三个参数为字符串"年龄："，第四个参数为变量 age，各个参数之间用逗号分隔。输出时，各个参数按照顺序从左到右输出，字符串原样输出，变量输出为具体值。

print()函数有两个常用的参数："sep"和"end"。

【例 2-26】 带有参数"sep"的 print()示例。

程序代码：

```
>>>print("apple","orange","banana",sep=',')
apple,orange,banana
```

结果分析：

默认情况下，print()函数输出时，各个参数之间以空格分隔；也可以通过设置参数"sep"的值来更改分隔，sep=','控制各个参数之间以逗号分隔，所以输出结果为：apple,orange,banana。

"end"参数用于指定 print()函数在输出结束时要附加的内容。默认情况下，"end"被设置为换行符"\n"，这意味着每次调用 print()函数都会在输出的末尾添加一个换行符。可以通过设置"end"参数来更改这个行为。

【例 2-27】 带有参数"end"的 print()函数示例。

程序代码：

```
>>>print("这是一行内容", end=" ")
>>>print("这是在同一行的内容")
```

运行结果：

```
这是一行内容 这是在同一行的内容
```

结果分析：

由于第一个 print()函数有参数 end=" "，意味着输出相应参数内容后以空格结束；第二个 print()函数输出的内容会接在第一个输出的内容之后。

2.4 运算符和表达式

运算即操作，而运算符是用于执行各种操作的符号或关键字。Python 语言的运算符不仅类型丰富，而且使用方法灵活。根据操作数的不同，运算符可以分为如下几种。

1）算术运算符（+、-、*、/、**、//、%）；
2）关系运算符（>、>=、<、<=、==、! =）；
3）逻辑运算符（and、or、not）；
4）赋值运算符（简单赋值=、复合赋值运算符）；
5）位运算符（<<、>>、~、|、&、^）；
6）成员运算符（in、not in）；
7）同一性运算符（is、is not）；
8）下标运算符（[ ]）；
9）其他[如函数调用运算符()]。

根据操作数的个数不同，分为单目运算符、双目运算符和三目运算符，单目运算符是指只有一个操作数的运算符，如+a 和-a 表示对变量 a 分别取正和取负运算；双目运算符是指有两个操作数的运算，如 a+b 和 a-b 表示对两个变量 a 和 b 分别进行加法和减法运算；三目运算符是指有三个操作数的运算。

表达式是将运算符、操作数和括号按一定规则连接起来的符合 Python 语法规则的式子。操作数可以是常量、变量或者函数。表达式的类型为表达式计算结果的类型，表达式中不同类型的常量和变量均应变换为同一类型的值。在表达式求值时，应注意优先级和结合性问题。

表达式的书写应该注意：

1）Python 中乘法运算为*，求幂的运算符为**，数学公式 x^2+y^2 应该写为：x*x+y*y，或者写为 x**2+y**2。

2）乘号不可省略。例如，数学中多项式 3x+5y 应写为：3*x+5*y。

3）括号必须成对出现，且括号只能是圆括号，允许嵌套使用。例如，数学公式 $\dfrac{1}{x^2+y^2}$ 应写为：1/(x**2+y**2)。

2.4.1 算术运算符和算术表达式

在 Python 中，算术运算符用于执行基本的数学运算，包括加法（+）、减法（-）、乘法

（*）、除法（/）、整除（//）、幂运算（**）、取模（%）等运算。其中*、/、**、//、%的优先级高于+和-运算符；**运算符表示幂运算，其优先级高于*、/、//、%。以 a=-7，b=2 对算术运算符使用进行说明，对应的信息见表 2-4。

表 2-4 算术运算符及示例

运算符	功能说明	示例	运行结果
+	取正，单目运算符	>>>+a	7
-	取负，单目运算符	>>>-b	-2
+	加：使两个操作数相加，获取两个操作数的和	>>>a+b	-5
-	减：使两个操作数相减，获取两个操作数的差	>>>a-b	-9
*	乘：使两个操作数相乘，获取两个操作数的积	>>>a*b	-14
/	除：使两个操作数相除，获取两个操作数的商（除数不能为 0）	>>>a/b	-3.5
//	整除：使两个操作数相除，获取商的整数部分	>>>a//b	-4
%	取余：使两个操作数相除，获取余数	>>>a%b	1
**	指数：使两个操作数进行幂运算	>>>a**b	49

在 Python 3.x 中，/和//分别代表除法和整除运算。在整除运算中要注意如下几点：

1）如果被除数和除数中有一个为负数，结果为负，向下取整（即远离 0，朝向负无穷取整）。例如：-4.0//5 和 4.0//-5 的结果都是-1.0。

2）如果被除数和除数中有一个为浮点型数据，结果为浮点型数据。

3）如果被除数和除数都为整型数据，结果为整型数据。

【例 2-28】 算术运算符示例。

程序代码：

```
>>>-8//3
-3
>>>8//-3
-3
>>>-8//-3
2
>>>-8%3
1
>>>8%-3
-1
```

结果分析：

在-8//3 和 8//-3 这两个表达式中，被除数和除数有一个为负数，结果为负数，向下取整，结果为-3；又因为-8-3*（-3）=1，所以-8 除以 3 的余数为 1；同理，8 除以-3 的余数为-1。

2.4.2 赋值运算符和赋值表达式

在 Python 中，赋值运算符用于将右侧的值赋给左侧的变量，最基本的赋值运算符是等号"="。其语法格式如下：

变量=表达式

【例 2-29】 赋值运算符示例 1。
程序代码：

```
>>>a=3
>>>b=(a+2)/3
>>>b
1.6666666666666667
```

注意：
等号的左边必须是变量，右边是表达式。

【例 2-30】 赋值运算符示例 2。
程序代码：

```
>>x=2;y=3
>>x+2=y
File "<ipython-input-46-a9df79456134>", line 2
x+2=y
SyntaxError: can't assign to operator
```

结果分析：
当"="左边为表达式时，出现 SyntaxError 表示语法错误。can't assign to operator 表示不能给运算符赋值。

（1）链式赋值

将同一个值赋给多个变量的赋值方式称为链式赋值，语法格式如下：

变量名 1=变量名 2=…=变量名 n=常量或表达式

【例 2-31】 链式赋值示例。
程序代码：

```
>>>x=y=z=0
>>>x
0
>>>y
0
>>>z
0
```

（2）同步赋值

同时给多个变量赋不同的值，称为多变量同步赋值。语法格式如下：

变量 1，变量 2，…，变量 n=表达式 1，表达式 2，…，表达式 n

变量个数与表达式个数要一致，其过程为：首先计算赋值号右侧 n 个表达式的值，然后同时将表达式的值赋给左边的 n 个变量。

【例 2-32】 同步赋值示例 1——多变量同步赋值。
程序代码：

```
>>>x,y,z=1,2,3
```

```
>>>x
1
>>>y
2
>>>z
3
```

采用同步赋值时,如果赋值号左侧和右侧为同一变量,则右侧表达式中变量的值为同步赋值前的值。

【例 2-33】 同步赋值示例 2——多变量同步赋值。
程序代码:

```
>>>x=30
>>>x,x=2,x*2
>>>x
60
```

结果分析:
第二条语句把 2 和 x*2 的值同步赋值给左侧的变量 x,表达式 x*2 中 x 的值为 30,因此最后 x 的值为 60。

【例 2-34】 同步赋值示例 3——两变量值互换。
程序代码:

```
>>>x,y=2,3
>>>x,y=y,x
>>>x
3
>>>y
2
```

结果分析:
采取同步赋值,可以使用一条语句交换两个变量的值。

(3) 复合赋值运算符

在 Python 中,赋值运算符"="可以与 7 种算术运算符(+、-、*、/、//、%、**)结合构成 7 种复合赋值运算符,具体见表 2-5。

表 2-5 赋值运算符

运算符	描述	示例(a=3,b=7)	运行结果
+=	加法赋值运算符	b += a 等效于 b = b + a	10
-=	减法赋值运算符	b -= a 等效于 b = b - a	4
*=	乘法赋值运算符	b *= a 等效于 b = b * a	21
/=	除法赋值运算符	b /= a 等效于 b = b / a	2.33
%=	取余赋值运算符	b %= a 等效于 b = b % a	1
**=	指数赋值运算符	b **= a 等效于 b = b ** a	343
//=	整除赋值运算符	b //= a 等效于 b = b // a	2

2.4.3 关系运算符和关系表达式

在 Python 中，关系运算符用来判断两个操作数的大小，如果关系成立，结果为 True，否则为 False。关系运算符见表 2-6。

表 2-6 关系运算符

关系运算符	描述	示例	运行结果
>	大于	>>>5 > 4	True
>=	大于等于	>>>5 >=4	True
<	小于	>>>5 < 4	False
<=	小于等于	>>>5 <= 4	False
==	等于	>>>5 ==4	False
!=	不等于	>>>5 != 4	True

【例 2-35】 关系运算符示例。
程序代码：

```
>>>x,y,z=4,6,8
>>>x<y<z
True
>>>x<y==True
False
```

结果分析：

x<y<z 等价于 x<y 和 y<z 两个表达式同时成立时，表达式 x<y<z 才成立。根据 x=4，y=6，z=8，则 x<y 为 True，y<z 也为 True，所以 x<y<z 的结果为 True。x<y==True 等价于 x<y 和 y==True 两个表达式同时成立时，表达式 x<y==True 才成立，由于 x<y 为 True，y==True 为 False，因此表达式的值为 False。

2.4.4 逻辑运算符和逻辑表达式

在 Python 中，逻辑运算符用于对操作数在逻辑上的真假进行操作，包括逻辑与运算符 and，逻辑或运算符 or，以及逻辑非运算符 not；and 和 or 属于双目运算符，其结合性为自左向右，not 属于单目运算符，其结合性为右结合。逻辑非运算符 not 的优先级高于逻辑与运算符 and，逻辑与运算符 and 的优先级高于逻辑或运算符 or。

逻辑假是由布尔值 False 表示的，除了直接使用 False 外，如空值 None 类型、数值类型的零（0、0.0、0j）、空的字符串、空的列表、空的元组、空的集合、空的字典都可以被视为逻辑假 False。逻辑运算符见表 2-7。

表 2-7 逻辑运算符

逻辑运算符	描述	示例（a=3，b=0）	运行结果
and	与运算：a 和 b 均为真时表达式为真，否则为假	>>>a and b	False
or	或运算：a 和 b 均为假时表达式为假，否则为真	>>>a or b	True
not	非运算：a 为真时表达式为假，否则为真	>>>not a	False

在逻辑运算中，如果整个表达式的值可以确定，就不再继续计算后续的表达式。这种行为可以提高程序的性能，因为只有在必要时才会计算表达式的所有部分，在 Python 中，这种处理称为逻辑运算符"and"和"or"的短路现象。

（1）"and"运算符的短路现象（a and b）

如果第一个条件 a 为假（False），整个表达式的值就已经确定为假，此时不再计算 b 的值，结果就为 False。

如果第一个条件 a 为真，继续计算 b，b 将决定最终整个表达式的值，所以结果就为 b 的值。

【例 2-36】 逻辑与运算符示例。

程序代码：

```
>>>False and 8
False
>>>4.5 and 9.0
9.0
```

结果分析：

表达式 False and 8：第一个条件为假，不再继续计算，结果为 False。

表达式 4.5 and 9.0：第一个条件为 4.5，为逻辑真，继续计算第二个条件，第二个条件为 9.0，所以最终结果为 9.0。

（2）"or"运算符的短路现象（a or b）

如果第一个条件 a 为真，则整个表达式的值就已经确定为真，此时不再计算 b 的值，最终结果就为第一个条件 a 的值。

如果第一个条件 a 为假，继续计算条件 b，b 将决定整个表达式最终的值，所以结果为条件 b 的值。

【例 2-37】 逻辑或运算符示例。

程序代码：

```
>>>False or 8
8
>>>4.5 or 9.0
4.5
```

结果分析：

表达式 False or 8：第一个条件为假，继续计算第二个条件，第二个条件为 8，所以表达式最终结果为 8。

表达式 4.5 or 9.0：第一个条件为 4.5，为逻辑真，不再继续计算，所以最终结果为 4.5。

2.4.5 成员运算符和成员表达式

在 Python 中，成员运算符"in"和"not in"用于测试一个值是否是该序列（如字符串、列表或元组）的成员，运算结果为逻辑值。结合性为左结合，其中 in 表示存在，not in 表示不存在。成员表达式是使用成员运算符进行成员测试的表达式，可用于条件语句、循环等场景。

【例 2-38】 成员运算符示例。

程序代码：

```
>>>'c' in 'china'
True
>>>'cn' in 'china'
False
>>>'cn' not in 'china'
True
```

2.4.6 同一性运算符和同一性表达式

在 Python 中，同一性运算符用于测试两个对象是否指向相同的内存位置，即它们是否是同一个对象。同一性运算符有两种："is"和"is not"。同一性表达式是使用这些运算符进行同一性测试的表达式。

（1）"is"同一性运算符

"is"运算符用于测试两个对象是否是同一个对象，即它们是否具有相同的内存地址。

（2）"is not"同一性运算符

"is not"运算符用于测试两个对象是否不是同一个对象，即它们是否具有不同的内存地址。

【例 2-39】 同一性运算符示例。

程序代码：

```
>>>x=2.5
>>>y=2.5
>>>z=x
>>>x is z
True
>>>y is x
False
>>>y is z
False
>>>y is not z
True
>>>y is not x
True
```

结果分析：

数据类型为数值时，两个变量赋相同的内容，两个变量不一定为同一对象；一个变量赋值给另一个变量时，这两个变量为同一对象。

2.4.7 位运算符

在 Python 中，位运算符用于对整数的二进制表示进行位级操作。这些运算符允许对整数的每个位进行操作，包括按位与（&）、按位或（|）、按位异或（^）、按位取反（~）、按位左移（<<）、按位右移（>>），见表 2-8。

表 2-8 位运算符

符号	描述	示例（a=2,b=3）	运行结果
&	与：对应位都为 1 时，结果为 1，否则为 0	>>>a&b	2
|	或：对应位都为 0 时，结果为 0，否则为 1	>>>a|b	3
^	异或：对应两个位相同为 0，不同为 1	>>>a^b	1
~	取反：按位取反，1 变为 0，0 变为 1	>>>~a	-3
<<	左移：各二进位全部左移若干位，高位丢弃，低位补 0	>>>a<<2	8
>>	右移：各二进位全部右移若干位，对无符号数，高位补 0	>>>a>>2	0

结果分析：

在进行二进制位运算之前，先把 a 和 b 分别转换成二进制的形式表示：a=00000010，b=00000011（以一个字节为例）。

$$a\&b: \begin{array}{r} a\ 00000010 \\ b\ 00000011 \\ \hline \&\ 00000010 \end{array} \qquad a|b: \begin{array}{r} a\ 00000010 \\ b\ 00000011 \\ \hline |\ 00000011 \end{array}$$

$$a\^{}b: \begin{array}{r} a\phantom{\^{}}\ 00000010 \\ b\phantom{\^{}}\ 00000011 \\ \hline \^{}\ 00000001 \end{array} \qquad \begin{array}{r} a\ \ 00000010 \\ \sim\ \ 11111101 \end{array}$$

$$a<<2: \begin{array}{r} a\phantom{<<}\ 00000010 \\ \hline <<\ 00001000 \end{array} \qquad a>>2: \begin{array}{r} a\ 00000010 \\ \hline >>\ 00000000 \end{array}$$

所以，把最终结果转换成十进制数 a&b=2，a|b=3，a^b=1，a<<2=8，a>>2=0，而~a=-3。

正数在计算机内部存储采用原码形式存储，其最高位为 0。负数在计算机内部采用补码形式存储，此补码的最高位为符号位 1，计算此负数原码的过程：符号位不变，其余位取反，然后加 1，即为最终值。~a=11111101，最高位为符号位 1，其余位取反变为 10000010，再加 1 变为 10000011，所以对应的十进制数为-3。

左移运算：若左移 1 位，相当于此十进制数乘以 2，a=2，a<<2 相当于 $2*2^2=8$。

右移运算：若右移 1 位，相当于此十进制整除 2，a=2，a>>2 相当于 $2//2^2=0$。

2.4.8 运算符的优先级

在 Python 中，运算符具有不同的优先级，这决定了它们在表达式中的计算顺序，运算符优先级从高到低的顺序见表 2-9。

表 2-9 运算符优先级从高到低顺序

符号	描述
**	幂运算符
+ -	取正、取负
~	按位取反
* / % //	乘、除、取余、整除
+ -	加、减
>> <<	右移、左移运算符
&	按位与

（续）

符号	描述
^ |	按位异或、或
< <= > >= == !=	关系运算符
is is not	同一性运算符
in not in	成员运算符
not and or	逻辑运算符
=、+=、-=、*=、/=、%=、//=、**=、&=、|=、<<=、>>=	赋值运算符

注意：
要牢记这些运算符的优先级，以便在代码中正确使用。

2.5 本章小结

本章深入学习了 Python 编程语言的基础语法要素。首先，了解关键字和标识符的概念，其中关键字是具有特殊含义的词汇，而标识符是用于表示变量、函数和类等的名字。介绍了常量和变量的概念，其中常量是固定不变的值，而变量是存储数据的容器，可以通过赋值改变其值。随后，深入研究了基本数据类型，包括数值类型（整数、浮点数、复数）、空值和布尔类型，以及字符串类型的操作。在基本输入输出方面，学习了 input()函数用于获取用户输入，eval()函数用于执行字符串表达式，以及 print()函数用于输出数据到控制台。最后，详细讨论了运算符和表达式，包括算术运算符、赋值运算符、关系运算符、逻辑运算符、成员运算符、同一性运算符、位运算符等，以及这些运算符的优先级。这些基础知识为后续深入学习和实际应用 Python 编程打下坚实的基础。

2.6 习题

一、填空题

1．布尔类型的取值包括_____和_____。
2．使用_____函数可查看数据的类型。
3．float()函数用于将数据转换为_____类型的数据。
4．若 a=3，b=-2，则 a+=b 的结果为_____。
5．将数值赋给_____的过程称为赋值。
6．布尔类型是特殊的_____。
7．如果将布尔值进行数值运算，True 会被当作整型_____，False 会被当作整型_____。
8．整型字面值的表示方式有四种，分别是十进制、二进制、八进制和_____。
9．在 Python 中，_____表示的是有符号整型。
10．每个浮点数占_____个字节。
11．复数由_____部分和_____部分构成，表示为：real+imagj 或 real+imagJ。
12．布尔类型是_____的子类型。

13．要使一个整数变为整数，需要用到_____函数转换。
14．若 a=2，b=3，那么 a**b 的值为_____。
15．若 a=10，b=3，那么 a%b 的值为_____。
16．如 a=3，b=3，则 a==b 的结果为_____。
17．若 a=10，b=20，not（a and b）的结果为_____。
18．成员运算符用于判断指定序列中是否包含某个值，包含就返回_____。
19．表达式 15//4 的结果为_____，8>>2 的结果为_____。
20．如果 x=3，执行完语句 x+=2 之后，x 的值为_____。

二、判断题
1．Python 中不可以使用关键字作为变量名。（　　）
2．Python 标识符不区分大小写。（　　）
3．andy 和 Andy 是同一个标识符。（　　）
4．lambda 是 Python 中的关键字。（　　）
5．import 是 Python 中的关键字。（　　）
6．变量名可以以数字开头。（　　）
7．变量名可以以下画线开头。（　　）
8．变量名中可以包含特殊符号#。（　　）
9．Python 在定义变量时，不需要声明变量类型。（　　）
10．如果将布尔值进行数值运算，True 会被当作整型 1，False 会被当作整型 0。（　　）
11．以"0b"或者"0B"开头的为二进制计数方式。（　　）
12．以"0x"或者"0X"开头的为二进制计数方式。（　　）
13．a+=b 与 b=a+b 是同样的表达方式。（　　）
14．x=y=z=1 是正确的 Python 表达式。（　　）
15．a,b=1,2 是正确的 Python 表达式。（　　）

三、单选题
1．下列选项中，关于 Python 标识符说法错误的是（　　）。
　　A．Python 中标识符由字母、数字、下画线组成
　　B．Python 中标识符不区分大小写
　　C．Python 中不允许使用关键字作为标识符
　　D．Python 中标识符不能以数字开头
2．下列选项中，合法的标识符是（　　）。
　　A．HelloWorld　　B．2ndObj　　C．hello#world　　D．as
3．Python 3.x 中共有（　　）个关键字。
　　A．35　　B．28　　C．33　　D．45
4．下列选项中，不属于 Python 3.x 中的关键字的是（　　）。
　　A．False　　B．in　　C．if　　D．private
5．下列 Python 数据类型中，哪个不是序列（　　）。
　　A．str　　B．set　　C．tuple　　D．list
6．下列选项中，变量声明正确的是（　　）。

A．int a=10 B．b=10 C．a==10 D．10=b

7．下列选项中，不属于 Python 数据类型是（　　）。
A．bool B．string C．dict D．set

8．下列数值中，不属于整数类型的是（　　）。
A．3.14 B．-28 C．0x80 D．28

9．下列选项中，布尔值为 True 的是（　　）。
A．23 B．0 C．None D．{}

10．若将 2 转换为 0b10，应该使用（　　）函数。
A．oct() B．bin() C．hex() D．float()

11．下列选项中，哪个选项的布尔值不是 False？（　　）
A．None B．0 C．() D．12

12．假设 a=9，b=2，那么下列运算中，错误的是（　　）。
A．a+b 的值是 11 B．a//b 的值是 4
C．a%b 的值是 1 D．a**b 的值是 18

13．下列选项中，幂运算的符号为（　　）。
A．* B．++ C．% D．**

14．若变量 x=23，下列选项可以将变量 x 变成 32 的是（　　）。
A．print((x/10)*10+x%10) B．print((x%10)*10+x//10)
C．print((x/10)%10+x//10) D．print((x%10)//10+x//10)

15．下列关于算术运算符的使用，说法错误的是（　　）。
A．布尔类型在进行算术运算时，可以将其视为 0 和 1
B．整数与浮点数进行混合运算时，会将整型转换为浮点型
C．其他类型与复数进行运算时，会将其他类型转换为复数类型
D．布尔类型不能参与算术运算

16．下列语句中，哪个在 Python 中是非法的？（　　）
A．x = y = z = 1 B．x = (y = z + 1)
C．x, y = y, x D．x += y

17．下列表达式中，返回 True 的是（　　）。
A．a=2，b=2，a=b B．3>2>1
C．True and False D．2 != 2

18．按照运算符优先级，4+2**4/5%2 的结果是（　　）。
A．5.2 B．1.19 C．0 D．20

19．运行命令：2/3+4.0/12，得到的结果是（　　）。
A．1 B．2 C．1.0 D．2.0

20．关于关键字的说法，以下哪项是正确的？（　　）
A．关键字是由开发者定义的标识符
B．关键字是 Python 解释器中预先定义的标识符
C．关键字和标识符在 Python 中没有区别
D．关键字是一种常量

21．下列哪项不是有效的标识符？（　　）

A．my_variable　　　　　　　　B．123_identifier
　　　C．variable_1　　　　　　　　　D．_myVar
22．常量是什么？（　　　）
　　　A．可以被修改的值　　　　　　　B．一种特殊的变量
　　　C．不可变的值　　　　　　　　　D．仅用于循环的值
23．在 Python 中，如何定义一个空值？（　　　）
　　　A．null　　　　　B．empty　　　　C．None　　　　　D．void
24．下列哪项是有效的布尔类型的值？（　　　）
　　　A．0　　　　　　B．True　　　　 C．"False"　　　　D．-1
25．eval()函数的作用是什么？（　　　）
　　　A．计算数学表达式　　　　　　　B．接收用户输入
　　　C．执行系统命令　　　　　　　　D．打印输出内容

四、简答题

1．阅读以下程序，写出输出结果，并分析代码作用。

```
side_one = 10
side_two = 5
area = side_one*side_two
perimeter = 2*(side_one+side_two)
print('长方形的面积为：',area)
print('长方形的周长为：',perimeter)
```

　　2．综合运用前述知识，写一个简单的程序，要求用户输入两个数，计算它们的和并输出结果。

第 3 章　程序控制结构

控制结构是编程的基础，它允许根据不同的条件选择性地执行特定的代码块，或者在满足特定条件的情况下重复执行代码。本章将深入探讨如何使用程序控制结构来有效地控制程序的执行流程。程序控制结构包括顺序结构、选择结构、循环结构。

3.1　程序控制的基本结构

1966 年，计算机科学领域的两位学者 Bohm 和 Jacopini 提出了著名的"Bohm-Jacopini 定理"，这一定理表明：虽然编写程序的方式千差万别，但任何一个计算过程都可以用顺序结构、选择结构和循环结构来表示。这意味着无论程序执行的控制流程多么复杂，都可以通过三种结构的合理组合来实现。

3.2　顺序结构

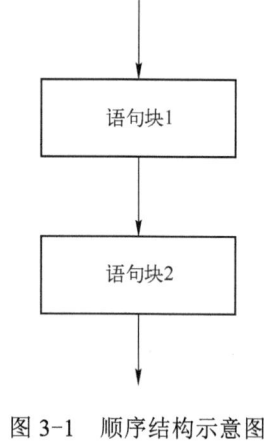

3.2　顺序结构

顺序结构是编程中最简单、最基本的控制结构，如图 3-1 所示，在顺序结构中，代码按照书写的顺序一行一行地执行，没有分支或循环。程序从上到下依次执行每一条语句，形成线性的执行流程。

【例 3-1】 输入长和宽，计算矩形的面积和周长。

思路分析：矩形的长为 a，宽为 b，则矩形的周长 c=2×(a+b)，面积 s=a×b。程序运行时首先输入矩形的长和宽，然后计算周长 c 和面积 s，最后输出 c 和 s。

程序代码：

```
# 获取用户输入
>>>a = input("Enter the length of the rectangle: ")
>>>b = input("Enter the width of the rectangle: ")

# 将用户输入转换为浮点数
>>>a = float(a)
>>>b= float(b)

# 计算矩形周长
>>>c=2*(a+b)
# 输出结果
>>>print("The perimeter of the rectangle is:", c)

# 计算矩形面积
>>>s=a*b
```

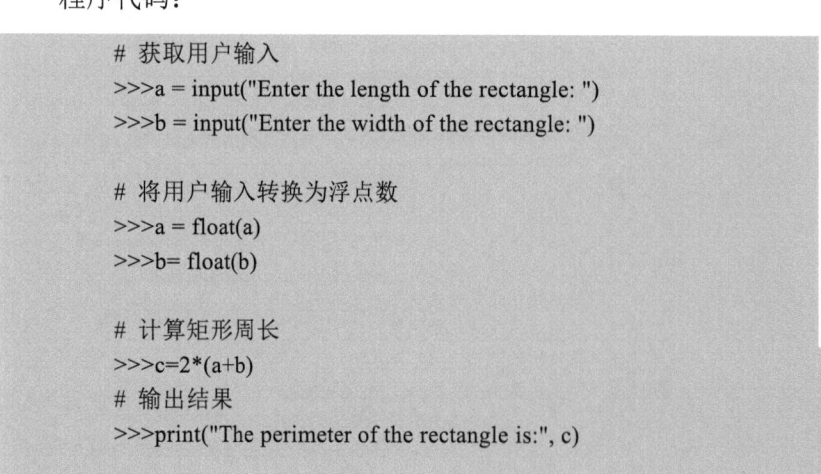

图 3-1　顺序结构示意图

```
# 输出结果
>>>print("The area of the rectangle is:",s)
```

运行结果:

```
Enter the length of the rectangle: 10
Enter the width of the rectangle: 20
The perimeter of the rectangle is: 60.0
The area of the rectangle is: 200.0
```

【例 3-2】计算一个人的体重指数（BMI）。

思路分析：BMI 的计算公式是体重（kg）除以身高（m）的二次方，可以使用顺序结构按照以下步骤执行。

1）获取用户输入：通过输入获取用户的体重 weight 和身高 height。
2）计算 BMI。根据 BMI 计算公式计算 weight/height^2。
3）输出 BMI。

程序代码：

```
# 获取用户输入
>>>weight_str = input("Enter your weight in kilograms: ")
>>>height_str = input("Enter your height in meters: ")

# 将用户输入转换为浮点数
>>>weight = float(weight_str)
>>>height = float(height_str)

# 计算 BMI
>>>bmi = weight / (height ** 2)

# 输出结果
>>>print("Your BMI is:", bmi)
```

运行结果:

```
Enter your weight in kilograms: 60
Enter your height in meters: 1.6
Your BMI is: 23.437499999999996
```

3.3 分支结构

分支结构（也称为选择结构）是当程序执行到条件判断语句时，首先判断条件，根据条件表达式的值选择相应的分支执行。当条件表达式为 True 时，执行真分支，当条件表达式为 False 时，执行假分支。在 Python 中分支结构包括单分支、双分支、多分支以及嵌套选择四种形式。

3.3.1 单分支结构：if 语句

单分支结构是指包含一个选择的分支结构，通常使用 if 语句。程序执行到 if 语句时先进行条件判断,若结果为 True,则执行相应的语句块,否则什么都不执行,继续执行 if 语句块之后的内容。

Python 中 if 语句的语法格式为

```
if 条件表达式:
    语句块
```

其中:

1)if 为关键字。

2)条件表达式可以是关系表达式、逻辑表达式、算术表达式等任意合法的表达式,只评价表达式的布尔逻辑值为真(True)或假(False)。条件表达式的结果为 False、0、空值(None)、空字符串、空元组、空列表、空字典或其他空迭代对象,则其布尔逻辑值为假(False),否则其布尔逻辑值为真(True)。

3)冒号(:)是不可缺少的,表示后面是满足条件后要执行的语句块。

4)语句块是由若干个(单个或多个)具有相同缩进量的语句组成的,语句块要比 if 语句多缩进若干个字符,通常为 4 个字符。

单分支结构流程图如图 3-2 所示。

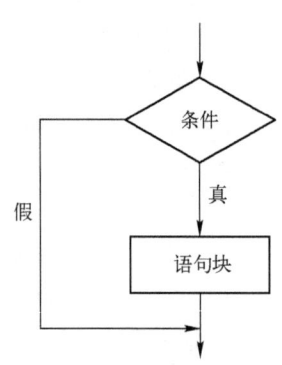

图 3-2 单分支结构流程图

【例 3-3】 输入学生成绩,判断其是否及格。

思路分析如下。

输入:接收外部输入学生成绩。

处理:如果成绩大于等于 60,输出 "Congratulations! You have passed."。

程序代码:

3.3.1 单分支结构:if 语句

```
# 判断分数是否及格
>>>score = float(input("Enter your score: "))

>>>if score >= 60:
    print("Congratulations! You have passed.")
```

运行结果:

```
Enter your score: 79
Congratulations! You have passed.
```

【例 3-4】 输入天气情况,输出建议穿着的提示。

思路分析如下。

输入:接收外部输入天气情况。

处理:

1)如果天气为晴天,输出 "天气晴朗。记得涂防晒霜,戴太阳镜。"。

2)如果天气为雨天,输出 "下雨了。别忘记带伞,穿防水鞋。"。

3)如果天气为多云,输出 "天空多云。带一件轻外套,以防需要。"。

4)如果天气为雪天,输出 "下雪了。穿上保暖的衣物和靴子。"。

程序代码:

```
# 判断天气并输出穿着建议
>>>weather = input("请输入当前的天气状况：")

>>>if weather == "晴天":
    print("天气晴朗。记得涂防晒霜，戴太阳镜。")
>>>if weather == "雨天":
    print("下雨了。别忘记带伞，穿防水鞋。")
>>>if weather == "多云":
    print("天空多云。带一件轻外套，以防需要。")
>>>if weather == "雪天":
    print("下雪了。穿上保暖的衣物和靴子。")
```

运行结果：

```
请输入当前的天气状况：雪天
下雪了。穿上保暖的衣物和靴子。
```

3.3.2 双分支结构：if-else 语句

Python 中 if-else 语句用来形成双分支结构，语法格式为

```
if  条件表达式:
    语句块 1
else :
    语句块 2
```

其中：
1）if 和 else 为关键字。
2）语句块 1 和语句块 2 要比 if 和 else 多缩进若干字符（通常为 4 个字符）。

双分支结构（if-else）的执行过程：首先判断条件表达式的值，当条件表达式为真（True）时，执行 if 后面的语句块 1，否则执行 else 后面的语句块 2。双分支语句用于区分条件表达式的两种可能：True 或者 False，分别形成不同的执行路径。对应的结构流程图如图 3-3 所示。

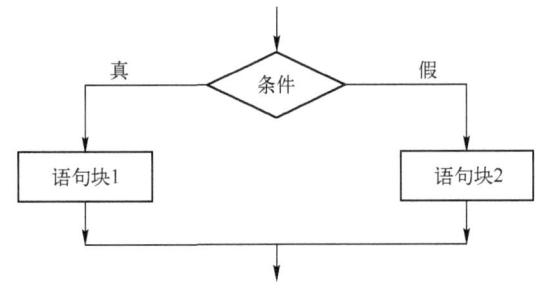

图 3-3 双分支结构流程图

3.3.2 双分支结构：if-else 语句

【例 3-5】 输入一个整数，判断其奇偶性。
思路分析如下
输入：接收外部输入一个整数 n。
处理：如果 n 能被 2 整除，此数为偶数；否则为奇数。
程序代码：

```
# 判断奇偶性
>>>number = int(input("请输入一个整数："))

>>>if number % 2 == 0:
    print("此数为偶数")
>>>else:
    print("此数为奇数")
```

运行结果：

```
请输入一个整数：45
此数为奇数
```

也可以使用三元条件运算符来简洁地表示双分支结构，其语法结构如下：

语句块 1　if　条件表达式　　else　　语句块 2

这里的"三元"指的是有三个操作数，而不是三个分支。这三个操作数分别为条件表达式、真值表达式语句块 1 和假值表达式语句块 2。

这种格式的 if-else 结构可以在一行代码中完成，当条件表达式为真（True）时，执行语句块 1，否则执行语句块 2。

使用三元条件运算符实现判断一个整数奇偶性的代码如下：

```
>>>number = int(input("请输入一个整数："))
>>>result = "偶数" if number % 2 == 0 else "奇数"
>>>print("此数是：",result)
```

【例 3-6】　输入一个年份，判断其是否为闰年。

思路分析如下

输入：接收外部输入一个年份 year。

处理：如果 year 能被 4 整除但是不能被 100 整除，或者 year 能被 400 整除，那么就是闰年；否则不是闰年。

程序代码：

```
# 判断年份是否为闰年
>>>year = int(input("请输入一个年份："))

>>>if (year % 4 == 0 and year % 100 != 0) or (year % 400 == 0):
    print("此年是闰年")
>>>else:
    print("此年不是闰年")
```

运行结果：

```
请输入一个年份：1988
此年是闰年
```

3.3.3　多分支结构：if-elif-else 语句

Python 的多分支结构 if-elif-else，语法格式为

3.3.3　多分支结构：if-elif-else 语句

```
     if   条件表达式 1:
         语句块 1
     elif  条件表达式 2:
         语句块 2
             ……
     else :
         语句块 n
```

其中：

1）if、elif、else 是关键字，elif 是 else if 的简写，表示带条件的 else 语句。
2）语句块 1、语句块 2、语句块 n 要比 if、elif 和 else 多缩进若干字符，一般为 4 个字符。
3）冒号不能省略。

程序运行至 if-elif-else 语句时，先进入 if 语句进行判断，条件表达式 1 为真（True）时，执行语句块 1；否则进入 elif 进行判断，条件表达式 2 为真（True）时，执行语句块 2，否则进入下一个 elif 进行判断，按此顺序依次进行。当所有条件不满足时，执行最后一个语句块 n。

多分支结构流程图如图 3-4 所示。

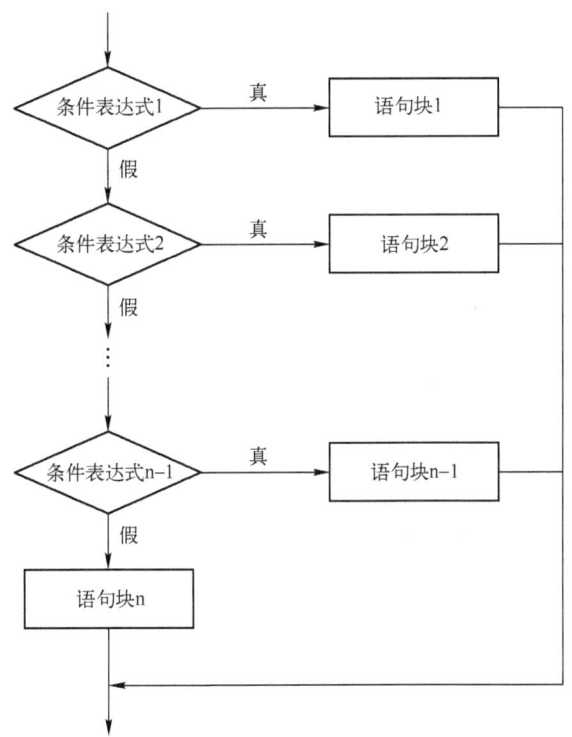

图 3-4　多分支结构流程图

【例 3-7】　输入一个月份，输出该月份所属的季节。
思路分析如下。
输入：接收外部输入一个月份 month。
处理：若 month 的范围在[1,3]，季节为冬季；若 month 的范围在[4,6]，季节为春季；若 month 的范围在[7,9]，季节为夏季；若 month 的范围在[10,12]，季节为秋季。

程序代码：

```
# 判断月份所属季节
>>>month = int(input("请输入月份（1～12）："))

>>>if 1 <= month <= 3:
    print("这是冬季")
>>>elif 4 <= month <= 6:
    print("这是春季")
>>>elif 7 <= month <= 9:
    print("这是夏季")
>>>elif 10 <= month <= 12:
    print("这是秋季")
>>>else:
    print("无效的月份。请输入 1 到 12 之间的整数")
```

运行结果：

```
请输入月份（1-12）：3
这是冬季
```

【例 3-8】 根据体重指数（BMI）来判断身体健康状况。

思路分析如下

输入：接收外部输入一个人的体重（kg）和身高（m）。

处理：计算 BMI，对于成年人来说，一个健康的 BMI 范围是 18.5～23.9。如果 BMI 低于 18.5，则被认为是偏瘦；如果 BMI 大于 23.9 且小于等于 27.9，则被认为是超重；如果 BMI 大于 27.9，则被认为是肥胖。

程序代码：

```
>>>height = float(input("请输入您的身高（m）："))
>>>weight = float(input("请输入您的体重（kg）："))

>>>if weight / (height ** 2) < 18.5 :
    print("您的身材过瘦，需要注意增加营养摄入量")
>>>elif weight / (height ** 2) <= 23.9 :
    print("您的身材正常，请保持")
>>>elif weight / (height ** 2) <= 27.9 :
    print("您的身材超重，建议适当减少体重")
>>>else :
    print("您的身材肥胖，请尽快采取减肥措施")
```

运行结果：

```
请输入您的身高（m）：1.6
请输入您的体重（kg）：60
您的身材正常，请保持
```

3.3.4 嵌套选择结构

嵌套选择结构是指选择结构（if 语句、if-else 语句或 if-elif-else 语句）中的语句块又包含一个或多个选择结构（if 语句、if-else 语句或 if-elif-else 语句）。

语法格式为

```
if 条件表达式 1:
    if 条件表达式 2:
        语句块 1
    else:
        语句块 2
else:
    语句块 3
```

注意：

在书写时要使用缩进将每对 if-else 语句对齐。

【例 3-9】 输入一个整数 x，根据下列分段函数计算并输出 y 的值。

$$y = \begin{cases} x^2 + 2x + 1 & (x < 0) \\ 0 & (x = 0) \\ 5x - 7 & (x > 0) \end{cases}$$

程序代码：

```
# 分段函数问题的嵌套选择结构
>>>x = float(input("请输入一个数 x："))

>>>if x < 0:
    y = x ** 2 + 2 * x + 1
    print("x 小于 0 时，y 的值为：",y)
>>>else:
    if x ==0:
        y = 0
        print("x 为 0 时，y 的值为：",y)
    else:
        y = 5 * x - 7
        print("x 大于 0 时，y 的值为：",y)
```

运行结果：

```
请输入一个数 x： -7
x 小于 0 时，y 的值为： 36.0
```

3.4 循环结构

循环结构是指在满足一定的条件时，重复执行某段代码的一种编码结构。在 Python 中常见的循环结构是 while 循环和 for 循环。

3.4.1 while 循环语句

语法格式为

```
while 循环条件：
```

3.4.1 while
循环语句

　　　　　循环体

其中:
1) while 是关键字,提示后面的语句是 while 循环语句。
2) 循环条件是一个条件表达式。
3) 冒号(:)是不可缺少的,表示后面是满足循环条件后要执行的语句块。
4) 循环体和 while 之间一定要有缩进,一般缩进 4 个字符。

while 循环语句的执行过程:程序执行到 while 循环时,进行第一次循环条件判断,判断结果若为真(True),则执行循环体语句并进行下一次条件判断;依照此顺序多次执行循环,直至条件判断结果为假(False)时,循环终止,执行 while 循环之后的语句。

while 循环当条件不满足时结束,因此必须要提前确定循环次数。while 循环结构流程图如图 3-5 所示。

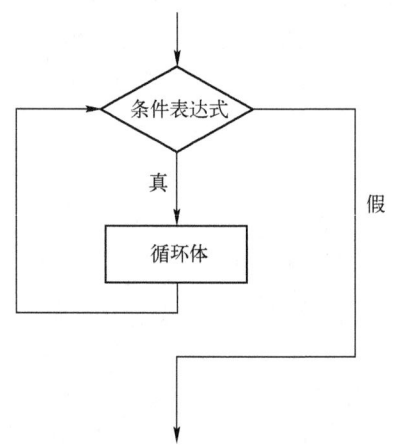

图 3-5　while 循环结构流程图

死循环:while 循环语句中循环条件一直为真(True),则循环将变成无限循环,循环体将一直被执行。程序发生死循环时,会造成程序没有任何响应,或造成不断输出等。

【例 3-10】 使用 while 循环计算 1 到 100 的和。
程序代码:

```
# 使用 while 循环计算 1 到 100 的和
>>>sum = 0
>>>count = 1

>>>while count <= 100:
    sum += count
    count += 1

>>>print("1+2+3+...+100=",sum)
```

运行结果:

　　　1+2+3+…+100= 5050

【例 3-11】 使用 while 循环找出四叶玫瑰数。四叶玫瑰数是指一个四位整数,其各位上数字的四次方（四次幂）之和等于该数本身。

程序代码：

```
# 使用 while 循环找出四叶玫瑰数
>>>number = 1000

>>>while number <= 9999:
    # 分离各位数字
    thousands = number // 1000
    hundreds = (number // 100) % 10
    tens = (number // 10) % 10
    units = number % 10

    # 计算四次方和
    sum_of_fourth_powers = thousands**4 + hundreds**4 + tens**4 + units**4

    # 检查是否为四叶玫瑰数
    if sum_of_fourth_powers == number:
        print(number,"是四叶玫瑰数")

    number += 1
```

运行结果：

```
1634 是四叶玫瑰数
8208 是四叶玫瑰数
9474 是四叶玫瑰数
```

3.4.2 for 循环语句

for 循环是一种迭代循环，它可以遍历一个可迭代对象（如列表、元组、字符串等）中的每个元素，并对其执行相同的操作。

语法格式为

3.4.2 for 循环语句

```
for 循环变量 in 可迭代对象:
    循环体
```

其中：

1）for 和 in 为关键字，提示后面的语句是 for 循环遍历语句。

2）循环变量是控制循环执行次数的变量，用于存放从可迭代对象中逐一遍历的元素。每次循环，可迭代对象中所遍历的元素被放入循环变量，并执行一次循环体，直至遍历完可迭代对象的所有元素后循环结束。

3）可迭代对象是指能够被迭代（遍历）的对象。在 Python 中，字符串、列表、元组、集合、字典、文件等都是可迭代的。

4）冒号（:）是不可省略的，表示循环变量满足时要执行的语句块。

5）循环体是由单层或多层缩进语句组成的。

for 循环需要知道执行次数。for 循环结构流程图如图 3-6 所示。

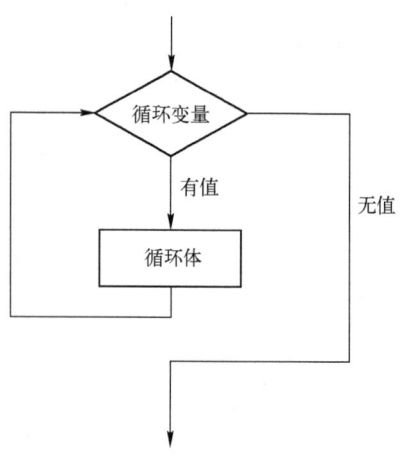

图 3-6 for 循环结构流程图

在每次迭代中，遍历结构中的每个元素都会被赋值给循环变量，然后执行循环体代码块，直到可迭代对象中的所有元素都被处理完为止。

在 Python 中，range()函数常常在 for 循环中使用，以控制循环的次数。range()函数可以生成一个整数序列，通常用于迭代。

语法格式为

```
range([start], stop[,step])
```

其中，

1）start：为可选参数，表示范围的起始值，默认为 0。
2）stop：必选参数，表示范围的结束值（不包含在范围内）。
3）step：可选参数，表示步长，默认为 1。

range()函数返回一个不可变的序列类型，range(n)生成一个从 0 开始，到 n-1 结束的整数序列。

【例 3-12】 range()函数示例。
程序代码：

```
# 使用 range() 生成序列
>>>numbers1 = list(range(5))          # 生成 [0, 1, 2, 3, 4]
>>>print(numbers1)
>>>numbers2 = list(range(2, 10, 2))   # 生成 [2, 4, 6, 8]
>>>print(numbers2)
>>>numbers3 = list(range(5, 0, -1))   # 生成 [5, 4, 3, 2, 1]
>>>print(numbers3)
```

运行结果：

```
[0, 1, 2, 3, 4]
[2, 4, 6, 8]
[5, 4, 3, 2, 1]
```

【例 3-13】 迭代（遍历）字符串。
程序代码：

```
>>>str="I love China!"
>>>for ch in str:
    print(ch,end='#')
```

运行结果：

```
I# #l#o#v#e# #C#h#i#n#a#!#
```

【例 3-14】 采用 for 语句计算 1 到 100 的和。

思路分析：

1）根据 range()函数产生 1 到 100 之间的整数序列对象。

2）遍历 range(1,101)求和。

程序代码：

```
# 使用 for 循环和 range() 计算 1 到 100 的和
>>>sum=0
>>>for number in range(1, 101):
    sum+= number
>>>print("1 到 100 的和为：",sum)
```

运行结果：

```
1 到 100 的和为： 5050
```

【例 3-15】 采用 for 语句输出水仙花数。所谓水仙花数是指一个三位整数，其各位数字的立方（三次幂）之和等于该数本身。

思路分析：

1）根据 range()函数产生所有三位整数，即 range(100,1000)。

2）采用 for 语句遍历 range(100,1000)所生成的三位整数，根据水仙花数满足的条件找到此数进行输出。

程序代码：

```
>>>for n in range(100,1000):
    ge=n%10
    shi=n//10%10
    bai=n//100
    if ge**3+shi**3+bai**3==n:
        print(n)
```

运行结果：

```
153
370
371
407
```

【例 3-16】 计算 1!+2!+3!+4!+5!的结果。

程序代码：

```
>>>sum=0
```

```
>>>jiecheng=1
>>>for i in range(1,6):
    jiecheng=jiecheng*i
    sum+=jiecheng
>>>print("1!+2!+3!+4!+5!=",sum)
```

运行结果：

```
1!+2!+3!+4!+5!= 153
```

3.4.3 循环嵌套结构

Python 语言支持在一个循环体内嵌套另一个循环。所谓嵌套，就是一个循环体内还有另一条循环语句，例如 for 语句里还有 for 语句，while 语句里还有 while 语句，甚至 while 语句里有 for 语句，或者 for 语句里有 while 语句也是被允许的。

当两个（多个）循环嵌套时，位于外层的循环结构经常被称为外层循环或外循环，位于内层的循环结构被称为内层循环或内循环。在程序执行过程中，先判断外循环条件，当外循环条件为真（True）时，进入内循环并判断内循环条件，当内循环条件为真（True）时依次执行语句，进行内循环迭代，当内循环条件为假（False）时退出内循环，进入外循环迭代，直至外循环判断条件为假（False）时退出循环。循环嵌套结构流程图如图 3-7 所示。

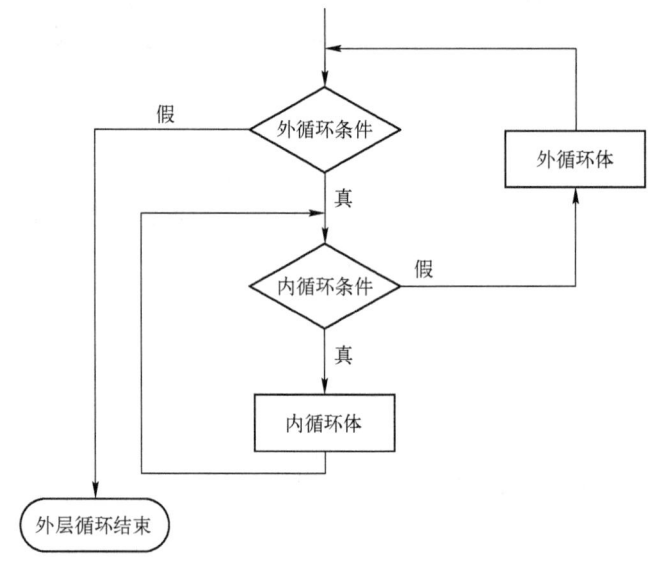

图 3-7 循环嵌套结构流程图

【例 3-17】利用嵌套循环输出九九乘法表。
程序代码：

```
# 使用嵌套循环输出九九乘法表
>>>for i in range(1, 10):
    for j in range(1, i+1):
        print(f"{i} x {j} = {i*j}", end="   ")
    print()  # 换行
```

运行结果:

```
1x1=1
1x2=2   2x2=4
1x3=3   2x3=6   3x3=9
1x4=4   2x4=8   3x4=12   4x4=16
1x5=5   2x5=10  3x5=15   4x5=20   5x5=25
1x6=6   2x6=12  3x6=18   4x6=24   5x6=30   6x6=36
1x7=7   2x7=14  3x7=21   4x7=28   5x7=35   6x7=42   7x7=49
1x8=8   2x8=16  3x8=24   4x8=32   5x8=40   6x8=48   7x8=56   8x8=64
1x9=9   2x9=18  3x9=27   4x9=36   5x9=45   6x9=54   7x9=63   8x9=72   9x9=81
```

【例 3-18】 采用循环嵌套输出由 4、5 和 6 组成的且每位数字都不相同的三位数。

程序代码:

```
# 输出由 4、5 和 6 组成的且每位数字都不相同的三位数
>>>for i in range(4, 7):          # 百位数
    for j in range(4, 7):         # 十位数
        for k in range(4, 7):     # 个位数
            if i != j and j != k and i != k:    # 确保每位数字都不相同
                number = i * 100 + j * 10 + k
                print(number)
```

运行结果:

```
456
465
546
564
645
654
```

3.4.4 break 语句和 continue 语句

break 语句和 continue 语句是编程中用于控制循环行为的两种关键字,通常用在选择结构语句中,满足一定条件时执行,从而中断正常的循环控制流程。

(1) break 语句

break 语句用于终止当前循环,并跳出循环体。一旦 break 语句被执行,程序将立即退出循环,不再执行循环内未执行的语句,开始执行循环后的下一条语句。当多个 for 语句、while 语句彼此嵌套时,当 break 语句被执行时,程序将立即退出当前内层循环,不再执行该内层循环后的代码,然后继续执行外层循环中的代码。

3.4.4 break
语句和
continue 语句

【例 3-19】 单循环中 break 语句应用示例。

程序代码:

```
>>>for i in range(1, 10):
    if i == 5:
        break                     # 当 i=5 时,退出循环
```

```
    print(i)
```

运行结果：

```
1
2
3
4
```

【例 3-20】 嵌套循环中 break 语句应用示例。

程序代码：

```
>>>for i in range(1, 5):
    for j in range(1,5):
        if i == j:
            break             #i 和 j 相等时，退出内循环
        print(i,end=' ')
    print()
```

运行结果：

```
2
3 3
4 4 4
```

（2）continue 语句

continue 语句用于跳过当前循环中的剩余代码，直接进入下一次循环迭代。它不会终止整个循环，而是跳过当前迭代并继续执行下一次迭代。

【例 3-21】 continue 语句应用示例。

程序代码：

```
>>>for i in range(1, 10):
    if i == 5:
        continue              # 当 i 等于 5 时，结束本次循环
    print(i,end=' ')
```

运行结果：

```
1 2 3 4 6 7 8 9
```

3.4.5 pass 语句

在 Python 中还有一个 pass 语句。pass 语句是一个占位符，在编写代码时，还没有想好要写什么，可以使用 pass 语句。pass 语句不做任何事情，只是一个占位符，用于在语法上需要语句的地方放置，使程序结构更清晰。

【例 3-22】 用户输入一个数字，将输入的数字与 10 进行比较，并输出该数字是否为两位数。如果是两位数，则程序输出该数字是一个两位数。否则，程序会执行一个空操作，即不进行任何操作，直接退出。

程序代码：

```
>>>num = int(input("请输入一个数字: "))
>>>if num >= 10 and num <= 99 :
        print("这是一个两位数")
>>>else :
        pass
```

运行结果 1：

```
请输入一个数字: 45
这是一个两位数
```

运行结果 2：

```
请输入一个数字:  100
```

3.4.6 while-else 语句

在 Python 中，while 循环可以与 else 语句结合使用，形成 while-else 结构。

语法格式如下

```
while   循环条件：
    语句块 1
else:
    语句块 2
```

执行过程：循环条件成立时，执行语句块 1，当循环条件不成立时，执行语句块 2。

【例 3-23】 从 1 开始累加数字，直到累加和超过阈值 100，然后输出累加和与超过阈值的那个数字。

程序代码：

```
>>>threshold = 100
>>>current_sum = 0
>>>current_number = 1
>>>while current_sum <= threshold:
    current_sum += current_number
    current_number += 1
>>>else:
    print("累加和：",current_sum)
    print("累加到的数：",current_number-1)
```

运行结果：

```
累加和： 105
累加到的数： 14
```

3.4.7 for-else 语句

当 for 循环正常结束时，else 语句块中的代码将被执行，以完成必要的清理工作或执行后续操作。for 循环中的 else 代码块同样是可选的代码块。

语法格式为

```
for 循环变量 in 遍历结构：
    语句块 1
else：
    语句块 2
```

【例 3-24】 判断 2 到 10 之间的整数是否是素数。

程序代码：

```
>>>for n in range(2,11):
    for i in range(2,n):
        if n%i==0:
            print(n,"不是素数")
            break
    else:
        print(n,"是素数")
```

运行结果：

```
2 是素数
3 是素数
4 不是素数
5 是素数
6 不是素数
7 是素数
8 不是素数
9 不是素数
10 不是素数
```

3.5 实践——实现一个简单的景区售票系统

某景区的售票规则如下：售票的种类分为半价票（25 元）、全价票（50 元）和免票。购票人年龄在 6 岁（含）～18 岁（含）的学生购买半价票，年龄大于 18 岁、小于 26 岁且有学生证明的学生可购买半价优惠票，否则购买全价票；年龄在 26 岁（含）～60 岁（不含）的成人购买成人票；年龄小于 6 岁的儿童或年龄在 60（含）岁以上的老年人无须购票。

针对上述规则，利用本章所学知识，设计一个简单的售票系统。

程序代码：

```
# 定义票价
>>>ticket_price = 50
>>>discounted_price = 25

# 询问购票人的年龄
>>>while True:
    age = int(input("请输入您的年龄："))
```

```
            if age >= 6 and age <= 18 :
                # 年龄在 6 岁(含)~18 岁(含)的学生购买半价票
                print("您可购买半价优惠票，总价为：", discounted_price)
                break
            elif age > 18 and age < 26:
            # 年龄大于 18 岁、小于 26 岁且有学生证明的购买半价优惠票，否则购买全价票
                if input("您是否有学生证明？（yes/no）").lower() == "yes":
                    print("您可购买半价优惠票，总价为：", discounted_price)
                    break
                else:
                    print("您需购买全价票，总价为：", ticket_price)
                    break
            elif age >= 26 and age < 60:
                # 年龄在 26 岁(含)~60 岁(不含)的成人购买成人票
                print("您需购买成人票，总价为：", ticket_price)
                break
>>>         elif age <6 or age >= 60:
                # 年龄小于 6 岁的儿童以及年龄在 60(含)岁以上的老年人无须购票
                print("您无须购票")
                break
>>>         else:
                print("无效的年龄输入，请重新输入")
                continue
```

运行结果 1：

请输入您的年龄：4
您无须购票

运行结果 2：

请输入您的年龄：23
您是否有学生证明？（yes/no）yes
您可购买半价优惠票，总价为： 25

运行结果 3：

请输入您的年龄：24
您是否有学生证明？（yes/no）no
您需购买全价票，总价为： 50

运行结果 4：

请输入您的年龄：55
您需购买成人票，总价为： 50

运行结果 5：

请输入您的年龄：67
您无须购票

3.6 本章小结

本章主要介绍了程序设计的三种控制结构，分别是顺序结构、分支结构和循环结构。分支结构包括单分支结构（if 语句）、双分支结构（if-else 语句）以及多分支结构（if-elif-else 语句）。分支结构使程序能够根据不同的条件选择执行不同的代码路径，提高了程序的灵活性。接着又深入研究了嵌套选择结构，以处理更复杂的条件逻辑。循环结构包括 while 循环和 for 循环，循环结构使得程序可以重复执行一段代码，直到满足特定的条件或遍历完一个序列。还深入研究了循环嵌套结构，将一个循环嵌套在另一个循环中，以处理更复杂的迭代需求。讨论了在循环中常用的控制语句，包括 break 和 continue，用于在循环中灵活控制程序的流程。最后，介绍了 while-else 和 for-else 语句，它们允许在循环正常结束时执行额外的代码块。

3.7 习题

一、填空题

1. _____语句是最简单的条件语句。
2. 只有 if 判断条件为_____时，才会执行满足条件要执行的语句。
3. 如果 if 判断条件为_____时，则程序执行 else 语句。
4. Python 中的循环语句有_____循环和_____循环。
5. 若 while 循环条件的值变为_____，说明程序进入无限循环。
6. _____循环一般用于实现遍历循环。
7. _____语句可以跳出本次循环，执行下一次循环。
8. 将如下空缺的代码补充完整，使其能够打印九九乘法表。

```
for i in range(1, 10):
    _____
        print("%d*%d=%2d" % (j, i, j * i), end=' ')
    print("")
```

9. 在循环体中使用_____语句可以跳出循环体。

二、判断题

1. if-else 语句可以处理多个分支条件。（   ）
2. if 语句不支持嵌套使用。（   ）
3. elif 可以单独使用。（   ）
4. 在条件判断中可以多次使用 elif 语句。（   ）
5. if-elif-else 语句可以处理多个分支条件。（   ）
6. for 循环只能遍历字符串。（   ）
7. for 循环只能遍历列表。（   ）
8. while 循环是可以嵌套使用的。（   ）
9. while 循环可以和 else 一起使用。（   ）

10. while 1==1 表示无限循环。（   ）
11. while True 表示无限循环。（   ）
12. break 用于结束循环。（   ）
13. break 用于跳出本次循环。（   ）
14. continue 用于跳出本次循环。（   ）
15. continue 用于结束循环。（   ）

三、单选题
1. 下列 Python 语句正确的是（   ）。
   A．min = x if x < y else y
   B．max = x > y ? x : y
   C．if (x > y) print x
   D．while True : pass
2. 已知 x=10，y=20，z=30，以下语句执行后 x，y，z 的值是（   ）。

```
if x<y:
    z=x
    x=y
    y=z
    print(x,y,z)
```

   A．10,20,30   B．10,20,20   C．20,10,10   D．20,10,30
3. 已知 a = 1，b=2，c=3，执行以下语句，输出结果为（   ）。

```
if  b < c:
    c -= a
    a += b
    b *= a
    print(a, b, c)
```

   A．1,2,3   B．3,6,2   C．2,6,3   D．3,2,1
4. 执行下列代码：

```
a = 9
if 9 == a:
    print('Chinese')
if 9 == a:
    print('Math')
if 9 == 'a':
    print('English')
```

输出结果为（   ）。
   A．Chinese   B．Math   C．Chinese Math   D．English
5. 下面 if 语句统计"成绩（mark）优秀的男生以及不及格的男生"的人数，正确的语句为（   ）。
   A．if gender == '男' and mark < 60 or mark >= 90: n+=1
   B．if gender == '男' and mark < 60 and mark >=90: n+=1

C. if gender == '男' and (mark < 60 or mark >=90): n+=1
D. if gender == '男' or mark < 60 or mark >=90: n+=1

6．在 Python 中，实现多分支选择结构较好的方法是（   ）。
   A．if   B．if-else   C．if-elif-else   D．if 多层嵌套

7．以下 for 语句中，能完成 1～10 的累加功能的是（   ）。
   A．for i in range(10,0):
        sum+=i
   B．for i in range(1,11):
        sum+=i
   C．for i in range(10,-1):
        sum+=i
   D．for i in range(10,9,8,7,6,5,4,3,2,1):
        sum+=i

8．关于 while 循环和 for 循环的区别，下列叙述正确的是（   ）。
   A．while 语句的循环体至少无条件执行一次，for 语句的循环体有可能一次都不执行
   B．while 语句只能用于循环次数未知的循环，for 语句只能用于循环次数已知的循环
   C．在很多情况下，while 语句和 for 语句可以等价使用
   D．while 语句只能用于可迭代变量，for 语句可以用于任意表达式表示条件

9．设有程序段：

```
k = 10
while k:
    k = k-1
    print(k)
```

则下面描述中正确的是（   ）。
   A．while 循环执行了 10 次   B．循环是无限循环
   C．循环体语句一次也不执行   D．循环体语句只执行了一次

10．执行下列代码：

```
i = 3
j = 5
while True:
    if i < 5:
        i += i
        print(i)
        break
    elif j < 1:
        j -= j
        print(j)
```

上述程序的输出结果是（   ）。
   A．5   B．6   C．3   D．4

11．阅读下面的代码：

```
sum=0
for i in range(100):
    if(i%10):
        continue
    sum=sum+i
print(sum)
```

上述程序的执行结果是(　　)。
   A．5050 　　　　B．4950 　　　　C．45 　　　　D．450

12．下列选项中，会输出 1,2,3 这三个数字的是(　　)。
   A．for i in range(3):
         print(i)
   B．for i in range(2):
         print(i + 1)
   C．aList = [0,1,2]
      for i in aList:
         print(i + 1)
   D．i = 1
      while i < 3:
         print(i)
         i = i + 1

13．下列选项中，循环次数与其他选项不同的是(　　)。
   A．i = 0
      while i<=5:
         print(i)
         i+=1
   B．i = 5
      while i>0:
         print(i)
         i-=1
   C．for i in range(5):
         print(i)
   D．for i in range(5,0,-1):
         print(i)

14．下列语句不符合语法要求的是(　　)。

```
for var in _____:
    print(var)
```

   A．range(0,10) 　　B．'hello' 　　C．(1,2,3) 　　D．{1,2,3,4,5}

15．阅读下面的程序：

```
i=0
for i in range(5):
    i+=1
    if i==3:
        break
    print(i)
```

上述程序中的循环会执行(　　)次。
   A．1 　　　　B．2 　　　　C．3 　　　　D．4

16．下列语句中，用来结束整个循环的是(　　)。
   A．break 　　B．continue 　　C．pass 　　D．else

17．下列语句中，用来结束本次循环并执行下一次循环的是(　　)。
   A．break 　　B．continue 　　C．pass 　　D．else

18．阅读下面的程序：

```
i=0
for i in range(10):
    i+=1
    if i==8 or i==5:
        continue
    print(i)
```

上述程序中的循环会执行（　　）次。

A．5　　　　　　B．6　　　　　　C．10　　　　　　D．8

19．下列说法中正确的是（　　）。

A．break 用在 for 语句中，而 continue 用在 while 语句中

B．break 用在 while 语句中，而 continue 用在 for 语句中

C．continue 能结束循环，而 break 只能结束本次循环

D．break 能结束循环，而 continue 只能结束本次循环

20．以下哪个关键字可以用来进行占位操作（　　）。

A．break　　　　B．continue　　　　C．while　　　　D．pass

四、编程题

1．使用 if-elif-else 语句编写如下程序：程序接受用户输入的一个数字 num，如果 num 大于 0，输出"你输入的数字是正数"；如果 num 等于 0，输出"你输入的数字是零"；如果 num 小于 0，输出"你输入的数字是负数"。

2．设计一个程序，接收用户输入的一个数字，判断这个数字是奇数还是偶数。

3．创建一个简单的程序，打印数字 1~10，并在每个数字之后打印一个星号（*）。

4．给用户三次输入用户名和密码的机会，要求如下：

（1）如果第一行输入用户名为"Kate"，第二行输入密码为"666666"，则输出"登录成功！"，退出程序；

（2）当 3 次输入用户名或密码都不正确时，输出"3 次用户名或者密码均有误！退出程序"。

第 4 章　组合数据类型

在 Python 中，组合数据类型是一种重要的概念，它们允许用户以不同的方式组织和存储数据。本章将深入探讨列表、元组、集合和字典这四种组合数据类型，为读者提供灵活和强大的工具，用以处理各种复杂的数据结构。

4.1 列表

列表是一种有序的集合，可以包含任意类型的数据，如数字、字符串、布尔值等。列表支持一次性存储多个数据，而且这些数据可以是不同类型的。列表中的元素是有顺序的，可以通过索引来访问。如果有成百上千名学生需要记录，使用列表就可以更方便地处理这些数据。本节将学习列表的相关知识。

4.1.1 列表的基础知识

如果要存储不同学生的成绩，使用之前学习的知识，需要定义一系列变量来存储它们。

【例 4-1】 定义 5 个学生成绩变量示例。

程序代码：

```
score_1=98
score_2=87
score_3=76
score_4=65
score_5=57
```

以上代码定义了 5 个变量，运行时会为 5 个学生成绩变量分配内存空间，如图 4-1 所示。

图 4-1　5 个整数变量

如果只有几个学生的成绩，这是一个不错的解决方案，但若需要存储大量的学生成绩数据，例如 10000 个，定义 10000 个变量来存储学生成绩将是烦琐的工作。对于任何解决方案来讲，将这么多的学生成绩一起处理不是一件容易的事，例如计算平均成绩。

一个更好的解决方案是将所有的学生成绩放在一个数据集中，图 4-2 描述了单个变量存储 5 个整数值的概念。

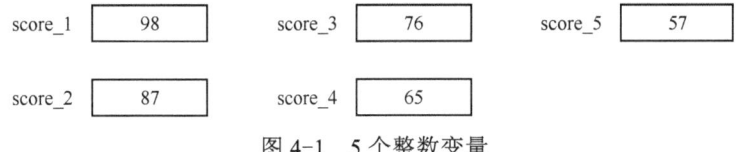

图 4-2　5 个学生成绩的数据集

但是,如果所有值都存储在具有单个名字的数据集合中,该如何引用每个单独的学生成绩?邮局就是具有这样数据集合的一个极好的例子。假如将邮局看作是一个编号的"邮政信箱"的数据集合,这些信箱用数值作为索引,因此就可以使用像"邮政信箱 777"这样的描述来引用一个信箱。

列表是一种强大而有序的数据类型,其单个变量可以存储多值,每个值称为列表元素,每个列表元素都可以由整数索引进行访问。例如 score[0]、score[3]的值分别为 98 和 65。

4.1.2 创建列表

4.1.2 创建列表

列表的创建和初始化可通过[ ]和 list()函数完成。其语法格式为

```
列表变量=[元素 1, 元素 2, … ,元素 n]
列表变量=list(变量名或对象数据)
```

说明:

格式 1 中,可以直接通过在[ ]中列举数据元素的方式创建并初始化一个列表变量。

格式 2 中,list()函数可以利用字符串、列表、元组、集合、字典、range 对象以及其他类型的迭代对象数据创建并初始化一个列表变量,其参数可以是一个具体数据,也可以是包含上述数据的变量,返回一个包含这些值的列表。

【例 4-2】 通过[ ]定义列表示例。

程序代码:

```
>>>list_1=[98,87,76,65,57]           # 列表中元素类型相同
>>>list_1
[98, 87, 76, 65, 57]
>>>list_2=[11,'a','abc',3.5]         # 列表中元素类型不同
>>>list_2
[11, 'a', 'abc', 3.5]
>>>list_3=[11,'a','abc',3.5,list_2]  # 列表中元素可以嵌套
>>>list_3
[11, 'a', 'abc', 3.5, [11, 'a', 'abc', 3.5]]
```

【例 4-3】 通过 list()定义列表示例。

程序代码:

```
>>>mylist_1=list(range(1,11))        # list()函数接收 range()函数生成的可迭代数据
>>>mylist_1
[1, 2, 3, 4, 5, 6, 7, 8, 9, 10]
>>>mylist_2=list("python")           # list()函数接收字符串,生成由字符串中的字符构成的列表
>>>mylist_2
['p', 'y', 't', 'h', 'o', 'n']
```

【例 4-4】 创建空的列表示例。

程序代码:

```
>>>list1=[]
>>>list1
```

```
[]
>>>list2=list()
>>>list2
[]
```

4.1.3 访问列表元素

在 Python 中，要访问列表中的元素，可以使用下标索引。列表中的元素是按顺序排列的，索引可以用来指定要访问的元素的位置。那么什么是索引呢？列表的正反向索引如图 4-3 所示。

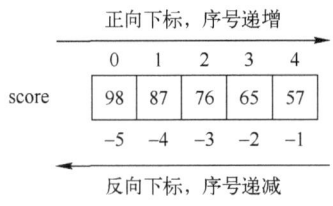

图 4-3 列表的正反向索引

正向索引从 0 开始，即第一个元素的索引为 0，第二个元素的索引为 1，最后一个元素的索引为列表长度减 1。如变量 score，其正向索引下标为 0，终值为 4。要访问特定位置的元素，可以使用方括号[ ]再加上元素的索引，语法为"列表[下标索引]"。例如，要获取列表中的第一个元素，可以使用 score[0]，其值为 98；要获取第三个元素，可以使用 score[2]，其值为 76。

另外，Python 还支持使用负数索引来访问列表元素。负数索引表示从列表的末尾开始计数，即最后一个元素的索引为-1，倒数第二个元素的索引为-2，最后一个元素的索引为负的列表长度。例如，要获取列表中的最后一个元素，可以使用 score[-1]，它的返回值为 57。

列表中的元素可以通过索引或切片这两种方式进行访问，也可以在循环中依次访问。

【例 4-5】 通过索引访问列表元素示例。

程序代码：

```
>>>list_one = ["Python","Java", "C++", "ArkTs", "PHP"]
>>>list_one[0]
'Python'
>>>list_one[-1]
'PHP'
>>>list_one[2]
'C++'
>>>list_one[-1][1]          # 多重索引
'H'
>>>list_one[2][0]
'C'                         # 多重索引
```

切片，也称分片，用于在指明下标起始位置、终止位置和步长的条件下访问列表变量的部分元素。其语法格式为

```
变量名[start:end:step]
```

说明如下。

start：可选项，表示待访问部分的起始下标，省略时默认为 0，start 所指的元素包含在切片中。

end：可选项，表示待访问部分的终止下标，省略时默认为列表长度，但 end 所指的元素不包含在切片中。

step：可选项，表示每次访问元素的间隔，默认为 1。

切片遵循左闭右开原则，也支持正反向下标访问，正向访问时，步长为正值；反向访问时，步长为负值。

【例 4-6】 通过索引切片访问列表元素示例。

程序代码：

```
>>>my_list = ["apple", "banana", "cherry", "date", "elderberry"]
>>>subset = my_list[1:4]          # 获取索引为 1 到 4 的元素，不包括索引为 4 的元素
>>>print(subset)
['banana', 'cherry', 'date']

>>>subset_from_index = my_list[2:]   # 获取从索引为 2 开始到列表末尾的所有元素
>>>print(subset_from_index)
['cherry', 'date', 'elderberry']

>>>subset_until_index = my_list[:3]  # 获取从列表开头到索引为 3 的元素，不包括索引为 3 的元素
>>>print(subset_until_index)
['apple', 'banana', 'cherry']

>>>subset_until_index = my_list[:]   # 获取全部元素
>>>print(subset_until_index)
['apple', 'banana', 'cherry', 'date', 'elderberry']

>>>subset_until_index = my_list[::]  # 获取全部元素
>>>print(subset_until_index)
['apple', 'banana', 'cherry', 'date', 'elderberry']

>>>subset_until_index = my_list[-1::-1]    # 逆序输出
>>>print(subset_until_index)
['elderberry', 'date', 'cherry', 'banana', 'apple']

>>>subset_until_index = my_list[-1:-4:-1]  # 获取从后到前的三个元素
>>>print(subset_until_index)
['elderberry', 'date', 'cherry']

>>>subset_until_index = my_list[-1:-5:-2]  # 从后到前的四个元素，每隔一个元素获取一个元素
>>>print(subset_until_index)
['elderberry', 'cherry']
```

【例 4-7】 通过索引和循环访问列表元素示例。

程序代码：

```
>>> # 创建一个包含水果名称和价格的嵌套列表
>>> fruits = [['apple', 1.5], ['banana', 0.5], ['cherry', 0.25], ['date', 0.75]]
>>> print(fruits[0])              # 使用索引访问嵌套列表中的元素
['apple', 1.5]

>>> print(fruits[2][0])
cherry

>>> print(fruits[3][1])
0.75

>>>fruits = [['apple', 1.5], ['banana', 0.5], ['cherry', 0.25], ['date', 0.75]]
>>>for item in fruits:            # 使用循环访问列表中的每一项
        print(item)
['apple', 1.5]
['banana', 0.5]
['cherry', 0.25]
['date', 0.75]
```

4.1.4 添加列表元素

在 Python 中,添加列表元素可以通过使用以下几种方法来实现。

(1) insert()方法

insert()方法用于在列表的指定位置插入一个新元素,语法格式如下:

```
list.insert(index, element)
```

4.1.4 添加列表元素

其中,index 是插入的位置(索引),element 是要插入的元素。

【例 4-8】 通过 insert()方法插入列表元素示例。

程序代码:

```
>>>fruits = ["apple", "banana", "cherry"]
>>>fruits.insert(1, "orange")     # 在索引为 1 的位置插入元素"orange"
>>>print(fruits)
['apple', 'orange', 'banana', 'cherry']
```

结果分析:

在此代码示例中,字符串"orange"被插入到索引位置 1 处,即列表的第二个位置。原来的元素会被向后移动,原始列表的内容增加了一个元素。

(2) append()方法

append()方法用于在列表的末尾添加一个新元素。这个方法没有返回值,也就是说它不会返回新列表,但它会改变原始列表,语法格式如下:

```
list.append(element)
```

其中,element 是要添加到列表末尾的元素。

【例 4-9】 通过 append()方法插入列表元素示例。

程序代码：

```
list = ['apple', 'banana', 'cherry']
list.append('orange')
print(list)
['apple', 'banana', 'cherry', 'orange']
```

结果分析：

在此代码示例中，字符串"orange"被添加到列表的末尾。

（3）extend()方法

extend()方法用于在一个列表末尾追加另一个可迭代对象（通常是另一个列表）。它用于扩展列表的长度，而不会创建新的列表。语法格式如下：

```
list.extend(iterable)
```

其中，iterable 是要追加到列表末尾的可迭代对象。

【例 4-10】 通过 extend()方法扩展列表元素示例。

程序代码：

```
>>>fruits = ["apple", "banana", "cherry"]
>>>more_fruits = ["orange", "grape", "melon"]

>>>fruits.extend(more_fruits)    # 在列表末尾追加 more_fruits 列表的元素
>>>print(fruits)
['apple', 'banana', 'cherry', 'orange', 'grape', 'melon']
```

结果分析：

在此代码示例中，fruits 的元素被扩展为包含 more_fruits 的所有元素。这不会创建一个新的列表，而是直接修改了 fruits。

注意：

extend()方法不会返回任何值，而是直接修改原始列表。

（4）连接运算（+，+=）

在 Python 中，可以使用+运算符对两个列表进行连接。这种操作会创建一个新的列表，其中包含两个原始列表的所有元素。+运算符连接列表的语法格式如下：

```
new_list=list1+list2
```

其中，list1 和 list2 是要连接的两个列表。

【例 4-11】 +运算符连接列表示例。

程序代码：

```
>>>fruits = ["apple", "banana", "cherry"]
>>>more_fruits = ["orange", "grape", "melon"]
>>>combined_fruits = fruits + more_fruits    # 使用 + 运算符连接两个列表
>>>print(combined_fruits)
['apple', 'banana', 'cherry', 'orange', 'grape', 'melon']
```

+=运算符可以将一个可迭代对象（如列表）的元素添加到列表中。语法格式如下：

```
List+=iterable
```

【例 4-12】 +=运算符连接列表示例。

程序代码:

```
>>>my_list = [1, 2, 3]
>>>my_list += [4, 5, 6]              # 将 [4, 5, 6] 中的元素添加到 my_list 中
>>>print(my_list)
[1, 2, 3, 4, 5, 6]
```

（5）使用*运算符重复元素

语法格式如下:

```
new_list=old_list*n
```

其中，n 是整数，*运算符不会修改原始列表 old_list，而是创建一个新的列表 new_list。

【例 4-13】 *运算符重复列表元素示例。

程序代码:

```
>>>original_list = [1, 2, 3]
>>>repeated_list = original_list * 3    # 将列表中的元素重复 3 次
>>>print(repeated_list)
[1, 2, 3, 1, 2, 3, 1, 2, 3]
```

注意：

1) append()方法、extend()方法和+运算符都是用于在列表末尾添加元素或连接列表，它们都不需要指定位置或索引。

2) +=运算符是 extend()方法的缩写形式，也用于在列表末尾追加元素。

3) *运算符用于重复列表中的元素，创建一个包含重复元素的新列表。

4) insert()方法是唯一一种可以在列表的指定位置插入元素的方法，其他方法都是在末尾操作。

选择使用哪种方法取决于具体的需求。如果需要在指定位置插入元素，使用 insert()方法；如果在末尾添加一个元素，使用 append()方法；如果在末尾追加另一个可迭代对象的元素，使用 extend()方法和+（+=）运算符；创建一个包含重复元素的新列表，使用*运算符。

4.1.5 修改列表元素

上一小节中所有添加列表元素的方法和运算符都实现了以添加元素的方式修改列表元素，除此之外，还可以通过赋值方式修改列表的元素。

4.1.5 修改列表元素

（1）通过索引直接赋值

使用索引直接访问列表中的元素，并进行赋值操作。

【例 4-14】 通过索引直接赋值示例。

程序代码:

```
>>>my_list = [1, 2, 3, 4, 5]
>>>my_list[2] = 10    # 将索引为 2 的元素修改为 10
>>>print(my_list)
```

[1, 2, 10, 4, 5]

（2）使用切片赋值

使用切片操作可以对列表中的一部分元素进行批量赋值。

【例 4-15】 通过切片直接赋值示例。

程序代码：

```
>>>my_list = [1, 2, 3, 4, 5]
>>>my_list[1:4] = [20, 30, 40]      # 将索引为 1~3 的元素分别修改为 20、30、40
>>>print(my_list)
[1, 20, 30, 40, 5]

>>> my_list = [1, 2, 3, 4, 5]
>>> my_list[:3] = [0, 0, 0]         # 修改列表中的前三个元素
>>> print(my_list)
[0, 0, 0, 4, 5]
```

4.1.6 删除列表元素

在 Python 中，删除列表元素是常见的操作，有多种方法可以实现。

（1）del 语句

功能：用于删除列表中指定位置的元素或删除整个列表。语法格式为

```
del list[index]
```

删除指定位置的元素，list 代表列表的名称，index 代表列表的索引。

```
del list
```

删除整个列表。

【例 4-16】 通过 del 语句删除列表元素和列表示例。

程序代码：

```
>>>my_list = [1, 2, 3, 4, 5]
>>>del my_list[2]          # 删除索引为 2 的元素
>>>print(my_list)
[1, 2, 4, 5]

>>>del my_list             # 删除整个列表
>>>print(my_list)
NameError: name 'my_list' is not defined
```

结果分析：

在这个例子中，索引号为 2 的元素为 3，所以 3 被删除；删除整个列表 my_list 后，再输出列表 my_list，由于列表 my_list 已经不复存在，所以会产生错误。

（2）remove()方法

功能：用于删除列表中第一个匹配给定值的元素。语法格式为

```
list.remove(value)
```

【例4-17】 通过remove()方法删除列表元素示例。
程序代码：

```
>>>my_list = [1, 2, 3, 4, 3]
>>>my_list.remove(3)       # 删除第一个值为3的元素
>>>print(my_list)
[1, 2, 4, 3]
```

结果分析：
remove()方法用于从列表中删除第一个匹配给定值的元素。如果列表中有多个匹配的元素，remove()只会删除第一个匹配的元素。所以此例删除第一个值为3的元素。
注意：
如果列表为空或者要删除的元素在列表中不存在，remove()会抛出 ValueError 异常。
（3）pop()方法
功能：pop()方法有两种使用方法，不带参数的 pop()方法和带参数的 pop()方法，前者将删除并返回列表的最后一个元素；后者用于删除列表中指定位置的元素，并返回被删除的元素。语法格式为
不带参数：

```
element=list.pop()
```

带参数：

```
element=list.pop([index])
```

其中 list 是列表的名称，index 是要删除元素的索引位置，element 是被删除的元素的值。

【例4-18】 通过pop()方法删除列表元素示例。
程序代码：

```
>>> my_list = [1, 2, 3, 4, 5]
>>> last_element = my_list.pop()         # 删除最后一个元素，并返回被删除的元素
>>> print(last_element)
5
>>> print(my_list)
[1, 2, 3, 4]

>>>my_list = [1, 2, 3, 4, 5]
>>>popped_element = my_list.pop(2)       # 删除索引为2的元素，并返回删除元素后的列表
>>>print("Original List:", my_list)
Original List: [1, 2, 4, 5]

>>>print("Popped Element:", popped_element)   # 返回被删除的元素
Popped Element: 3


>>>my_list.pop(5)
IndexError: pop index out of range
```

注意：

pop()方法会改变列表的长度，且如果指定的索引超出列表的长度，Python 会抛出 IndexError 异常。

（4）clear()方法

功能：用于清空列表，即删除列表中的所有元素。语法格式为

```
list.clear()
```

【例 4-19】 通过 clear()方法清空列表示例。

程序代码：

```
>>>my_list = [1, 2, 3, 4, 5]
>>>my_list.clear()    # 清空列表
>>>print(my_list)
[]

>>>print(len(my_list))
0
```

结果分析：

在这个例子中，首先创建了一个包含 5 个元素的列表 my_list。然后，调用 clear()方法清除列表中的所有元素。检查列表的长度，发现它已经变为 0，说明所有的元素都被移除了。

注意：

del 语句可以通过索引删除单个元素或整个列表，不返回被删除的元素。
remove()方法删除列表中第一个匹配给定值的元素，不返回被删除的元素。
pop()方法删除指定位置的元素，并返回被删除的元素。
clear()方法用于清空整个列表，不返回被删除的元素。

4.1.7 列表的排序

在 Python 中，列表（list）的排序可以通过三种主要方式实现：sort() 方法、sorted() 函数和 reverse()方法。前两种方法可以对列表进行升序（从小到大）或降序（从大到小）排序，reverse()方法可以对列表逆序排序。

（1）sort()方法

sort() 方法会直接修改原列表。这是它的一大优点，不需要创建新的对象。但是，sort() 方法在 Python 3.x 版本中默认是按升序排序的。如果降序排序，需要添加参数 reverse=True，即 sort(reverse=True)。

【例 4-20】 通过 sort()方法对列表排序示例。

程序代码：

```
>>> numbers = [6, 9, 3, 1]
>>> numbers.sort()
>>> print(numbers)
[1, 3, 6, 9]

>>> numbers = [6, 9, 3, 1]
```

```
>>> numbers.sort(reverse=True)
>>> print(numbers)
[9, 6, 3, 1]
```

(2) sorted()函数

sorted()函数会返回一个新的已排序列表，原列表不会被改变。同样，sorted()函数在 Python 3.x 版本中默认是按升序排序的，如果想降序排序，需要添加参数 reverse=True，即 sorted(reverse=True)。

【例 4-21】 通过 sorted()函数对列表排序示例。

程序代码：

```
>>> numbers = [6, 19, 30, 1]
>>> sorted_numbers = sorted(numbers)
>>> print(sorted_numbers)
[1, 6, 19, 30]

>>> numbers = [6, 19, 30, 1]
>>> sorted_numbers = sorted(numbers, reverse=True)
>>> print(sorted_numbers)
[30, 19, 6, 1]
```

(3) reverse()方法

在 Python 中，reverse()方法是列表对象的一种方法，用于反转列表中的元素顺序。它将列表中的元素从后往前重新排列，并返回一个新列表。语法格式为

```
list.reverse()
```

【例 4-22】 通过 reverse()方法反转列表元素示例。

程序代码：

```
>>> my_list = [3, 1, 4, 1, 5, 9, 2, 6, 5, 3, 5]
>>> my_list.reverse()    # 使用 reverse()方法对列表进行逆序排列
>>> print(my_list)
[5, 3, 5, 6, 2, 9, 5, 1, 4, 1, 3]
```

4.1.8 列表的统计

对于列表的统计，Python 提供了一些内置函数和方法，可以获取有关列表的各种信息。以下是一些常用的列表统计函数和方法。

(1) len()函数

功能：返回列表中元素的个数。

语法：len(list)，list 代表列表的名称。

【例 4-23】 利用 len()函数统计列表中的元素个数。

程序代码：

```
>>> my_list = [1, 2, 3, 4, 5]
>>> num_elements = len(my_list)
```

```
>>> print(num_elements)
5
```

结果分析：

在上面的代码中，len(my_list)返回列表 my_list 中元素的数量，将结果赋值给变量 num_elements，并将其打印出来。

（2）sum()函数

功能：返回列表中所有元素的和。

语法：sum(list)，list 代表列表的名称。

【例 4-24】 利用 sum()函数统计列表元素的和。

程序代码：

```
>>> my_list = [1, 2, 3, 4, 5]
>>> total = sum(my_list)
>>> print(total)
15
```

结果分析：

在上面的代码中，sum(my_list)将列表 my_list 中所有元素相加得到总和，将结果赋值给变量 total，并将其打印出来。

（3）max()函数和 min()函数

功能：max()函数返回列表中元素的最大值，min()函数返回列表中元素的最小值。

语法：max(list)和 min(list)，list 代表列表的名称。

【例 4-25】 利用 max()和 min()统计列表中元素的最大值和最小值。

程序代码：

```
>>> my_list = [1, 2, 3, 4, 5]
>>> max_value = max(my_list)
>>> min_value = min(my_list)
>>> print(max_value)
5

>>> print(min_value)
1
```

结果分析：

在上面的代码中，max(my_list)返回列表 my_list 中的最大值，将其赋值给变量 max_value，min(my_list)返回列表 my_list 中的最小值，将其赋值给变量 min_value，并将其打印出来。

（4）count()函数

功能：用于统计列表中某个元素出现的次数。

语法：count=list.count(element)，list 是列表的名称，element 是要统计的某个元素的出现次数，把统计的结果放入变量 count 中。

【例 4-26】 利用 count()统计列表中元素出现的次数。

程序代码：

```
>>>my_list = [1, 2, 2, 3, 2, 4, 5, 2]
>>>count_of_2 = my_list.count(2)
>>>print("Count of 2 in the list:", count_of_2)
Count of 2 in the list: 4
```

结果分析：

在上面的代码中，my_list.count(2)统计列表 my_list 中元素 2 的出现次数，将其赋值给变量 count_of_2，并将其打印出来。

4.1.9 列表的常用内置函数

下面对列表的内置函数进行汇总，具体见表 4-1。

表 4-1 列表内置函数

函数	说明
list.append(x)	在列表 list 末尾添加元素 x
list.extend(list1)	将列表 list1 的所有元素追加到 list 的尾部
list.insert(index,x)	在列表 list 指定的 index 位置插入 x
list.remove(x)	在列表 list 中删除首次出现的 x 元素
list.pop([index])	删除并返回列表中 list 中 index 位置元素，默认最后一个元素
list.clear()	清空列表 list
list.sort()	对列表 list 进行排序，直接修改原列表，不产生新列表
list.sorted()	产生排序后的新列表，排序操作不会对原列表产生影响
list.reverse()	逆置列表，即把原列表中的元素从右至左依次排列存放
list.count(x)	统计元素 x 在列表中出现的次数

4.1.10 列表推导式

列表推导式是一种简洁而强大的构建列表的方法，它允许使用简洁的语法通过对现有列表进行迭代和条件过滤来创建新的列表。列表推导式有三种格式，下面分别给出相应的语法。

（1）[表达式 1 for 变量 x in 可迭代对象]

表达式 1 通常是含有循环变量 x 的表达式，可迭代对象中的元素通常是可枚举的对象，如字符串、列表、元组、集合、字典等组合类型，还有 range 对象等。

执行流程：变量 x 依次从可迭代对象中取出一个元素，通过含变量 x 的表达式 1 计算后，成为新建列表对应位置上的一个元素。

【例 4-27】 通过列表推导式创建一个平方数的列表。

程序代码：

```
>>>squares = [x**2 for x in range(1, 6)]
>>>print(squares)
[1, 4, 9, 16, 25]
```

（2）[表达式 1 for 变量 x in 可迭代对象 if x 满足的条件]

执行流程：返回可迭代对象中符合条件的元素构成的新列表，其列表元素由符合条件的可迭代对象元素依据表达式 1 计算得到。具体地，变量 x 依次从可迭代对象中取出一个元素，检测 x 是否符合条件。若符合，则计算表达式的值，作为新建列表的一个元素；若不符合条件，舍弃。

【例 4-28】 通过列表推导式创建一个包含偶数或奇数的列表。

程序代码：

```
>>>even_numbers = [x for x in range(1, 11) if x % 2 == 0]
>>>print(even_numbers)
[2, 4, 6, 8, 10]

>>>odd_numbers = [x for x in range(1, 11) if x % 2 != 0]
>>>print(odd_numbers)
[1, 3, 5, 7, 9]
```

（3）[表达式 1 if 条件表达式 else 表达式 2 for 变量 x in 可迭代对象]

执行流程：根据可迭代对象中的元素是否符合条件来决定新建列表元素的值。具体地，变量 x 依次从可迭代对象中取出一个元素，检测 x 是否符合条件。若符合，则返回表达式 1 作为新建列表的一个元素；若不符合，则返回表达式 2 作为新建列表的一个元素。

【例 4-29】 通过列表推导式创建一个奇偶标签的列表。

程序代码：

```
>>>numbers = [1, 2, 3, 4, 5, 6, 7, 8, 9, 10]
>>>even_odd_labels = ["Even" if x % 2 == 0 else "Odd" for x in numbers]

>>>print(even_odd_labels)
['Odd', 'Even', 'Odd', 'Even', 'Odd', 'Even', 'Odd', 'Even', 'Odd', 'Even']
```

4.2 元组

元组和列表一样，都是用于封装多个元素的有序序列，但它们有一个关键的区别：元组是不可变的，而列表是可变的。元组使用圆括号"()"括起来，并使用逗号","分隔元素。在元组中，可以包含不同类型的元素，例如整数、浮点数、字符串，甚至其他元组或列表。一旦创建，元组的长度是固定的，不能添加、删除或修改其中的元素。

4.2.1 创建元组

创建元组有下面几种常用的方式。

（1）使用圆括号()

使用圆括号()将元素括起来，元素之间用逗号分隔。

【例 4-30】 通过圆括号创建元组示例。

程序代码：

```
>>> mouse_tuple = ()              # 创建一个空元组
>>> print(mouse_tuple)
()
>>> print(type(mouse_tuple))      # 输出类型
```

```
<class 'tuple'>

>>> element_tuple = (10,)           # 创建一个只有一个元素的元组
>>> print(element_tuple)
(10,)
>>> print(type(element_tuple))      # 输出类型
<class 'tuple'>

>>> pig_tuple = (1, 2, 3, "hello", 5.5)  # 创建一个包含多个元素的元组
>>> print(pig_tuple)
(1, 2, 3, 'hello', 5.5)
>>> print(type(pig_tuple))
<class 'tuple'>
```

注意：

创建只有一个元素的元组时，需要在元素后面添加一个逗号，以将其视为元组。否则，Python 会将其视为括号表达式，而不是元组。

【例 4-31】 圆括号内只有一个元素示例。

程序代码：

```
>>> tiger_tuple = (15)
>>> print(tiger_tuple)
15
>>> print(type(tiger_tuple))
<class 'int'>
```

结果分析：

从上面代码不难看出，tiger_tuple 为一个 int 型的数字。

若创建一个包含重复值的元组，可以使用乘法运算符将值重复指定的次数。

【例 4-32】 创建重复值的元组示例。

程序代码：

```
>>> repeat_tuple = (0,)*5
>>> print(repeat_tuple)
(0, 0, 0, 0, 0)
```

结果分析：

上述代码运用乘法运算符成功创建了一个包含 5 个重复元素 0 的元组。

（2）使用 tuple() 函数

使用 tuple() 函数可以将其他可迭代对象（如列表、字符串等）转换为元组。

【例 4-33】 使用 tuple() 函数创建元组示例。

程序代码：

```
>>>my_list = [1, 2, 3, 4]
>>>converted_tuple = tuple(my_list)
>>>print(converted_tuple)
(1, 2, 3, 4)
```

```
>>>my_string="python"
>>>converted_tuple = tuple(my_string)
>>>print(converted_tuple)
('p', 'y', 't', 'h', 'o', 'n')

>>>my_list=tuple()
>>>print(my_list)
()
```

4.2.2 访问元组元素

元组同列表一样都是有序数据类型，都支持以索引和切片方式访问相应的元素，也支持在循环中遍历元组。

【例 4-34】 以索引方式访问元组示例。

程序代码：

```
>>> my_tuple = (10, 20, 30, 40, 50)      # 创建一个元组
>>> first_element = my_tuple[0]          # 访问元组中的第一个元素
>>> print(first_element)
10

>>> second_element = my_tuple[1]         # 访问元组中的第二个元素
>>> print(second_element)
20

>>> last_element = my_tuple[-1]          # 访问元组中的最后一个元素
>>> print(last_element)
50

>>> second_last_element = my_tuple[-2]   # 访问元组中的倒数第二个元素
>>> print(second_last_element)
40
```

【例 4-35】 以切片方式访问元组示例。

程序代码：

```
>>> my_tuple = (1, 2, "hello", 3.14)              # 创建一个元组
>>> first_three_elements = my_tuple[:3]           # 访问元组中的前三个元素
>>> print(first_three_elements)
(1, 2, 'hello')
>>>last_three_elements = my_tuple[2:]             # 访问元组中的最后两个元素
>>> print(last_three_elements)
('hello', 3.14)
```

【例 4-36】 通过 for 循环遍历元组示例。

程序代码：

```
>>> my_tuple = (10, 20, "hello", 3.14)            # 创建一个元组
```

```
>>> for element in my_tuple:          # 遍历元组中的所有元素
        print(element)
10
20
hello
3.14
```

【例4-37】 通过while循环遍历元组示例。

程序代码：

```
>>> my_tuple = (10, 20, "hello", 3.14)   # 创建一个元组
>>> count = 0                             # 初始化一个计数器变量
>>> while count < len(my_tuple):          # 使用while循环遍历元组中的所有元素
        print(my_tuple[count])
        count += 1
10
20
hello
3.14
```

结果分析：

在上面的例子中，首先初始化一个计数器变量 count，并将其设置为 0。然后，使用 while 循环遍历 my_tuple 元组中的所有元素。每次循环中，打印当前计数器位置的元素，并将计数器增加 1，直到遍历完整个元组。输出结果与例 4-36 相同。

4.2.3 元组推导式

元组也支持推导式。同列表一样，也有三种语法格式。

```
tuple(表达式1 for 变量 x in 可迭代对象)
tuple(表达式1 for 变量 x in 可迭代对象 if x 满足条件）
tuple(表达式1 if 条件表达式 else 表达式2 for 变量 x in 可迭代对象)
```

这三种格式与列表推导式类似，详见 4.1.10 节。

【例4-38】 元组推导式示例。

程序代码：

```
>>>squares_tuple = tuple(x**2 for x in range(1, 6))   # 创建一个包含平方数的元组
>>>print(squares_tuple)
(1, 4, 9, 16, 25)

# 使用条件过滤创建一个包含偶数的元组
>>>even_numbers_tuple = tuple(x for x in range(1, 11) if x % 2 == 0)
>>>print(even_numbers_tuple)
(2, 4, 6, 8, 10)

>>>numbers =(1, 2, 3, 4, 5, 6, 7, 8, 9, 10)
>>>even_odd_labels =tuple("Even" if x % 2 == 0 else "Odd" for x in numbers)
```

```
>>>print(even_odd_labels)
('Odd', 'Even', 'Odd', 'Even', 'Odd', 'Even', 'Odd', 'Even', 'Odd', 'Even')
```

4.3 集合

集合（set）在 Python 中是一种无序、可变的数据结构，用于存储唯一的元素。集合是一种变量类型，用于表示数学中集合的概念，即包含 0 个或任意多个数据项的无序可变序列。在 Python 中，集合用内置的 set 类型表示，关键字 set 即表示集合的意思。与列表和元组不同，集合中的元素不能重复，并且没有固定的顺序。集合在数据处理和算法设计中具有独特的优势，特别适合需要对元素进行去重的场景。

集合的特点在于无序性和去重功能。集合中的元素没有固定的顺序，即使按照某种顺序创建或添加元素，集合的顺序也可能不同。这种特性使得集合非常适用于需要提取唯一元素的场景，因为集合能自动去除重复项，轻松实现了去重操作。

在集合中进行成员检查操作是高效的，这对于确定一个元素是否存在于某个数据集中非常重要。集合提供了一种比线性搜索更高效的方式，对于大规模数据集的处理尤为有利。

此外，集合还支持并集、交集和差集等操作。这些操作有利于对多个集合进行组合和比较，为数据分析和处理提供了便利。

总体而言，集合作为一种无序且不允许重复元素的数据容器，在处理需要唯一元素和高效成员检查的场景中具有独特的优势。学习和使用集合类型可以为数据处理提供更多的选择和提高灵活性。

集合具有以下特点：

1）集合中的元素是唯一的，不允许重复。如果重复相同的元素，集合将自动去重。
2）集合是无序的，没有固定的顺序。因此，无法像列表或元组那样通过索引访问集合中的元素。
3）集合是可迭代的，可以使用 for 循环遍历集合中的元素。
4）集合是可变的，可以添加、删除和修改集合中的元素。

4.3.1 创建集合

在 Python 中，可以使用大括号{ }或者使用 set()函数创建并初始化集合。
（1）使用大括号{}
语法格式：

```
集合类型变量={数据 1，数据 2,…}
```

说明：可以直接通过在{}中列举数据元素的方式创建并初始化一个集合变量。

【例 4-39】 创建集合示例 1。
程序代码：

```
>>>my_set = {1, 2, 3}        # 使用大括号创建集合
>>>print(my_set)             # 输出：{1, 2, 3}
{1, 2, 3}
```

（2）使用函数 set()

语法格式：

集合类型变量=set(变量名或对象数据)

说明：set()函数可以利用字符串、元组、列表、集合、字典、range 对象以及其他类型的迭代对象数据创建并初始化一个集合变量，其参数可以是一个具体数据，也可以是包含上述数据的变量。

【例 4-40】 创建集合示例 2。

程序代码：

```
>>>myset_1 = set([1, 2, 2])        # 使用 set()函数创建集合
>>>print(myset_1)                  # 输出: {1, 2}
{1, 2}

>>>mystring="I LOVE CHINA!"
>>>myset_2=set(mystring)           # 字符串变量作为参数
>>>print(myset_2)
{'C', ' ', '!', 'H', 'L', 'N', 'I', 'O', 'E', 'A', 'V'}

>>>myset_3={2,[3,4,5]}             # 集合元素不能是可变类型列表
>>>myset_3
TypeError: unhashable type: 'list'
```

结果分析：

集合元素具有排他性，故创建的集合 myset_1 只有 2 个元素；集合元素是无序的，故创建时元素的顺序与显示顺序不一定一致，如集合 myset_2；集合中的元素只能是不可变类型，如 myset_3 在创建时包含了一个可变的 list 类型，故报错。

注意：

集合元素只能是不可变数据类型，不能是可变类型。

（3）使用 set()函数创建空的集合

如果使用空的大括号{}来创建一个对象，那么创建的将是一个空字典，而非空集合。因此，必须使用 set()函数来创建一个空集合。

【例 4-41】 创建空集合示例。

程序代码：

```
empty_set = set()        # 创建空的集合
print(empty_set)         # 输出: set()
set()
```

4.3.2 访问集合元素

由于集合是无序可变序列，故集合不支持与位置索引相关的操作，如下标和切片访问等。集合是通过成员检查来确定元素是否存在的，也可以利用循环遍历集合中的每一个元素。

（1）成员运算

in 和 not in 运算符用于检查一个元素是否存在于集合、列表、元组、字符串等可迭代对象中，语法格式如下：

```
element in iterable
```

若 element 存在于可迭代变量中返回 True，否则返回 False。

```
element not in iterable
```

若 element 不存在于可迭代变量中返回 True，否则返回 False。

【例 4-42】 成员运算符访问集合示例。

程序代码：

```
>>>my_set = {1, 2, 3}
>>>print(2 in my_set)
True
>>>print(4 not in my_set)
True
```

（2）通过 for 循环访问集合元素

【例 4-43】 for 循环访问集合示例。

程序代码：

```
>>>my_set = {1, 2, 3}
>>>for item in my_set:
        print(item)
1
2
3
```

4.3.3 添加集合元素

集合是可变序列，在创建集合后，还可以对其添加元素。

（1）add()方法

使用 add()方法向集合添加单个元素，如果元素已经存在，则不会重复添加。

【例 4-44】 通过 add()添加单个集合元素示例。

程序代码：

```
>>>my_set = {1, 2, 3}
>>>my_set.add(4)
>>>print(my_set)
{1, 2, 3, 4}

>>>my_set = {1, 2, 3}
>>>my_set.add(2)                    # 添加重复元素
>>>print(my_set)
{1, 2, 3}
```

（2）update()方法

使用 update()方法向集合添加多个元素，可以传递一个可迭代对象（如列表、元组等）作为参数。

第 4 章 组合数据类型

【例 4-45】 通过 update()添加多个集合元素示例。
程序代码：

```
>>>myset_1 = {1, 2, 3}
>>>myset_1.update([4, 5, 6])        # 添加列表中的元素
>>>myset_1
{1, 2, 3, 4, 5, 6}

>>>myset_2 = {1, 2, 3}
>>>myset_2.update({4, 5, 6})        # 添加集合中的元素
>>>myset_2
{1, 2, 3, 4, 5, 6}

>>>myset_3 = {1, 2, 3}
>>>myset_3.update((4, 5, 6))        # 添加元组中的元素
>>>myset_3
{1, 2, 3, 4, 5, 6}

>>>myset_4 = {1, 2, 3}
>>>myset_4.update("hello")          # 添加字符串
>>>myset_4
{1, 2, 3, 'e', 'h', 'l', 'o'}
```

4.3.4 删除集合元素

在 Python 中，删除集合元素是一种常见的操作，有多种方法可以实现。

（1）remove()方法

使用 remove()方法从集合中删除指定的元素，如果删除集合中不存在的元素，会引发 KeyError 异常。

【例 4-46】 通过 remove()删除集合元素示例。
程序代码：

```
>>>my_set = {1, 2, 3, 4}
>>>my_set.remove(3)
>>>print(my_set)
{1, 2, 4}

myset.remove(6)
KeyError                                    Traceback (most recent call last)
<ipython-input-134-1f7530b596c6> in <module>----> 1 myset.remove(6)
KeyError: 6
```

（2）discard()方法

discard()方法从集合中删除指定的元素，如果集合中不存在该元素，则不会引发异常，而是不进行任何操作。

【例 4-47】 通过 discard()删除集合元素示例。

程序代码:

```
>>>my_set = {1, 2, 3, 4}
>>>my_set.discard(3)
>>>print(my_set)
{1, 2, 4}

>>>my_set.discard(5)
```

注意:

删除不存在的元素,不会引发异常,如集合 my_set 删除 5,虽然 5 不存在,但没有引发异常。

(3) clear()方法

使用 clear()方法清空集合元素,使其变为空集合。

【例 4-48】 通过 clear()清空集合元素示例。

程序代码:

```
>>>my_set = {1, 2, 3, 4}
>>>my_set.clear()
>>>print(my_set)
set()
```

(4) del 关键字

在 Python 中,可以使用 del 关键字来删除集合变量。

【例 4-49】 通过 del 删除集合示例。

程序代码:

```
>>>my_set = {1,2,3}
>>>del my_set
>>>my_set
NameError                                 Traceback (most recent call last)
<ipython-input-137-b288ada0d642> in <module>
      my_set = {1,2,3}
    2 del my_set
----> 3 my_set
NameError: name 'my_set' is not defined
```

结果分析:

在此代码示例中,删除集合后再次对其进行访问,由于集合已经被删除了,就会发生错误。

4.3.5 集合的操作

在 Python 中,集合支持多种常见的操作,如并集、交集、差集和对称差集等。这些运算可通过运算符或方法进行。

(1) 并集

使用 "|" 运算符或者 union()方法获取两个集合的并集。

【例 4-50】 两个集合的并集运算示例。

程序代码:

```
>>>set1 = {1, 2, 3}
>>>set2 = {3, 4, 5}
>>>set3 = set1 | set2          # 使用|运算符
>>>print(set3)
{1, 2, 3, 4, 5}

>>>set4 = set1.union(set2)     # 或者使用 union()方法
>>>print(set4)
{1, 2, 3, 4, 5}
```

（2）交集

使用"&"运算符或者 intersection()方法获取两个集合的交集。所谓的交集就是取两个集合中的相同元素，如果没有相同元素返回值就是 set()。

【例 4-51】 两个集合的交集运算示例。

程序代码:

```
>>>set1 = {1, 2, 3}
>>>set2 = {3, 4, 5}
>>>set3 = set1 & set2          # 使用&运算符
>>>print(set3)
{3}

>>>set3 = set1.intersection(set2)  # 或者使用 intersection()方法
>>>print(set3)
{3}
```

（3）差集

使用"-"运算符或者 difference()方法获取两个集合的差集。

【例 4-52】 两个集合的差集运算示例。

程序代码:

```
>>>set1 = {1, 2, 3}
>>>set2 = {3, 4, 5}
>>>set3 = set1 - set2          # 使用-运算符
>>>print(set3)
{1,2}

>>> set3 = set1.difference(set2)   # 或者使用 difference()方法
>>>print(set3)
{1,2}
```

结果分析:

通过此例可以看出，所谓 set1 与 set2 的差集就是 set1 中独有的元素，如果 set1 中的元素，在 set2 中也有，那么该元素就不能出现在差集中。如果是 set2-set1，那就是 set2 中独有的元素。如果结果为空集，则返回值为 set()。

（4）对称差集

使用"^"运算符或者 symmetric_difference()方法获取两个集合的对称差集。所谓的对称差集就是剔除 set1 和 set2 中相同的元素，剩下的元素就是对称差集。

【例 4-53】 两个集合的对称差集运算示例。

程序代码：

```
>>>set1 = {1, 2, 3}
>>>set2 = {3, 4, 5}
>>>set3 = set1 ^ set2                    # 使用^运算符
{1, 2, 4, 5}

>>>set3 = set1.symmetric_difference(set2)   # 或者使用 symmetric_difference()方法
>>>print(set3)
{1, 2, 4, 5}
```

注意：

在使用集合运算符时，需要确保两个集合的元素类型一致。此外，集合中的元素是唯一的，不会出现重复的情况。

除了运算符之外，还存在其他一些常用的集合方法。比如 intersection_update()方法用于在原集合上更新为两个集合的交集，difference_update()方法用于在原集合上更新为两个集合的差集，symmetric_difference_update()方法用于在原集合上更新为两个集合的对称差集。表 4-2 对集合的运算符与内置函数进行了汇总。

表 4-2 集合内置运算

集合运算（x 与 y 为集合）	内置函数	说明
x&y	x.intersection(y)	返回集合 x 与 y 的交集
x|y	x.union(y)	返回集合 x 与 y 的并集
x-y	x.difference(y)	返回集合 x 与 y 的差集
x^y	x.symmetric_difference(y)	返回集合 x 与 y 的对称差集
x&=y	x.intersection_update(y)	更新 x 为集合 x 与 y 的交集
x|=y	x.update(y)	更新 x 为集合 x 与 y 的并集
x-=y	x.difference_update(y)	更新 x 为集合 x 与 y 的差集
x^=y	x.symmetric_difference_update(y)	更新 x 为集合 x 与 y 的对称差集
x<=y	x.issubset(y)	判断 x 是否为 y 的子集
x>=y	x.issuperset(y)	判断 x 是否为 y 的超集

4.3.6 集合推导式

集合推导式是一种快速创建集合的方式，类似于列表推导式。它允许通过一种简洁的语法形式从一个可迭代对象中生成集合。集合推导式的基本语法格式如下：

```
{表达式 1 for 变量 x in 可迭代对象}
{表达式 1 for 变量 x in 可迭代对象 if x 满足条件}
{表达式 1 if 条件表达式 else 表达式 2 for 变量 x in 可迭代对象}
```

这三种格式与列表推导式类似，详见 4.1.10 节。

【例 4-54】 集合推导式示例。
程序代码:

```
>>>set1 = {x*3 for x in range(10)}          # 基本形式
>>>print(set1)
{0, 3, 6, 9, 12, 15, 18, 21, 24, 27}

>>>set2 = {x for x in range(10) if x % 2 == 0}   # 带有条件的形式
>>>print(set2)
{0, 2, 4, 6, 8}

>>>set3 = {x*2 if x % 2 == 0 else x+6 for x in range(10) }   # 带有条件的形式
>>>print(set3)
{0, 4, 7, 8, 9, 11, 12, 13, 15, 16}
```

4.4 字典

列表在查找数据时需要进行遍历,时间复杂度为 O(n),这在需要快速查找数据的情况下是不太理想的。因此,Python 中引入了字典(dict)这种数据结构。

在 Python 中,字典是一种无序的数据结构,用于存储键值对(key-value)。每个元素由一个键和一个对应的值组成,键和值之间使用冒号进行分隔,各键值对之间使用逗号进行分隔。字典中的键必须是唯一的,而值可以是任意类型的对象。字典的主要特点如下。

1)无序性:字典中的元素没有固定的顺序,不能通过索引来访问元素。这意味着在字典中查找元素时,不需要遍历整个字典,而是通过键直接定位到对应的值,时间复杂度为 O(1)。

2)可变性:可以向字典中添加、修改或删除元素。这使得字典非常灵活,可以根据需要动态地调整字典的内容。

3)唯一键:字典中的键必须是唯一的,如果添加了相同的键,则后面的键值对会覆盖前面的键值对。这确保了每个键都与一个唯一的值关联。

4)使用字典可以方便地进行快速查找和检索数据,并且具有良好的性能。

4.4.1 创建字典

可以使用大括号{}或者 dict()函数来创建字典。字典中的键是唯一的,且必须是不可变的(如字符串、数字或元组),而值可以是任意类型的对象。以下是几种创建字典的方式。

(1)用大括号{}

【例 4-55】 用大括号创建字典示例。
程序代码:

```
>>>my_dict = {'name': 'John', 'age': 25, 'city': 'New York'}
>>>print(my_dict)
{'name': 'John', 'age': 25, 'city': 'New York'}
>>>print(type(my_dict))
<class 'dict'>
```

结果分析：

在这个例子中，创建了一个包含三个键值对的字典，其中键是字符串，值可以是任意类型的数据。

（2）用 dict()函数

【例 4-56】 用 dict()创建字典示例。

程序代码：

```
>>>my_dict = dict(name='John', age=25, city='New York')
>>>print(my_dict)
{'name': 'John', 'age': 25, 'city': 'New York'}

>>>key_value_pairs = [('name', 'John'), ('age', 25), ('city', 'New York')]    # 利用键值对列表创建字典
>>>my_dict = dict(key_value_pairs)
>>>print(my_dict)
{'name': 'John', 'age': 25, 'city': 'New York'}
```

（3）创建空的字典

【例 4-57】 用{ }和 dict()创建空字典示例。

程序代码：

```
>>>dict1={}
>>>print(dict1)
{}

>>>dict2=dict()
>>>print(dict2)
{}
```

4.4.2 访问字典元素

在 Python 中，可以通过键来访问字典中的值，以下是几种常见的访问字典的方式。

（1）使用方括号[ ]和键

利用这种方式可以直接访问字典中对应键的值。

【例 4-58】 使用方括号[ ]和键访问字典键对应值示例。

程序代码：

```
# 创建字典
>>>person = {'name': 'Alice', 'age': 30, 'city': 'London'}

# 使用方括号和键访问字典元素
>>>name = person['name']
>>>age = person['age']
>>>city = person['city']

>>>print(name)
>>>print(age)
>>>print(city)
```

运行结果:

```
Alice
30
London
```

(2)使用 get()方法

get()方法用于访问字典元素,它返回指定键的值,如果键不存在,返回 None。

【例 4-59】 使用 get()方法访问字典键对应值示例。

程序代码:

```
# 创建字典
>>>person = {'name': 'Alice', 'age': 30, 'city': 'London'}

# 使用 get() 方法访问字典元素
>>>name = person.get('name')
>>>age = person.get('age')
>>>city = person.get('city')

>>>print(name)
>>>print(age)
>>>print(city)
```

运行结果:

```
Alice
30
London
```

(3)使用 keys()方法遍历所有键

keys()方法返回一个包含字典所有键的迭代器,可以用于遍历所有键。

【例 4-60】 使用 keys()方法访问字典所有键示例。

程序代码:

```
# 创建字典
>>>person = {'name': 'Alice', 'age': 30, 'city': 'London'}

# 使用 keys() 方法获取所有键
>>>all_keys = person.keys()

>>>print(all_keys)
```

运行结果:

```
dict_keys(['name', 'age', 'city'])
```

(4)使用 values()方法遍历所有值

values()方法返回一个包含字典所有值的迭代器,可以用于遍历所有值。

【例 4-61】 使用 values()方法访问字典所有值示例。

程序代码：

```
# 创建字典
>>>person = {'name': 'Alice', 'age': 30, 'city': 'London'}

# 使用 values() 方法获取所有值
>>>all_values = person.values()

>>>print(all_values)
```

运行结果：

```
dict_values(['Alice', 30, 'London'])
```

（5）使用 items()方法遍历所有键值对

items()方法返回一个包含字典所有键值对的迭代器，可以用于遍历所有键值对。

【例 4-62】 使用 items()方法访问字典所有键值对示例。

程序代码：

```
# 创建字典
>>>person = {'name': 'Alice', 'age': 30, 'city': 'London'}

# 使用 items() 方法获取所有键值对
>>>all_items = person.items()

>>>for item in all_items:
     print(item)
```

运行结果：

```
('name', 'Alice')
('age', 30)
('city', 'London')
```

以上方式都是访问字典的常用方法，可以根据具体需求来访问字典中的数据。如果键不存在，使用方括号[]的方式会引发 KeyError 异常，而 get()方法会返回 None，需要在代码中作好判断。因此，根据实际情况选择合适的访问方式是很重要的。

4.4.3 删除字典（元素）

在 Python 中，可使用 del 语句删除整个字典，也可以使用一些方法来删除字典中的特定元素。

（1）使用 del 语句删除整个字典

【例 4-63】 使用 del 语句删除整个字典示例。

程序代码：

```
# 创建字典
>>>my_dict = {'name': 'John', 'age': 25, 'city': 'New York'}
>>>print(my_dict)
```

```
# 删除整个字典
>>>del my_dict
>>>print(my_dict)
```

运行结果:

```
{'name': 'John', 'age': 25, 'city': 'New York'}
NameError                                 Traceback (most recent call last)
<ipython-input-157-ad79a9b3c034> in <module>
    5 # 删除整个字典
    6 del my_dict
----> 7 print(my_dict)
NameError: name 'my_dict' is not defined
```

结果分析:

在没执行 del 语句前打印字典时,会输出字典的全部内容。当执行 del 语句后尝试打印已被删除的字典时,会抛出错误,这证明字典已经被删除了。

(2) pop()方法

pop(key)方法用于删除字典中指定键 key 的键值对,并返回对应的值。如果键不存在,返回默认值。

【例 4-64】 使用 pop()方法删除字典元素示例。

程序代码:

```
# 创建字典
>>>my_dict = {'name': 'John', 'age': 25, 'city': 'New York'}

# 删除键为 'age' 的键值对
>>>age_value = my_dict.pop('age')

>>>print(my_dict)
>>>print(age_value)
```

运行结果:

```
{'name': 'John', 'city': 'New York'}
25
```

(3) popitem()方法

popitem()用于删除字典中的最后一个键值对,并返回一个包含键值对的元组。

【例 4-65】 使用 popitem()方法删除字典中的最后一个键值对示例。

程序代码:

```
# 创建字典
>>>my_dict = {'name': 'John', 'age': 25, 'city': 'New York'}

# 删除最后一个键值对
>>>last_item = my_dict.popitem()
```

```
>>>print(my_dict)
>>>print(last_item)
```

运行结果:

```
{'name': 'John', 'age': 25}
('city', 'New York')
```

(4) clear()方法

clear()方法用于清空字典,删除所有的键值对。

【例 4-66】 使用 clear()方法清空字典示例。

程序代码:

```
# 创建字典
>>>my_dict = {'name': 'John', 'age': 25, 'city': 'New York'}

# 清空字典
>>>my_dict.clear()

>>>print(my_dict)
```

运行结果:

```
{}
```

(5) 使用 del 语句删除指定键值对

使用 del 语句可以直接删除指定键值对。

【例 4-67】 使用 del 语句删除指定键值对示例。

程序代码:

```
# 创建字典
>>>my_dict = {'name': 'John', 'age': 25, 'city': 'New York'}

# 删除键为 'age' 的键值对
>>>del my_dict['age']

>>>print(my_dict)
```

运行结果:

```
{'name': 'John', 'city': 'New York'}
```

4.4.4 添加字典元素

在 Python 中,可以使用多种方式向字典中添加元素,以下是几种添加字典元素的方法。

(1) 直接赋值

通过直接赋值的方式添加键值对。

【例 4-68】 直接赋值添加键值对示例。

程序代码：

```
# 创建空字典
>>>my_dict = {}

# 直接赋值添加键值对
>>>my_dict['name'] = 'John'
>>>my_dict['age'] = 25
>>>my_dict['city'] = 'New York'

>>>print(my_dict)
```

运行结果：

```
{'name': 'John', 'age': 25, 'city': 'New York'}
```

（2）update()方法

update()方法用于将一个字典的键值对更新到另一个字典中，或者添加新的键值对，它允许一个字典作为参数。

【例4-69】 使用update()方法更新字典示例。

程序代码：

```
# 创建字典
>>>my_dict = {'name': 'John', 'age': 25}

# 使用 update() 方法添加键值对
>>>my_dict.update({'city': 'New York', 'gender': 'Male'})

>>>print(my_dict)
```

运行结果：

```
{'name': 'John', 'age': 25, 'city': 'New York', 'gender': 'Male'}
```

（3）setdefault()方法

setdefault(key,default)方法用于在字典中添加键值对，如果键已经存在，则返回对应的值；如果键不存在，则将键值对添加到字典中。

【例4-70】 使用setdefault()方法更新字典示例1。

程序代码：

```
# 创建字典
>>>my_dict = {'name': 'John', 'age': 25}

# 使用 setdefault() 方法添加键值对
>>>my_dict.setdefault('city', 'New York')
>>>my_dict.setdefault('gender', 'Male')

>>>print(my_dict)
```

运行结果：

```
{'name': 'John', 'age': 25, 'city': 'New York', 'gender': 'Male'}
```

【例 4-71】 使用 setdefault()方法更新字典示例 2。
程序代码：

```
# 创建字典
>>>my_dict = {'name': 'John', 'age': 25}

# 使用 setdefault() 方法添加键值对
>>>my_dict.setdefault('name', 'Jone')
>>>my_dict.setdefault('gender', 'Male')

>>>print(my_dict)
```

运行结果：

```
{'name': 'John', 'age': 25, 'gender': 'Male'}
```

结果分析：

由于键 name 在字典 my_dict 中存在，所以在 my_dict 中不会添加新的键值对('name': 'Jone')。

4.4.5 修改字典元素

修改字典元素的方式与添加字典元素的方式相同。

【例 4-72】 修改字典元素示例。
程序代码：

```
# 创建字典
>>>my_dict = {'name': 'John', 'age': 25, 'city': 'New York'}
# 直接赋值修改元素值
>>>my_dict['age'] = 26
>>>my_dict['city'] = 'San Francisco'
>>>print(my_dict)


# 创建字典
>>>my_dict = {'name': 'John', 'age': 25, 'city': 'New York'}
# 使用 update() 方法修改元素值
>>>my_dict.update({'age': 26, 'city': 'San Francisco'})
>>>print(my_dict)


# 创建字典
>>>my_dict = {'name': 'John', 'age': 25, 'city': 'New York'}
# 使用 setdefault() 方法修改元素值
>>>my_dict.setdefault('age', 26)
```

```
>>>my_dict.setdefault('city', 'San Francisco')
>>>print(my_dict)
```

运行结果:

```
{'name': 'John', 'age': 26, 'city': 'San Francisco'}
{'name': 'John', 'age': 26, 'city': 'San Francisco'}
{'name': 'John', 'age': 25, 'city': 'New York'}
```

注意:

上面提到的几种方法在修改字典元素时有一些区别。

(1) 直接赋值

直接使用键来赋新的值,如果键存在,则修改键对应的值;如果键不存在,则创建新的键值对。这是一种简单、直接的方式。

(2) 使用 update()方法

update()方法可以一次性更新多个键值对,接收一个字典作为参数。如果传入的字典中有已存在的键,则对应的值会被更新;如果有新的键,则该键会被添加到字典中。这是一种批量更新的方式,适用于一次性修改多个键值对的情况。

(3) 使用 setdefault()方法

setdefault(key, default)方法用于在字典中添加键值对,如果键已存在,则不会修改原来的值;如果键不存在,则添加新的键值对。该方法适用于需要确保键存在且不希望修改已存在键的值的情况。

4.4.6 字典推导式

字典推导式是一种快速创建字典的方式,类似于列表推导式。

【例 4-73】 字典推导式。

程序代码:

```
>>>old_dict = {'name': 'Jack','age':23,'height':185}
>>>new_dict = {value:key for key,value in old_dict.items()}
>>>print(new_dict)
```

运行结果:

```
{'Jack': 'name', 23: 'age', 185: 'height'}
```

字典的内置函数汇总见表 4-3。

表 4-3 字典的内置函数

方法	说明
clear()	删除字典中的所有元素
copy()	返回字典的浅复制
fromkeys(seq[, value])	创建一个新字典,使用指定的键和每个键对应的值
get(key[, default])	返回字典中指定键的值,如果键不存在,则返回默认值
items()	返回字典中所有键值对的元组视图
keys()	返回字典中所有键的视图

（续）

方法	说明
pop(key[, default])	删除并返回字典中指定键的值，如果键不存在，则返回默认值
popitem()	删除并返回字典中的一个键值对
setdefault(key[, default])	返回字典中指定键的值，如果键不存在，则在字典中添加键并返回默认值
update([other])	将其他字典或键值对更新到字典中
values()	返回字典中所有值的视图
len()	计算字典元素个数，即键的总数
str()	输出字典可打印的字符串表示
type()	返回输入的变量类型，如果变量是字典就返回字典类型
cmp(dict1, dict2)	比较两个字典元素

4.5 实践——实现一个简单的学生管理系统

本节利用所学的组合数据类型，实现一个简单的学生管理系统，用户可以添加、显示、搜索、更新和删除学生信息。具体实现的功能如下。

1）添加学生信息：用户输入学生的 ID、姓名和成绩，将这些信息存储到 students 字典中，以学生 ID 为键，以学生信息为值。

2）显示所有学生信息：遍历字典 students，打印出每个学生的 ID、姓名和成绩。

3）搜索学生信息：用户输入要搜索的学生 ID，系统检查该 ID 是否在 students 字典中，如果存在则打印出该学生的 ID、姓名和成绩；如果不存在则提示学生未找到。

4）更新学生信息：用户输入要更新的学生 ID，系统检查该 ID 是否在 students 字典中，如果存在，则提示用户输入新的姓名和成绩，并更新 students 字典中对应学生的信息；如果不存在，则提示学生未找到。

5）删除学生信息：用户输入要删除的学生 ID，系统检查该 ID 是否在 students 字典中，如果存在，则将该学生的信息从 students 字典中删除；如果不存在，则提示学生未找到。

6）退出系统：用户输入"6"，退出学生管理系统。

程序代码：

```
>>>students = {}

>>>while True:
    print("\nStudent Management System:")
    print("1. Add Student")
    print("2. Display All Students")
    print("3. Search Student")
    print("4. Update Student Information")
    print("5. Delete Student")
    print("6. Exit")

    choice = input("Enter your choice (1-6): ")

    if choice == "1":
```

```python
                student_id = input("Enter Student ID: ")
                name = input("Enter Student Name: ")
                grade = input("Enter Student Grade: ")
                students[student_id] = {"Name": name, "Grade": grade}
                print("Student added successfully.")
            elif choice == "2":
                print("\nAll Students:")
                for student_id, student_info in students.items():
                    print(f"ID: {student_id}, Name: {student_info['Name']}, Grade: {student_info['Grade']}")
            elif choice == "3":
                student_id = input("Enter Student ID to search: ")
                if student_id in students:
                    student_info = students[student_id]
                    print(f"Student Found - ID: {student_id}, Name: {student_info['Name']}, Grade: {student_info['Grade']}")
                else:
                    print("Student not found.")
            elif choice == "4":
                student_id = input("Enter Student ID to update: ")
                if student_id in students:
                    name = input("Enter updated Name: ")
                    grade = input("Enter updated Grade: ")
                    students[student_id]["Name"] = name
                    students[student_id]["Grade"] = grade
                    print("Student information updated successfully.")
                else:
                    print("Student not found.")
            elif choice == "5":
                student_id = input("Enter Student ID to delete: ")
                if student_id in students:
                    del students[student_id]
                    print("Student deleted successfully.")
                else:
                    print("Student not found.")
            elif choice == "6":
                print("Exiting Student Management System.")
                break
            else:
                print("Invalid choice. Please enter a number between 1 and 6.")
```

运行结果:

```
Student Management System:
1. Add Student
2. Display All Students
3. Search Student
4. Update Student Information
5. Delete Student
```

6. Exit
Enter your choice (1-6): 1
Enter Student ID: 001
Enter Student Name: Jane
Enter Student Grade: 98
Student added successfully.

Student Management System:
1. Add Student
2. Display All Students
3. Search Student
4. Update Student Information
5. Delete Student
6. Exit
Enter your choice (1-6): 1
Enter Student ID: 002
Enter Student Name: Jone
Enter Student Grade: 89
Student added successfully.

Student Management System:
1. Add Student
2. Display All Students
3. Search Student
4. Update Student Information
5. Delete Student
6. Exit
Enter your choice (1-6): 2

All Students:
ID: 001, Name: Jane, Grade: 98
ID: 002, Name: Jone, Grade: 89

Student Management System:
1. Add Student
2. Display All Students
3. Search Student
4. Update Student Information
5. Delete Student
6. Exit
Enter your choice (1-6): 3
Enter Student ID to search: 001
Student Found - ID: 001, Name: Jane, Grade: 98

Student Management System:
1. Add Student
2. Display All Students

3. Search Student
4. Update Student Information
5. Delete Student
6. Exit
Enter your choice (1-6): 4
Enter Student ID to update: 001
Enter updated Name: wangsan
Enter updated Grade: 90
Student information updated successfully.

Student Management System:
1. Add Student
2. Display All Students
3. Search Student
4. Update Student Information
5. Delete Student
6. Exit
Enter your choice (1-6): 5
Enter Student ID to delete: 001
Student deleted successfully.

Student Management System:
1. Add Student
2. Display All Students
3. Search Student
4. Update Student Information
5. Delete Student
6. Exit
Enter your choice (1-6): 1
Enter Student ID: 003
Enter Student Name: lisi
Enter Student Grade: 60
Student added successfully.

Student Management System:
1. Add Student
2. Display All Students
3. Search Student
4. Update Student Information
5. Delete Student
6. Exit
Enter your choice (1-6): 2

All Students:
ID: 002, Name: Jone, Grade: 89
ID: 003, Name: lisi, Grade: 60

```
Student Management System:
1. Add Student
2. Display All Students
3. Search Student
4. Update Student Information
5. Delete Student
6. Exit
Enter your choice (1-6): 6
Exiting Student Management System.
```

4.6 本章小结

本章深入探讨了 Python 中的组合数据类型，包括列表、元组、字典和集合。这些数据结构具有不同的特性和用途，为用户提供了灵活而强大的工具，能够有效地组织和处理复杂的数据。本章还详细讲述了如何创建和访问这些数据类型，以及如何进行元素的增删改查、排序和统计等操作。通过学习本章内容，读者可以更加熟练地运用这些组合数据类型，提高在实际编程中的数据处理能力，从而更好地解决各种问题。

4.7 习题

一、填空题

1．Python 中的序列支持双向索引，其中递增索引的称为_____索引，递减索引的称为_____索引。

2．Python 的内置数据类型中，字符串、_____和_____属于序列类型，可以通过索引和切片进行访问。

3．使用内置的_____函数可创建一个列表。

4．Python 中列表的元素可通过_____或_____两种方式访问。

5．已知列表 x=[1,2,3]，执行语句 x.append([4])之后，x 的值为_____。

6．已知列表 x=[1,2,3]，执行语句 x.extend([4])之后，x 的值为_____。

7．已知列表 x=[1,2,3]，执行语句 x.insert([1,4])之后，x 的值为_____。

8．可以通过_____、_____、_____实现对向列表中添加新的元素；列表的索引是从_____开始的。

9．如果 li = [2,3,1,5]，那么 li.sort(reverse=True)的结果为_____。

10．当前有列表 li = [9, 16, 25, 36, 49, 64]，请编写筛选元素大于 25 的列表推导式_____。

11．Python 语句 list(range(1,10,3))的执行结果为_____。

12．Python 的列表中_____方法可以用于移除列表中某个具体元素，若列表中有多个匹配元素，只移除匹配到的第_____个元素。

13．表达式[1,2,3]*3 执行之后的结果为_____。

14．Python 的列表中_____方法可以用于移除某个索引位置上的元素，若未指定具体元素的索引，则移除列表最后 1 个元素。

15．Python 中列表的方向索引从_____开始，自右向左依次递减。
16．已知列表 x= list(range(5))，执行语句 x.remove(3)之后，表达式 x.index(4)的值为_____。已知 x=list(range(20))，x[-1]的值为_____。
17．如果有一个列表 li=['p','y','t','h','o','n']，则 li[1:4:2]的结果为_____。
18．使用列表推导式得到 100 以内能被 13 整除的数的代码_____。
19．已知 x=[3,2,3,3,4]，那么表达式[index for index,value in enumerate(x) if value==3]的值为_____。
20．如果想清空一个列表，可以通过_____方法实现。
21．使用内置的_____函数可创建一个元组。
22．元组是_____类型，元组中的元素不能修改。
23．使用内置的_____函数可创建一个集合。
24．集合的三个特征分别为无序性、可变性和_____。
25．现有集合 s={1,1,2,2}，此时集合 s 的长度为_____。
26．可以通过_____删除集合中的元素，若元素不存在则不做处理。
27．已知 x={1,2,3}，执行语句 x.add(3)之后，x 的值为_____。
28．可以运用集合的_____，对元素进行去重。
29．如果想对集合添加新元素 x，则可以使用_____方法，若此元素 x 已经存在，则不做处理。
30．表达式{1,2,4} | {3,4,5}的值为_____。
31．表达式{1,2,4} & {2,3,4,5}的值为_____。
32．通过 Python 的内置方法_____可以查看字典键的集合。
33．通过 Python 的内置方法_____可以查看字典值的集合。
34．使用内置的_____函数可创建一个字典。
35．调用 items()方法可以查看字典中的所有_____。
36．字典中的键值对通过_____分隔。
37．字典中每个元素由两个部分组成，分别为_____和_____。
38．通过_____方法，可以根据提供的键获取字典中的值。
39．当前有字典 old_dict ={'牛': 'cow','兔子':'rabbit','狗':'dog'}，使用字典推导式将其 key，与 value 值进行交换_____。
40．字典可以通过给指定的键赋值或者使用_____方法来对元素进行添加和修改。如果键存在，则是更新；如果键不存在，则是_____。
41．已知 x={1:2,2:3,3:4}，表达式 sum(x.values())的值为_____。
42．已知 x={1:2,2:3}，表达式 x.get(3,4)的值为_____。

二、判断题

1．使用"[]"或者 list()都可以创建列表。（   ）
2．列表只能存储同一类型的数据。（   ）
3．列表支持增加、删除和修改元素的操作。（   ）
4．列表的索引从 0 开始。（   ）
5．元组支持增加、删除和修改元素的操作。（   ）
6．使用"()"或者 tuple()都可以创建元组。（   ）

7. 使用"{}"既可以创建集合也可以创建字典。(   )
8. 集合中的元素无序。(   )
9. 集合中可以存在多个相同的元素。(   )
10. 集合中的元素是唯一的。(   )
11. 字典中的键是可以重复的。(   )
12. 字典中可以存在多个相同的键。(   )
13. 字典中的元素可通过索引方式访问。(   )
14. 字典中的每一个元素都是由键和值两部分组成的。(   )
15. 字典是可变数据类型。(   )

三、单选题

1. 下列选项中，不属于 Python 组合数据类型的是（   ）。
   A．序列类型　　　B．数组类型　　　C．集合类型　　　D．映射类型
2. 下列选项中，属于列表是（   ）。
   A． a = [1,'a', [2, 'b']]　　　　　B． a = {1,'a', [2, 'b']}
   C． a=(1,'a', [2, 'b'])　　　　　　D． a="1,'a', [2, 'b']"
3. 下列选项中，不可以访问列表元素的方式为（   ）。
   A．索引　　　　B．切片　　　　C．循环　　　　D．地址
4. 执行下列代码：

```
li_one = [2, 1, 5, 6]
print(sorted(li_one[:2]))
```

运行结果为（   ）。
   A．[1 ,2]　　　B．[2 ,1]　　　C．[1 ,2 ,5 ,6]　　　D．[6 ,5 ,2 ,1]
5. 下列方法中，用于将列表倒置的是（   ）。
   A．reverse　　　B．pop　　　C．sort　　　D．convert
6. 请阅读下面的程序：

```
a = [1,2,3,5,2]
a.sort(reverse=True)
a.reverse()
print(a)
```

上述程序最终执行的结果为（   ）。
   A．[1,2,3,5,2]　　B．[2,5,3,2,1]　　C．[5,3,2,2,1]　　D．[1, 2, 2, 3, 5]
7. 下列选项中，可以默认删除列表最后一个元素的是（   ）。
   A．del　　　B．pop　　　C．remove　　　D．delete
8. 下列选项中，可以根据元素值删除的是（   ）。
   A．del　　　B．pop　　　C．remove　　　D．delete
9. 以下列表推导式的结果是：（   ）。

```
[i for i in range(10)    if i%2 == 0 ]
```

   A．[1,3,5,7,9]　　　　　　　　　B．[1,2,3,4,5,6,7,8,9,10]

C. [0,2,4,6,8,10]　　　　　　　　D. [0,2,4,6,8]

10. 运行以下命令，输出的结果为（　　）。

```
lst =["a","b","c","d"]
lst[0:2]
```

　　A. "abc"　　　B. ['a', 'b']　　　C. ['a', 'b', 'c']　　　D. 'abc'

11. 运行以下命令，输出的结果为（　　）。

```
lst=[ 1 , 2 , "abc"]
lst.pop()
lst
```

　　A. [1 , 2]　　　B. [1 , 2 , "abc"]　　　C. "c"　　　D. 'abc'

12. 运行以下命令，输出的结果为（　　）。

```
lst=[ 'a' , 1 , 'c' , 3 ]
lst.sort()
lst
```

　　A. [1, 3, 'a', 'c']
　　B. ['a', 'c', 1, 3]
　　C. ['a', 1, 'c', 3]
　　D. 报错

13. 运行以下命令，输出的结果为（　　）。

```
str="Python"
lst=list(str)
lst
```

　　A. "Python"
　　B. ['Python']
　　C. ["Python"]
　　D. ['P', 'y', 't', 'h', 'o', 'n']

14. 以下哪个是元组的正确定义？（　　）
　　A. t1=(0)　　　B. t2=[0]　　　C. t3=[0,1,2,3,4]　　　D. t4=("a",)

15. 运行以下命令，输出的结果为（　　）。

```
t1=(1,2,3)
t1*2
```

　　A. (1,2,3)　　　B. (2,4,6)　　　C. (1,2,3,4,5,6)　　　D. (1,2,3,1,2,3)

16. 运行以下命令，输出的结果为（　　）。

```
t1=("a","b","c")
t1[0]="d"
t1
```

　　A. 报错，元组不支持元素替换
　　B. ('d','b','c')
　　C. ('b','c','d')
　　D. ('a','b','c')

17. 定义一个元组 t1=(1,"a",2,"b")，以下命令可以正确执行的是（　　）。
　　A. t1.count()　　B. t1.len()　　C. t1.count(3)　　D. t1.sort()

18. 运行以下命令，输出的结果为（　　）。

```
myTuple=1,3,5,7
x1,x2,x3,x4=myTuple
x2
```

  A．1   B．3   C．5   D．7

19．请阅读下面的程序：

```
tup1 = (12,'bc',34)
tup2 = ('ab',23,'cd')
tup3 = tup1 + tup2
print(tup3[2])
```

上述程序最终执行的结果为（　　）。

  A．bc   B．12   C．34   D．ab

20．请阅读下面的程序：

```
tup1 = (12,'bc',34,'cd')
tup1[1] = 23
print(tup1[3])
```

上述程序最终执行的结果为（　　）。

  A．cd   B．12   C．34   D．程序出现错误

21．下列选项中，用于判断两个集合中是否有相同元素的方法是（　　）。

  A．add   B．discard   C．pop   D．isdisjoint

22．下列哪个选项不可以作为集合元素？（　　）

  A．整型   B．浮点型   C．字符串   D．字典

23．以下哪个选项是正确的集合创建方式？（　　）

  A．mySet=[1,2,3]   B．mySet=(1,2,3)

  C．mySet={1,2,3}   D．mySet={1:2:3}

24．运行以下命令，输出的结果为（　　）。

```
mySet={}
type(mySet)
```

  A．list   B．dict   C．set   D．tuple

25．运行以下命令，输出的结果为（　　）。

```
mySet1={1,2,3}
mySet1[2]
```

  A．1   B．2   C．3   D．报错

26．运行以下命令，输出的结果为（　　）。

```
mySet5={1,2,3}
mySet6={1,2,1,1,3}
mySet5==mySet6
```

  A．True   B．False   C．{1,2,3}   D．{1,2,1,1,3}

27. 运行以下命令，输出的结果为（　　）。

    myList=["d","a","t","a"]
    mySet11=set(myList)
    mySet11

    A．{'d','a','t','a'}　　B．['d','a','t','a']　　C．['a','d','t']　　D．{'a','d','t'}

28. 以下哪个选项是正确的字典定义方式？（　　）

    A．dict=[1:"dalian",2:"shanghai"]
    B．dict=[1,"dalian",2,"shanghai"]
    C．dict={1,"dalian",2,shanghai}
    D．dict={1:"dalian",2:"shanghai"}

29. 以下哪个方法不能实现字典的删减？（　　）

    A．del　　B．append()　　C．pop()　　D．clear()

30. 定义一个字典 dict={1:"shanghai",2:"dalian"}，以下哪个命令可以获取到"shanghai"？（　　）

    A．dict[0]　　B．dict["shanghai"]　　C．dict[1]　　D．dict["dalian"]

31. 以下哪个方法可以得到字典中的所有值？（　　）

    A．keys()　　B．values()　　C．items()　　D．elem()

32. 运行以下命令，得到的结果为（　　）。

    dict={"name":"xiaoming","age":30}
    dict.get("sex","?")

    A．"xiaoming"　　B．30　　C．"?"　　D．None

33. 下列选项中，用于获取字典 key 的方法是（　　）。

    A．keys　　B．values　　C．items　　D．elem

34. 请看下面的一段程序：

    info = {1:'小明', 2:'小黄',3:'小兰'}
    name = info.get(4,'小红')
    name2 = info.get(1)
    print(name)
    print(name2)

    运行程序，最终输出的结果为（　　）。

    A．小红，小黄　　B．小红，小明　　C．小黄，小明　　D．小兰，小明

35. 下列方法中，能够获取字典中所有元素的是（　　）。

    A．keys()　　B．values()　　C．items()　　D．item()

36. 下列选项中，是下面代码的输出结果的为（　　）。

    d= {'a': 1, 'b': 2, 'b': '3'}
    print(d['b'])

    A．1　　B．2　　C．{'b':2}　　D．3

37. 以下字典推导式的结果是（　　）。

```
d = {'a':1,'b':2,'c':3}
{ v:k for k,v in d.items() }
```

  A．{'a':1,'b':2,'c':3}   B．{1,'a',2,'b',3,'c'}
  C．{1:'a', 2:'b', 3:'c'}   D．[1,'a',2,'b',3,'c']

38．下列选项中，序列不可以使用的是（　　）。

  A．*   B．+   C．//   D．in

39．运行以下命令，输出结果为（　　）。

```
list_one=[3,4,5]
print(1 not in list_one)
```

  A．True   B．False   C．1   D．0

40．下列哪种数据类型是不可变数据类型（　　）。

  A．列表   B．元组   C．集合   D．字典

四、编程题

1．创建一个列表，包含你最喜欢的五种水果。访问列表中的第三种水果，并将其打印出来。在列表的末尾添加一种新的水果，例如橙子。将列表中的第一种水果替换为葡萄。删除列表中的第二种水果。检查列表中是否包含香蕉，并将结果打印出来。使用循环遍历整个列表，并将每种水果打印出来。

2．创建一个元组，包含你喜欢的五种颜色。访问元组中的第三种颜色，并将其打印出来。尝试修改元组中的一个元素，看看会发生什么。将元组中的两种颜色合并成一个新的元组，并将其打印出来。检查元组中是否包含"Red"，并将结果打印出来。

3．创建一个字典，包含你的朋友的姓名和他的年龄。访问字典中的一个朋友的年龄，并将其打印出来。向字典中添加一个新的朋友和他的年龄。更新字典中一个朋友的年龄。删除字典中的一个朋友。检查字典中是否包含某个朋友，并将结果打印出来。使用循环遍历字典，并将每个朋友的姓名和年龄打印出来。

第 5 章 字 符 串

字符串是计算机编程中常用的一种数据类型,用来表示文本信息。字符串是由字符组成的序列,可以包含字母、数字、符号、空格等字符。在 Python 中,字符串是不可变的,这意味着一旦创建,字符串的内容不能被修改。

5.1 字符串的基础知识

在 Python 中,有三种不同的方式定义字符串:单引号、双引号和三引号。单引号和双引号的使用方式很相似,但一般建议在同一代码块中用一种方法声明字符串。三引号用于定义多行字符串,这是一种非常方便的语法,可以在一组三引号标记的字符串中包含换行符和其他特殊字符,无须使用转义字符。

字符串也是有序数据,可以通过索引和切片获取字符串中的某个字符或者某个子串。字符串的索引方式与列表的索引方式是一样的,只不过列表是每个元素的自身有一个索引位置,而字符串是每个字符有一个索引位置。索引规则、切片和索引的获取与列表相同,但是字符串不可修改。具体来说,字符串的索引是从 0 开始的,也可以从后往前用负数索引,例如,-1 表示最后一个字符的索引。字符串的切片可以通过[start:end]的方式获取[start,end)之间的子串,也可以通过[start:end:step]的方式获取[start,end)之间以 step 为步长的子串。需要注意的是,切片时如果不指定 start 或 end,则默认从字符串的开头到结尾进行切片。

【例 5-1】 字符串的索引和切片访问示例。

程序代码:

```
# 字符串索引
>>>str = "Hello,World!"
>>>print(str[0])      # 输出第一个字符 "H"
>>>print(str[6])      # 输出第七个字符 "W"
>>>print(str[-1])     # 输出倒数第一个字符 "!"
>>>print(str[-2])     # 输出倒数第二个字符 "d"
# 字符串切片
>>>str = "Hello, World!"
>>>print(str[0:5])    # 输出从第一个字符到第六个字符(不包括第六个字符) "Hello"
>>>print(str[7:])     # 输出从第八个字符到最后一个字符 "World!"
>>>print(str[:5])     # 输出从第一个字符到第六个字符(不包括第六个字符) "Hello"
>>>print(str[-6:-1])  # 输出从倒数第六个字符到倒数第二个字符(不包括倒数第一个字符)
```

运行结果:

```
H
W
!
```

```
d
Hello
World!
Hello
World
```

5.2 字符串的常见操作

本节介绍字符串的常见操作，如字符串的格式化输出、字符串的拼接和复制、字符串的分割和合并、字符串的查找和替换、字符串的大小写转换、字符串的测试判断、字符串的排版以及字符串的加密和解密。

5.2.1 字符串的格式化输出

在 Python 中，通过字符串的格式化，可以输出特定格式的字符串。字符串的格式化主要有三种方法：使用%运算符进行格式化；使用 format 方法进行格式化；使用 f-string 进行格式化。

（1）%运算符

这是引入最早的，也是相对来说比较容易理解的一种格式化方法。不同数据类型的变量要使用不同的格式字符进行占位。不同的格式字符为不同类型的变量预留位置，常见的格式字符见表 5-1。

表 5-1 常见的格式字符表

格式符	格式说明
%c	将对应的数据格式化为字符
%s	将对应的数据格式化为字符串
%d	将对应的数据格式化为整数
%u	将对应的数据格式化为无符号整数
%o	将对应的数据格式化为无符号八进制整数
%x	将对应的数据格式化为无符号十六进制整数
%f	将对应的数据格式化为浮点数，可指定小数点后的精度（默认保留 6 位小数）

语法格式如下。

格式化字符串%(值 1,值 2,…)

%运算符左边：由普通字符和格式字符组成的格式化的字符串；%运算符右边：由圆括号括起来的值。

其中，格式字符只代表一个位置，由%和一个特殊字母组成。该字母用来指定生成的新字符串中该位置的数据的数据类型，见表 5-1。

生成新字符串后，原格式字符所在的位置就会被%运算符右边的值代替，这些值可以是常量、变量、表达式等。

【例 5-2】 %格式化输出示例。

程序代码:

```
name = "Alice"
age = 25
sex='m'
score=98.0
print("Name: %s\nAge: %d\nsex: %c\nscore: %f" % (name,age,sex,score))
```

运行结果:

```
Name: Alice
Age: 25
sex: m
score: 98.000000
```

（2） format()方法

第二种方法是使用 format 方法进行格式化，语法格式如下：

格式化字符串.format(值 1,值 2,…)

格式化字符串由一系列槽（{}）组成，用来控制字符串中嵌入值出现的位置及格式，将 format()中用逗号分隔的参数按照序号替换到字符串的槽中，序号也可以省略，省略时按照出现的先后顺序进行替换。

相对来说，format()比%在性能和灵活性上更好一些。

【例 5-3】 format()格式化输出示例 1。

程序代码:

```
# 按照位置顺序一一对应
>>>print("{} and {} is good friend!".format('zhangsan', 'lisi'))
# 按照序号替换对应位置的值
>>>print('{0}{0}{1}{0}'.format('哈哈', '隔'))
```

运行结果:

```
zhangsan and lisi is good friend!
哈哈哈哈隔哈哈
```

可以通过关键字或字典的方式格式化，打破位置带来的限制和困扰。

【例 5-4】 format()格式化输出示例 2。

程序代码:

```
>>>print('我的名字是 {name}, 我的年龄是 {age}.'.format(age=18, name='zhangsan'))

>>>kwargs = {'name': 'zhangsan', "age": 18}
>>>print("my name is {name}, my age is {age}".format(**kwargs))
```

运行结果:

```
我的名字是 zhangsan, 我的年龄是 18.
my name is zhangsan, my age is 18
```

槽的内部样式为

{<参数序号>:<格式控制标记>}

其中，参数序号缺省时按照出现顺序替换，否则按照序号对应参数替换；格式控制标记用来控制参数显示时的格式。

格式控制标记包括：<填充><对齐><宽度>，<.精度><类型>6个字段。这些字段都是可选的，可以组合使用。每个标记代表的含义见表5-2。

表5-2 槽中格式控制标记

格式控制标记	说明
:	引导符号
<填充>	用于填充的单个字符
<对齐>	<代表左对齐；>代表右对齐；^代表居中对齐
<宽度>	槽的设定输出宽度
,	数值的千分位分隔符，适用于整数和浮点数
<.精度>	浮点数的精度或字符串的最大输出宽度
<类型>	整数类型 b、c、o、x、X；浮点数类型 e、E、f、%（百分）

【例5-5】 format()格式化输出示例3。

程序代码：

```
# 0:*<20:左对齐，宽度为20，不足部分用*填充
>>>print("my name is {0:*<20}".format("zhangsan"))

# *>10: 右对齐，宽度为10，不足部分用*填充
>>>print("my name is {0:*>10}".format("zhangsan"))

# *^18: 居中，宽度为18，不足部分用*填充
>>>print("my name is {0:*^18}".format("zhangsan"))

# ^20: 居中，宽度为20，不足部分用空白填充
>>>print("my name is {0:^20}".format("zhangsan"))
```

运行结果：

```
my name is zhangsan************
my name is **zhangsan
my name is *****zhangsan*****
my name is       zhangsan
```

【例5-6】 format()格式化输出示例4。

程序代码：

```
# 0:*<20d:左对齐，宽度为20，不足部分用*填充，d 表示输出十进制整型
>>>print("my name is {0:*<20d}".format(18))

# *>10x: 右对齐，宽度为10，不足部分用*填充，x 表示输出十六进制整型
```

```
>>>print("my name is {0:*>10x}".format(18))
```

*^18o: 居中，宽度为 18，不足部分用*填充，o 表示输出八进制整型
```
>>>print("my name is {0:*^18o}".format(18))
```

&^20.2f: 居中，宽度为 20，小数部分为 2，不足部分用&填充
```
>>>print("my name is {0:&^20.2f}".format(18))
```

运行结果：

```
my name is 18******************
my name is ********12
my name is ********22********
my name is &&&&&&&18.00&&&&&&&&
```

【例 5-7】 format()格式化输出示例 5。
程序代码：

```
>>>print("{0:d}-{1:d}-{2:d}".format(2024,1,29))
>>>print("{1:d}-{2:d}-{0:d}".format(2024,1,29))
>>>print("{2:d}-{1:d}-{0:d}".format(2024,1,29))
```

运行结果：

```
2024-1-29
1-29-2024
29-1-2024
```

该例子展示了通过位置序号来控制参数出现的顺序。

第一条语句中，格式化控制字符串"{0:d}-{1:d}-{2:d}"内各槽里的序号是顺序出现的，因此新生成字符串中 format()函数的三个参数 2024、1、29 也是顺序出现的。

第二条语句中，格式化控制字符串"{1:d}-{2:d}-{0:d}"内把序号为 0 的槽{0:d}放在最后，因此在新生成的字符串中，format()函数内的第 0 个参数 2024 出现在新生成字符串的最后。

第三条语句中，格式化控制字符串"{2:d}-{1:d}-{0:d}"使得新生成字符串中的 format()函数的三个参数倒序出现。

（3）f-string

以 F 或 f 开头，后面跟着字符串，字符串中的表达式用大括号{}括起来，它会将变量或表达式计算后的值替换进去。

语法格式如下：

F"格式化字符串{变量名}"或 f"格式化字符串{变量名}"

【例 5-8】 f-string 格式化字符串示例。
程序代码：

```
>>>name = "Charlie"
>>>age = 35
>>>print(f"Name: {name}, Age: {age}")
```

运行结果:

```
Name: Charlie, Age: 35
```

5.2.2 字符串的拼接和复制

1. 字符串拼接

字符串拼接是将多个字符串连接成一个新的字符串的操作。在 Python 中,有两种常见的字符串拼接方法。

(1) +运算符

使用+运算符可以直接连接两个字符串。

【例5-9】 两个字符串拼接示例1。

程序代码:

```
>>>str1 = "Hello"
>>>str2 = "World"
>>>result = str1 + str2
>>>print(result)
```

运行结果:

```
Hello World
```

(2) join()方法

join()方法用于将序列中的元素以指定的字符串连接成一个新的字符串,其语法格式如下。

```
字符串.join(序列)
```

字符串:表示连接序列中元素之间的字符串。

序列:表示要连接的元素序列。

【例5-10】 两个字符串拼接示例2。

程序代码:

```
>>>words = ["Hello", "World"]
>>>result = " ".join(words)
>>>print(result)
```

运行结果:

```
Hello World
```

2. 字符串复制

在 Python 中,字符串复制可以使用*运算符实现,将字符串与一个整数相乘,即可得到该字符串的多个复制。

【例5-11】 字符串复制示例。

程序代码:

```
>>>print('hello'*3)
hellohellohello
```

5.2.3 字符串的分割和合并

5.2.3 字符串的分割和合并

在处理文本信息时,经常要提取其中的关键词,再进行相应的处理,如词频统计、情感分析等。因此经常会用到字符串分割和合并的方法。

(1) split()方法

split()方法将一个字符串分割成子字符串,并返回一个包含这些子字符串的列表。默认情况下,split()方法根据空格进行分割,也可以指定字符分隔。

【例 5-12】 字符串分割示例 1。

程序代码:

```
>>>original_string = "apple orange banana"
# 使用 split() 方法分割字符串,默认以空格为分隔符
>>>result_list = original_string.split()
>>>print(result_list)
```

运行结果:

```
['apple', 'orange', 'banana']
```

【例 5-13】 字符串分割示例 2。

程序代码:

```
>>>original_string = "apple,orange,banana"
# 使用逗号作为分隔符分割字符串
>>>result_list = original_string.split(',')
>>>print(result_list)
```

运行结果:

```
['apple', 'orange', 'banana']
```

(2) join()

在 Python 中,为字符串对象提供了 join()方法,用于将一个包含字符串的列表或其他可迭代对象合并成一个字符串。

【例 5-14】 字符串合并示例 1。

程序代码:

```
>>>words_list = ['apple', 'orange', 'banana']
# 使用 join() 方法合并字符串列表,以空格为分隔符
>>>result_string = ' '.join(words_list)
>>>print(result_string)
```

运行结果:

```
apple orange banana
```

【例 5-15】 字符串合并示例 2。

程序代码:

```
>>>words_list = ['apple', 'orange', 'banana']
```

```
# 使用逗号作为分隔符合并字符串列表
>>>result_string = ','.join(words_list)
>>>print(result_string)
```

运行结果：

apple,orange,banana

5.2.4 字符串的查找和替换

5.2.4 字符串的查找和替换

在 Python 中，可以使用字符串的 find()方法查找子字符串的位置，以及使用 replace()方法替换子字符串。

（1）find()方法

find()方法可查找字符串中是否包含子串，若包含则返回子串首次出现的位置，否则返回-1。

语法格式为

```
str.find(sub[, start[, end]])
```

sub：指定要查找的子串。

start：开始索引，默认为 0。

end：结束索引，默认为字符串的长度。

【例 5-16】 字符串查找示例 1。

程序代码：

```
>>>word = 't'
>>>string = 'Python'
>>>result = string.find(word)
>>>print(result)
```

运行结果：

2

上面的例子是在字符串"Python"中查找字符"t"，查找的结果为"t"在字符串"Python"中，且索引号为 2，所以输出结果为 2。

【例 5-17】 字符串查找示例 2。

程序代码：

```
>>>original_string = "Hello, World!"
# 使用 find()方法查找不存在的子字符串
>>>index = original_string.find("Python")
>>>print(index)
```

运行结果：

-1

（2）replace()方法

replace()方法可将当前字符串中的指定子串替换成新的子串，并返回替换后的新字符串。

语法格式为

```
str.replace(old, new[, count])
```

old：被替换的旧子串。
new：替换旧子串的新子串。
count：表示替换旧子串的次数，默认全部替换。

【例 5-18】 字符串替换示例。
程序代码：

```
>>>original_string = "Hello, World!"
# 使用 replace()方法替换子字符串
>>>new_string = original_string.replace("World", "Python")
>>>print(new_string)
```

运行结果：

```
Hello, Python!
```

5.2.5 字符串的大小写转换

Python 提供了对字符串中英文字母大小写转换的方法，见表 5-3。title()方法将字符串中每个单词的首字母转换为大写；capitalize()方法可以实现字符串首字母大写；upper()和lower()分别可以实现字符串中的字母全部大写和全部小写的功能；swapcase()则可以实现大小写相互转换的功能。

表 5-3 字符串大小写转换方法

方法	含义
str.title()	字符串中每个单词的首字母大写
str.capitalize()	字符串首字母大写
str.upper()	字符串中字母全部大写
str.lower()	字符串中字母全部小写
str.swapcase()	字符串中大小写互换

【例 5-19】 字符串大小写转换示例。
程序代码：

```
# 初始字符串
>>>original_string = "Hello, World!"

# 1. 使用 upper() 方法将字符串转换为大写
>>>uppercase_string_1 = original_string.upper()
>>>print("1. 使用 upper() 方法将字符串转换为大写:", uppercase_string_1)

# 2. 使用 lower() 方法将字符串转换为小写
>>>lowercase_string_2 = original_string.lower()
>>>print("2. 使用 lower() 方法将字符串转换为小写:", lowercase_string_2)
```

```
# 3. 使用 swapcase() 方法交换字符串中的大小写
>>>swapped_case_string_3 = original_string.swapcase()
>>>print("3. 使用 swapcase() 方法交换字符串中的大小写:", swapped_case_string_3)

# 4. 使用 capitalize() 方法将字符串的第一个字符转换为大写,其余字符为小写
>>>capitalized_string_4 = original_string.capitalize()
>>>print("4. 使用 capitalize() 方法将字符串的第一个字符转换为大写:", capitalized_string_4)

# 5. 使用 title() 方法将字符串中每个单词的第一个字符转换为大写
>>>title_case_string_5 = original_string.title()
>>>print("5. 使用 title() 方法将字符串中每个单词的第一个字符转换为大写:", title_case_string_5)
```

运行结果:

1. 使用 upper() 方法将字符串转换为大写: HELLO, WORLD!
2. 使用 lower() 方法将字符串转换为小写: hello, world!
3. 使用 swapcase() 方法交换字符串中的大小写: hELLO, wORLD!
4. 使用 capitalize() 方法将字符串的第一个字符转换为大写: Hello, world!
5. 使用 title() 方法将字符串中每个单词的第一个字符转换为大写: Hello, World!

5.2.6 字符串的测试判断

Python 中常用字符串的测试判断方法见表 5-4,包括:是否全部为数字、是否包含数字、是否包含标题单词、是否包含大写字母、是否包含小写字母、是否包含空格、是否以指定的字符开头和结尾等。

表 5-4 字符串的测试判断方法

方法	含义
str.isupper()	当字符串 str 所有字符都是大写时,返回 True,否则返回 False
str.islower()	当字符串 str 所有字符都是小写时,返回 True,否则返回 False
str.startswith(sub)	判断字符串 str 是否以指定字符串 sub 开始
str.endswith(sub)	判断字符串 str 是否以指定字符串 sub 结束
str.isalnum()	测试字符串 str 是否为数字或字母
str.isalpha()	测试字符串 str 是否为字母
str.isdigit()	测试字符串 str 是否为数字
str.isdecimal()	测试字符串 str 是否为十进制数字
str.isnumeric()	当 str 所有字符都是数字(支持汉字、数字、罗马数字)字符时,返回 True,否则返回 False
str.isspace()	当 str 所有字符都是空格时,返回 True,否则返回 False
str.isprintable()	当 str 所有字符都是可打印的,返回 True,否则返回 False

【例 5-20】 字符串测试示例。

程序代码:

```
# 初始字符串
>>>example_string = "Hello123"
```

```python
# 1. 使用 isupper() 检查字符串是否全为大写
>>>print("1. 字符串是否全为大写:", example_string.isupper())

# 2. 使用 islower() 检查字符串是否全为小写
>>>print("2. 字符串是否全为小写:", example_string.islower())

# 3. 使用 startswith() 检查字符串是否以特定子字符串开头
>>>print("3. 字符串是否以 'Hello' 开头:", example_string.startswith("Hello"))

# 4. 使用 endswith() 检查字符串是否以特定子字符串结尾
>>>print("4. 字符串是否以 '123' 结尾:", example_string.endswith("123"))

# 5. 使用 isalnum() 检查字符串是否由字母或数字组成
>>>print("5. 字符串是否由字母或数字组成:", example_string.isalnum())

# 6. 使用 isalpha() 检查字符串是否由字母组成
>>>print("6. 字符串是否由字母组成:", example_string.isalpha())

# 7. 使用 isdigit() 检查字符串是否全为数字
>>>print("7. 字符串是否全为数字:", example_string.isdigit())

# 8. 使用 isdecimal() 检查字符串是否全为十进制数字
print("8. 字符串是否全为十进制数字:", example_string.isdecimal())

# 9. 使用 isnumeric() 检查字符串是否全为数字字符
print("9. 字符串是否全为数字字符:", example_string.isnumeric())

# 10. 使用 isspace() 检查字符串是否全为空格
print("10. 字符串是否全为空格:", example_string.isspace())

# 11. 使用 isprintable() 检查字符串是否可打印
print("11. 字符串是否可打印:", example_string.isprintable())
```

运行结果：

```
1. 字符串是否全为大写: False
2. 字符串是否全为小写: False
3. 字符串是否以 'Hello' 开头: True
4. 字符串是否以 '123' 结尾: True
5. 字符串是否由字母或数字组成: True
6. 字符串是否由字母组成: False
7. 字符串是否全为数字: False
8. 字符串是否全为十进制数字: False
9. 字符串是否全为数字字符: False
10. 字符串是否全为空格: False
11. 字符串是否可打印: True
```

5.2.7 字符串的排版

字符串的排版操作常用于美化字符串，如居中对齐、左对齐、右对齐等，见表 5-5。

表 5-5 字符串的排版方法

方法	含义
str.center(width,fillchar)	width 指定字符串的长度，字符串居中对齐，其余位置 fillchar 填充
str.ljust(width,fillchar)	width 指定字符串的长度，字符串左对齐，其余位置 fillchar 填充
str.rjust(width,fillchar)	width 指定字符串的长度，字符串右对齐，其余位置 fillchar 填充
str.zfill(width)	width 指定字符串的长度，字符串右对齐，其余位置字符"0"填充

【例 5-21】 字符串测试示例。

程序代码：

```
# 初始字符串
>>>original_string = "Python"

# 1. 使用 center() 方法居中对齐字符串
>>>centered_string = original_string.center(20, '*')
>>>print("1. 居中对齐:", centered_string)

# 2. 使用 ljust() 方法左对齐字符串
>>>left_aligned_string = original_string.ljust(20, '-')
>>>print("2. 左对齐:", left_aligned_string)

# 3. 使用 rjust() 方法右对齐字符串
>>>right_aligned_string = original_string.rjust(20, '+')
>>>print("3. 右对齐:", right_aligned_string)

# 4. 使用 zfill() 方法在字符串左侧用零填充，指定字符串的宽度
>>>zero_filled_string = original_string.zfill(10)
>>>print("4. 左侧用零填充:", zero_filled_string)
```

运行结果：

1. 居中对齐: *******Python*******
2. 左对齐: Python--------------
3. 右对齐: ++++++++++++++Python
4. 左侧用零填充: 0000Python

5.2.8 字符串的加密和解密

字符串的加密和解密是信息安全领域中的重要概念，在 Python 中提供了字符串的加密和解密方法。

（1）哈希函数加密

哈希函数（又称散列函数）是一种单项加密方法，常用于存储密码。Python 中内置的 hashlib 模块可以用于生成哈希值。

【例 5-22】 字符串哈希函数加密示例。
程序代码：

```
>>>import hashlib
>>>original_string = "password123"
# 使用 SHA-256 哈希算法加密
>>>hashed_string = hashlib.sha256(original_string.encode()).hexdigest()
>>>print("加密后的字符串:", hashed_string)
```

运行结果：

```
加密后的字符串: ef92b778bafe771e89245b89ecbc08a44a4e166c06659911881f383d4473e94f
```

original_string.encode()：将字符串 original_string 转换为字节形式的操作。哈希函数通常操作字节序列而不是字符串。hashlib.sha256(original_string.encode()).hexdigest()的作用是对字符串 original_string 进行 SHA-256 哈希运算，并返回结果的十六进制字符串。这种操作常用于存储密码的哈希值，以增加安全性，因为哈希函数是单向的，无法从哈希值逆向还原出原始字符串。

注意：
哈希函数是单向的，无法逆向解密。在密码存储中，通常存储哈希值而不是原始密码。

（2）Base64 模块加密和解密

Base64 是一种编码方法，可以将二进制数据编码为 ASCII 字符串，虽然不是真正的加密，但可以用于隐藏数据。

【例 5-23】 字符串 Base64 加密示例。
程序代码：

```
>>>import base64

>>>original_string = "Hello, World!"

# 使用 Base64 编码
>>>encoded_string = base64.b64encode(original_string.encode()).decode()
>>>print("加密后的字符串:", encoded_string)

# 使用 Base64 解码
>>>decoded_string = base64.b64decode(encoded_string).decode()
>>>print("解密后的字符串:", decoded_string)
```

运行结果：

```
加密后的字符串: SGVsbG8sIFdvcmxkIQ==
解密后的字符串: Hello, World!
```

5.3 实践——实现一个简单的文字处理器

下面是一个简单的文字处理器的实现，它允许用户执行字符计数、单词计数、查找和替换等操作。

程序代码:

```
>>>print("欢迎使用文字处理器!")
>>>input_text=input("请输入文本: ")
>>>while True:
        print("\nText Processor Menu:")
        print("1. Convert to Uppercase")
        print("2. Convert to Lowercase")
        print("3. Capitalize First Letter")
        print("4. Reverse Text")
        print("5. Concatenate with Another String")
        print("6. Find and Replace")
        print("7. Count Characters")
        print("8. Exit")

        choice = input("Enter your choice (1-8): ")

        if choice == "1":
            input_text = input_text.upper()
        elif choice == "2":
            input_text = input_text.lower()
        elif choice == "3":
            input_text = input_text.capitalize()
        elif choice == "4":
            input_text = input_text[::-1]
        elif choice == "5":
            additional_text = input("Enter the string to concatenate: ")
            input_text += additional_text
        elif choice == "6":
            target = input("Enter the target string to replace: ")
            replacement = input("Enter the replacement string: ")
            input_text = input_text.replace(target, replacement)
        elif choice == "7":
            character_count = len(input_text)
            print(f"Number of characters: {character_count}")
        elif choice == "8":
            print("Exiting Text Processor.")
            break
        else:
            print("Invalid choice. Please enter a number between 1 and 8.")

        print("Processed Text:", input_text)
```

运行结果:

欢迎使用文字处理器!
请输入文本: I love China!

Text Processor Menu:

1. Convert to Uppercase
2. Convert to Lowercase
3. Capitalize First Letter
4. Reverse Text
5. Concatenate with Another String
6. Find and Replace
7. Count Characters
8. Exit
Enter your choice (1-8): 1
Processed Text: I LOVE CHINA!

Text Processor Menu:
1. Convert to Uppercase
2. Convert to Lowercase
3. Capitalize First Letter
4. Reverse Text
5. Concatenate with Another String
6. Find and Replace
7. Count Characters
8. Exit
Enter your choice (1-8): 2
Processed Text: i love china!

Text Processor Menu:
1. Convert to Uppercase
2. Convert to Lowercase
3. Capitalize First Letter
4. Reverse Text
5. Concatenate with Another String
6. Find and Replace
7. Count Characters
8. Exit
Enter your choice (1-8): 3
Processed Text: I love china!

Text Processor Menu:
1. Convert to Uppercase
2. Convert to Lowercase
3. Capitalize First Letter
4. Reverse Text
5. Concatenate with Another String
6. Find and Replace
7. Count Characters
8. Exit
Enter your choice (1-8): 4
Processed Text: !anihc evol I

```
Text Processor Menu:
1. Convert to Uppercase
2. Convert to Lowercase
3. Capitalize First Letter
4. Reverse Text
5. Concatenate with Another String
6. Find and Replace
7. Count Characters
8. Exit
Enter your choice (1-8): 5
Enter the string to concatenate: 6
Processed Text: !anihc evol I6

Text Processor Menu:
1. Convert to Uppercase
2. Convert to Lowercase
3. Capitalize First Letter
4. Reverse Text
5. Concatenate with Another String
6. Find and Replace
7. Count Characters
8. Exit
Enter your choice (1-8): 7
Number of characters: 14
Processed Text: !anihc evol I6

Text Processor Menu:
1. Convert to Uppercase
2. Convert to Lowercase
3. Capitalize First Letter
4. Reverse Text
5. Concatenate with Another String
6. Find and Replace
7. Count Characters
8. Exit
Enter your choice (1-8): 8
Exiting Text Processor.
```

5.4 本章小结

本章系统地学习了字符串的基础知识和常见操作。开始了解字符串是由字符组成的不可变序列，可以用单引号、双引号以及三引号括起来进行定义。接着，深入研究了字符串的各种操作，包括格式化输出、拼接和复制、分割和合并、查找和替换、大小写转换、测试判断、排版以及加密和解密。这些操作能够更加灵活、高效地处理文本数据，提高了对字符串的处理技能。通过掌握这些知识，读者能够编写更具可读性、美观且功能强大的代码，充分利用字符串在 Python 中的核心地位。

5.5 习题

一、填空题

1．定义字符串可使用_____、双引号和三引号括起来进行定义。

2．转义字符\b 表示_____。

3．Python 可以使用_____格式化、_____方法格式化和使用_____格式化这 3 种方法对字符串进行格式化。

4．Python 中%f 将对应的数据格式化为_____数据类型。

5．拼接字符串可以使用_____方法和_____运算符。

6．使用 find 函数没有找到子串时，程序会返回_____。

7．若将"python"转换为"Python"可使用_____函数或_____函数。

8．表达式':'.join('hello world'.split())的结果为_____。

9．已知 x='hello world'，表达式 x.replace('l','g')的值为_____。

10．表达式'The first:{1},the second is {0}'.format(65,97)的值为_____。

11．删除字符串中头部的空格，可以使用_____方法。

12．Python 中可以使用_____方法按照指定分割符对字符串进行分割，返回分割后的子串组成的列表。

二、判断题

1．字符串中不可以包含特殊字符。（   ）

2．字符串中可以包含特殊字符。（   ）

3．无论是使用单引号或双引号定义的字符串，使用 print()输出的结果一致。（   ）

4．如果字符串中包含三引号，可以使用单引号包裹这个字符串。（   ）

5．使用单引号或双引号定义的字符串，使用 type()方法显示的结果是不一致的。（   ）

6．可以使用%或&对字符串进行格式化。（   ）

7．可以使用&对字符串进行格式化。（   ）

8．可以使用 format()方法格式化字符串。（   ）

9．可以使用 f-string 格式化字符串。（   ）

10．find()方法返回 0 说明子串不在指定的字符串中。（   ）

11．find()方法返回-1 说明子串在指定的字符串中。（   ）

12．replace()方法可以实现字符串的替换操作。（   ）

13．replace()方法可以将当前字符串中的指定子串替换成新的子串。（   ）

14．join()方法可以将两个字符串进行拼接。（   ）

15．Python 中可以使用"+"将两个字符串进行拼接。（   ）

16．rjust()方法用于将字符串的字符以右对齐方式进行显示。（   ）

17．ljust()方法用于将字符串的字符以左对齐方式进行显示。（   ）

18．Python 中的 capitalize()方法可以将字符串中每个单词的首字母转换为大写。（   ）

三、单选题

1．关于 Python 字符串类型的说法中，下列描述错误的是（   ）。

　　A．字符串是用来表示文本的数据类型

B．Python 中可以使用单引号、双引号、三引号定义字符串
C．Python 中单引号与双引号不可一起使用
D．使用三引号定义的字符串可以包含换行符

2．针对下面代码，程序执行的结果为（　　）。

```
mystr = 'itheima'
mystr[1]='a'
print(mystr)
```

    A．iaheima   B．atheima   C．itheima   D．程序出现错误

3．下列数据中，不属于字符串的是（　　）。
    A．'ab'   B．'''perfec'''   C．"52wo"   D．abc

4．下列转义字符中，表示换行转义字符的是（　　）。
    A．\\\\   B．\b   C．\n   D．\t

5．下列转义字符中，表示双引号转义字符的是（　　）。
    A．\\\\   B．\b   C．\n   D．\"

6．下列转义字符中，表示回车转义字符的是（　　）。
    A．\\\\   B．\r   C．\n   D．\"

7．当需要在字符串中使用特殊字符时，Python 使用（　　）作为转义字符。
    A．\\   B．/   C．#   D．%

8．下列格式化符号中，用来表示浮点实数的是（　　）。
    A．%c   B．%s   C．%f   D．%d

9．下列格式化符号中，用来表示字符串的是（　　）。
    A．%c   B．%s   C．%f   D．%d

10．下列选项中，输出结果保留两位小数的是（　　）。
    A．'{:.2}'.format(points/total)   B．'{.2}'.format(points/total)
    C．'{.2f}'.format(points/total)   D．'{2f}'.format(points/total)

11．已知变量 name="张昊"、age=18，下列使用字符串格式化输出，不能正确输出的是（　　）。
    A．print ('我叫%s，今年我%d 岁了' % (age, name))
    B．print ('我叫%s，今年我%d 岁了' % (name,age))
    C．print('我叫{}，今年我{}岁了'.format(name, age))
    D．print(f'我叫{name}，今年我{age}岁了')

12．执行下列代码：

```
symbol = '*'
world = '***'
print(symbol.join(world))
```

输出结果为（　　）。
    A．****   B．***   C．*****   D．*

13．执行下列代码：

```
words = 'My name is Jane'
```

```
print(words.capitalize())
```

输出结果为（　　）。
  A．My name is Jane   B．My Name Is Jane
  C．My name is jane   D．my name is jane

14．下列方法中，可以将字符串中的字母全部转换为小写的是（　　）。
  A．upper   B．lower   C．title   D．capitalize

15．运行以下命令，输出结果是什么？（　　）

```
s='python book'
s[1:8]
```

  A．'python '   B．'python b'   C．'ython b'   D．'ython bo'

16．运行以下命令，输出结果是什么？（　　）

```
s='python book'
s*2
```

  A．'python book*2'   B．'python bookpython book'
  C．'python book'   D．'python book2'

17．以下哪个内置函数可以获取到字符串的长度？（　　）
  A．help()   B．dir()   C．abs()   D．len()

18．运行以下命令，输出结果是什么？（　　）

```
s='python book'
s[-4:-1]
```

  A．'boo'   B．'book'   C．'oo'   D．'ook'

19．下列关于 replace 方法 str.replace(old,new[,max])的说法错误的是（　　）。
  A．使用字符串中的 replace 方法可以将字符串中的指定子串替换为其他内容
  B．str 是要进行替换操作的字符串，old 和 new 分别是要替换的子串和替换成的字符串
  C．max 是最多替换的子串数量，如果不指定 max 参数，则只替换第一个满足条件的子串
  D．replace 方法返回替换后的字符串

20．print(len("中国\"China\""))的输出结果是（　　）。
  A．7   B．8   C．9   D．10

四、编程题

1．编写一个函数 count_vowels，接收一个字符串作为参数，并返回该字符串中元音字母的数量。

2．编写一个程序，接收用户输入的一个字符串，然后去除该字符串中重复的字符，并打印出来。例如，输入为"hello"，输出为"helo"。

3．编写一个程序，接收用户输入的一个字符串，然后将该字符串中每个单词都反转，并打印出来。例如，输入为"hello world"，输出为"olleh dlrow"。

4．编写一个程序，接收用户输入的一个字符串，然后将该字符串中的大写字母转换为小写字母，小写字母转换为大写字母，并打印出来。例如，输入为"Hello World"，输出为"hELLO wORLD"。

第6章 函　　数

在 Python 编程中，函数是一个至关重要的概念，它能够使代码模块化，提高代码的可维护性和重用性。通过将一系列操作封装在函数内部，能够提高代码的可读性和灵活性。函数的引入使得用户能够将代码分解为小的独立部分，每个部分都执行特定的任务。这种模块化的设计不仅有助于解决复杂问题，还使代码更加易于理解和维护。本章将深入探讨如何定义、调用和使用函数，学习函数如何传递参数、如何处理函数的返回值，以及如何有效地组织和管理函数库。通过深入了解函数的概念和用法，将能够更加有效地编写清晰、结构良好的 Python 程序。

6.1 引言

下面通过示例来说明函数的意义。

【例 6-1】 对三个数据集进行求和示例。

三个数据集对应为 1 到 50、50 到 100 以及 100 到 1000 三个数据集。

程序代码：

```
# 1 到 50 求和
>>>sum=0
>>>for i in range(1,51):
    sum+=i
    print("从 1 到 50 的和：",sum)

# 50 到 100 求和
sum=0
for i in range(50,101):
    sum+=i
    print("从 50 到 100 的和：",sum)

# 100 到 1000 求和
sum=0
for i in range(100,1001):
    sum+=i
    print("从 100 到 1000 的和：",sum)
```

观察上面的代码，发现这些计算和的代码除了 for 语句中范围的开始和结束的两个数字不同，其他都非常相似。一次编写一个调用的代码然后重复使用会不会更好？可以定义一个函数，创建可重用代码。上述代码使用函数后可简化成下面的代码：

```
>>>def sum(a,b):
    result=0
```

```
        for i in range(a,b+1):
            result+=i
        return result

>>>print("从 1 到 50 的和：",sum(1,50))
>>>print("从 50 到 100 的和：",sum(50,100))
>>>print("从 100 到 1000 的和：",sum(100,1000))
```

从第 1 到第 5 行定义了一个带两个参数 a 和 b 的 sum 函数。第 7 行到第 9 行调用 sum(1,50)、sum(50,100)、sum(100,1000)分别计算 1 到 50、50 到 100、100 到 1000 的和。

通过函数编写程序具有以下优点：

1）将程序模块化，既减少了冗余代码，又让程序结构更为清晰。
2）提高开发人员的编程效率。
3）方便后期的维护与扩展。

Python 函数的类型主要包括以下几种：

（1）内置函数

内置函数是 Python 解释器的一部分，这些函数无须导入任何额外的模块或者库即可直接使用。例如前面所学习到的数学相关函数、类型转换函数以及序列相关函数等，它们都属于内置函数。

数学相关函数：如 abs()、min()、max()、pow()等。
类型转换函数：如 int()、float()、list()、tuple()、dict()、set()等。
序列相关函数：如 len()、sum()、sorted()等。
输入输出相关函数：如 input()、print()等。

（2）标准库函数

Python 标准库包含丰富的模块和包，提供了各种各样的功能，涵盖从文件操作、网络通信、数据处理到图形界面等多个方面。以下是一些常用的标准库函数及模块。

math 模块：提供数学运算相关的函数。math.sqrt()返回数字的平方根；math.sin()、math.cos()、math.tan()返回三角函数的值。

random 模块：提供生成随机数的函数。random.random()返回一个 0 到 1 之间的随机浮点数。

datetime 模块：提供处理日期和时间的函数。datetime.datetime.now()返回当前日期和时间。

time 模块：提供处理时间相关的函数。time.time()返回当前时间的时间戳。

还有很多标准库函数，在使用前需要利用 import 导入，如果想使用求余弦标准库函数，可以采用下面三种方式导入：

import math
import math as mt
from math import cos

（3）第三方库函数

Python 生态系统中有大量的第三方库，这些库由社区开发并提供，用于拓展 Python 的功能。以下是一些常用的第三方库及其常见的函数。

NumPy：提供用于处理大型多维数组和矩阵的数学函数库。如 numpy.array()创建 NumPy 数组；numpy.sum()、numpy.mean()用于计算数组元素的和、均值等。

Pandas：提供数据分析和处理工具，包括数据结构和函数。如 pandas.DataFrame()用于创建 Pandas 数据框，DataFrame.groupby()用于对数据框进行分组。

Matplotlib：用于绘制图表和可视化数据的绘图库。如 matplotlib.pyplot.plot()用于绘制线形图；matplotlib.pyplot.scatter()用于绘制散点图。

以上只是简单介绍了第三方库中的一小部分，Python 的第三方库生态系统非常庞大，覆盖了几乎所有领域。

（4）自定义函数

开发者可以通过 def 关键字定义自己的函数，这些函数称为用户自定义函数。

6.2 函数的定义和调用

6.2.1 函数的定义

在 Python 中，函数被用来组织、实现单一功能或者相关联功能的代码段。函数可以把代码模块化，提高代码的可读性和复用性。Python 中的函数可分为内置函数、标准库函数、第三方库函数以及自定义函数四种类型，前三类都是已经封装好并可以直接提供给开发者使用，但当上述函数都不能满足用户使用需求时，用户必须根据需求自己定义函数，即自定义函数。

Python 中使用关键字 def 来定义函数，其语法格式如下：

```
def  <函数名>([形参列表]):
     <函数体>
     return[返回值列表]
```

函数包括以下要素。

1）函数名称（标识符）：函数的名字，用于标识和调用函数。函数名称应该具有描述性，以反映函数的功能。

2）参数列表：函数可以接收零个或多个参数（也称为输入），这些参数是函数在执行时所需要的数据（有关函数的参数，详见 6.3.1 节）。参数列表在函数名称后面的括号内定义，可以没有参数，但不能没有()。

3）函数体：函数体包含了函数的实际代码，它定义了函数要执行的操作。

4）返回值：当函数需要返回值时，使用保留字 return 和返回值列表，并使流程转到调用位置；而不需要返回值时，可省略 return 语句。

【例 6-2】 编写求两个数较大值的函数示例。

程序代码：

```
>>>def max(num1,num2):
    if num1>num2:
        result=num1
    else:
        result=num2
    return result
```

结果分析：

在这个示例中，函数名是 max，它接收两个参数 num1 和 num2，并返回这两个数中较大的那个。

【例 6-3】 编写一个无参数、无返回值的函数示例。

程序代码：

```
>>>def greet():
    """这个函数用于打印简单的问候语句."""
    print("Hello, welcome to the world of Python!")
```

结果分析：

在这个示例中，函数名为 greet，这个函数既没有参数，也无返回值，函数体实现打印一条问候语。

6.2.2 函数的调用

在函数的定义中，定义了函数要做什么。为了使用函数，必须调用它，调用函数的程序被称为调用者。函数调用的语法格式如下。

<函数名> ([实参列表])

说明：

1）函数的定义一定要出现在函数调用之前，否则会报错。

2）实参列表中的实参为函数调用时赋予的实际参数，与函数定义时的形参一一对应。

3）如果函数有返回值，则可以在表达式中直接使用，参与表达式的运算，否则就单独作为表达式语句使用。

如果函数带有返回值，对这种函数的调用通常当作一个值处理。例如：

larger=max(3,5)

调用 max(3,5)并将函数的结果赋值给了变量 larger。

另外，一个把函数当作值处理的调用例子是：

print(max(3,5))

这条语句输出调用函数 max(3,5)的返回值。

如果函数没有返回值，那么对函数的调用就是一条语句。例如，函数 greet()没有返回值，下面的调用就是一条语句：

greet()

注意：

带返回值的函数也可以当作语句被调用。在这种情况下，函数返回值就会被忽略掉。这是很少见的，但如果函数调用者对返回值不感兴趣，这样也是允许的。

当程序调用一个函数时，程序的控制权就会转移到被调用函数上。当执行完函数返回语句或执行到函数结束时，被调用函数就会将程序控制权交还给调用者。

【例 6-4】 求两个数较大值的完整程序。

程序代码：

```
>>>def max(num1,num2):
       if num1>num2:
           result=num1
       else:
           result=num2
       return result

>>>larger=max(5,10)
>>>print("两个数较大者为：",larger)
```

运行结果：

两个数较大者为： 10

这个程序是如何执行的呢？解释器逐行读取脚本语言，当它读取函数头时，将函数 max 以及函数体存储在内存中。尽管已经对函数进行了定义，但它不会让函数执行。最后解释器读到 max(5,10)时，它会调用 max 函数，即 max 函数被执行，程序的控制转移到 max 函数，如图 6-1 所示。

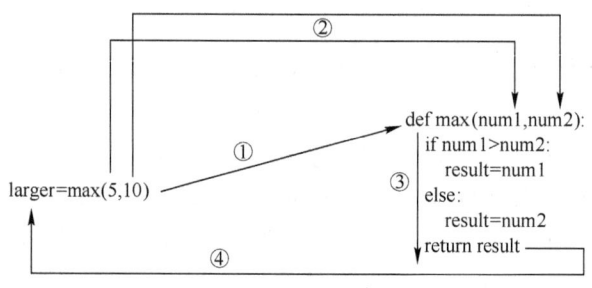

图 6-1 函数调用执行过程图

函数调用执行过程如下：

1）程序在调用位置暂停执行，转向被调用函数执行，即 max 函数，如①号箭头所示。

2）将数据传递给函数参数，num1 的值为 5，num2 的值为 10，如②号箭头所示。

3）执行函数体语句，如③号箭头所示。

4）程序回到暂停处继续执行，如④号箭头所示。

6.3 函数的参数和返回值

函数的参数和返回值是函数定义和调用的关键部分，它们允许函数接收输入数据并返回处理后的结果。

6.3.1 函数的参数

（1）形式参数

形式参数简称形参，是在函数定义时指定的参数。它们是函数定义的一部分，用于接收调用函数时传递的实际参数值。形参在函数的参数列表中声明，可以包括多个参数，每个参数之间用逗号分隔。这些参数是函数内部的局部变量，它们的值在函数执行时由传递的实际参数确定。例 6-4 中 num1 和 num2 为函数 max 的形参。

（2）实际参数

实际参数简称实参，是在调用函数时传递给函数的值。它们是函数调用的一部分，用于为函数提供输入数据。实参可以是常量、变量、表达式等，用于初始化函数定义中的形式参数。例 6-4 中的 5 和 10 为 max 的实参，且 5 传递给 num1，10 传递给 num2。

6.3.2 函数的返回值

很多时候，需要将函数执行的结果反馈给调用函数的程序，就好像经理向秘书下达命令，让其去打印文件，秘书打印好文件后并没有完成任务，还需要将文件交给经理。

一般情况下，函数的最后都会有一行 return 语句，表示退出函数并将程序返回到函数被调用的位置继续执行，同时将函数执行结果返回给函数被调用处的语句。

注意：

return 语句在同一个函数中可以出现多次，但一旦其中一个被执行，函数调用就会立即结束。如果函数没有 return 语句，或者 return 后面没有表达式，函数将默认返回 None。例 6-2 中的函数有返回值；例 6-3 中的函数没有返回值。

【例 6-5】 有多个返回值的函数示例。

程序代码：

```
>>>def get_coordinates():
    x = 10
    y = 20
    return x, y
>>>print(get_coordinates())
```

运行结果：

```
(10, 20)
```

由此示例可见，return 语句中指定多个值，它们将以元组的形式返回。

6.4 函数的参数传递

在 Python 中，参数通过引用进行传递，传递的是对象的引用（地址），而不是对象本身。本节介绍不可变对象和可变对象作为参数传递的效果，接着介绍参数的各种类型。

6.4.1 值传递和引用传递

1．不可变对象作为参数传递

不可变对象（如整数、字符串、元组等）作为参数传递时，对象内容不能被修改。若发生修改会创建新对象，因此实参变量不受影响。

【例 6-6】 不可变对象作为参数传递示例 1。

程序代码：

```
>>>def swap(a, b):
    temp = a
```

6.4.1.1 不可变对象作为参数传递示例

```
        a = b
        b = temp
        print(f"在 swap 函数中：a={a},b={b}")

>>>x = 5
>>>y = 10
>>>swap(x,y)
>>>print(f"经过 swap 后：x={x}, y={y}")
```

运行结果：

```
在 swap 函数中：a=10,b=5
经过 swap 后：x=5, y=10
```

结果分析：

从上面的运行结果来看，调用 swap 函数时，通过形参 a 和 b 输出的结果分别是 10 和 5，swap 函数执行结束后，实参 x 和 y 输出的结果依然为 5 和 10。下面解释其中的原因。

（1）内存分配

当程序执行 x = 5 和 y = 10 时，Python 会为整数值 5 和 10 分配内存空间，通过赋值操作，x 指向该整数对象 5，y 指向整数对象 10。对应的示意图如图 6-2a 所示。

（2）参数传递

当程序执行 swap(x,y)语句时，实参 x 的地址传递给形参 a，实参 y 的地址传递给形参 b。此时，a 和 x 都存放 5 的地址，所以 a 和 x 都指向对象 5；而 b 和 y 都存放 10 的地址，所以 b 和 y 都指向对象 10。对应的示意图如图 6-2b 所示。

（3）函数内部的操作

在 swap 函数体内，借助中间变量 temp 交换了 a 和 b 的地址，所以 a 和 b 的指向关系进行了互换，通过形参 a 和 b 输出的结果分别是 10 和 5。对应的示意图如图 6-2c 所示。

（4）函数结束后的状态

当 swap 函数执行完毕后，局部变量 temp、a 和 b 都被释放。而此时整数对象 5 和 10 仍然分别被变量 x 和 y 引用，所以通过实参 x 和 y 输出的结果分别为 5 和 10。对应的示意图如图 6-2d 所示。

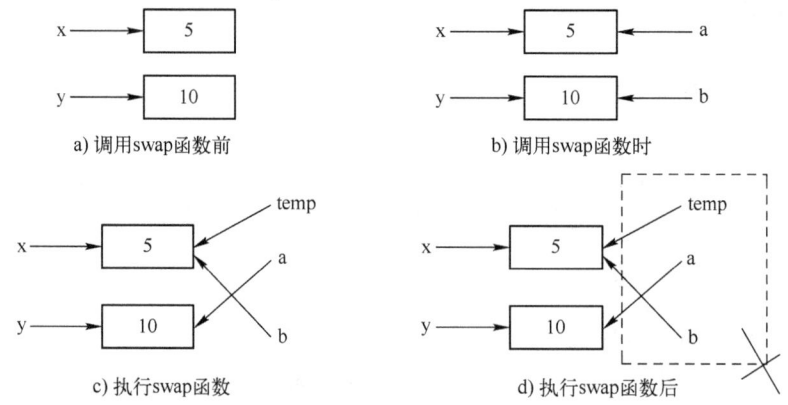

图 6-2 程序执行过程内存空间变化示意图

【例 6-7】 不可变对象作为参数传递示例 2。

程序代码：

```
def modify_value(x):
    x += 1   # 创建新的对象
```

```
        print(x)

    num = 5
    modify_value(num)
    print(num)
```

运行结果：

```
6
5
```

结果分析：

从上面的运行结果来看，传递不可变对象时，函数内部修改形参变量不会影响实参变量，下面解释其中的原因。

（1）内存分配

当程序执行 num = 5 时，Python 会为整数值 5 分配内存空间，通过赋值操作，变量 num 存放 5 的地址，所以 num 指向该整数对象 5。对应的示意图如图 6-3a 所示。

（2）参数传递

当程序执行 modify_value(num)语句时，实参 num 的地址传递给形参 x，此时，num 和 x 都存放 5 的地址，所以都指向 5 这个对象。对应的示意图如图 6-3b 所示。

（3）函数内部的操作

在 modify_value 函数体内执行 x +=1 语句时，由于 x+1 的结果是 6，所以系统为 6 创建新的内存空间，并把 6 的地址给了变量 x，所以 x 指向该整数对象 6。对应的示意图如图 6-3c 所示。

（4）函数结束后的状态

当 modify_value 函数执行结束时，局部变量 x 被释放。而此时 num 仍为整数对象 5 的引用，所以此时通过 num 输出结果为 5。对应的示意图如图 6-3d 所示。

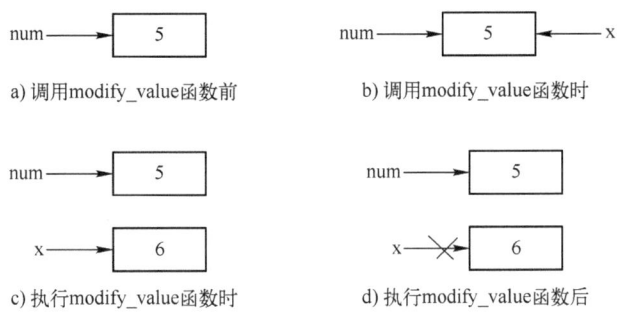

图 6-3　例 6-7 程序执行过程内存空间变化示意图

以上示例表明，当不可变对象作为参数传递时，函数内的任何"形参修改"不会影响实参对象，实参变量保持不变。

2．可变对象作为参数传递

函数的实参为可变对象时，函数中对形参的修改会影响实参，因为实参和形参共享同一个对象引用，即为引用传递。

【**例 6-8**】　可变对象作为参数传递示例。

程序代码：

6.4.1.2　可变对象作为参数传递示例

```python
def swap_values(lst):
    lst[0], lst[1] = lst[1], lst[0]
    print("in the function swap:",lst)

# 使用列表来存储两个数
numbers = [5, 10]
print("Before swapping:", numbers)

# 调用函数进行互换
swap_values(numbers)

print("After swapping (using reference):", numbers)
```

运行结果：

```
Before swapping: [5, 10]
in the function swap: [10, 5]
After swapping (using reference): [10, 5]
```

结果分析：

从上面的运行结果来看，在 swap( )函数里，列表 lst 的两个元素的值被交换成功。当 swap( )函数执行结束后，列表 numbers 的两个元素也实现了互换。下面解释其中的原因。

（1）内存分配

当程序执行 numbers=[5,10]时，创建了一个列表对象，为列表分配内存空间，numbers 存放此列表的地址，所以 numbers 和列表[5,10]存在指向关系。对应的示意图如图 6-4a 所示。

（2）函数传递

当程序执行 swap_values(numbers)语句时，实参 numbers 的地址传给了形参 lst，lst 和 numbers 都存放相同列表的地址，所以指向相同的空间。对应的示意图如图 6-4b 所示。

（3）函数内部的操作

当执行函数 swap_values 的函数体语句 lst[0], lst[1] = lst[1], lst[0]时，列表 lst 两个元素之间进行了交换。对应的示意图如图 6-4c 所示。

（4）函数结束后的状态

当函数 swap_values 执行完毕后，lst 变量所占空间释放，但实参列表开辟的空间依然存在且值已经完成了交换，所以最终实参列表的元素进行了互换。对应的示意图如图 6-4d 所示。

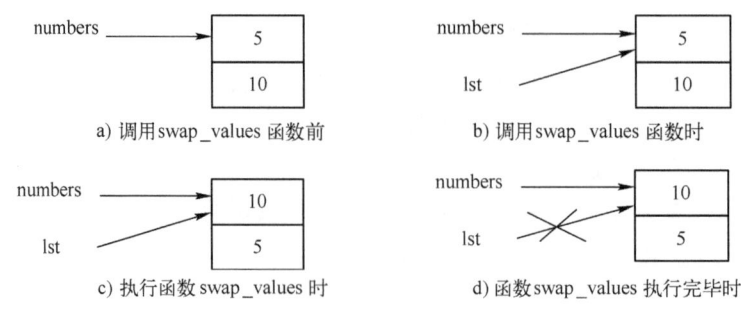

图 6-4 例 6-8 程序执行过程中内存空间变化示意图

综上，Python 中的参数为可变对象时，由于传递的是对象的引用，所以函数内的形参的修改会影响到实参数据。

6.4.2 参数类型

函数参数的类型可以分为位置参数、关键字参数、默认参数、可变参数（参数的打包与解包）以及混合参数。

（1）位置参数

在 Python 中，位置参数是一种最常见的函数参数类型。当调用一个函数时，参数的传递顺序与函数定义中的参数顺序一一对应。这意味着需要按照定义函数时的顺序依次传递参数值。

【例6-9】 位置参数示例。

程序代码：

```
>>>def greet(name, greeting):
    return f"{greeting},{name}!"


>>>message = greet("Alice", "Hello")
>>>print(message)
```

运行结果：

```
Hello,Alice!
```

结果分析：

在这个示例中，greet 函数接收两个位置参数 name 和 greeting，并且在调用函数时，按照相同的顺序传递了参数值，即首先传递的是 name，然后是 greeting。

注意：

在使用位置参数时，必须按照正确的顺序传递参数值，否则会导致错误。例如，如果交换参数的顺序，将会得到不同的结果。

```
message = greet("Hello","Alice")
print(message)        # 输出"Alice, Hello!"
Alice,Hello!
```

因此，在使用位置参数时，确保参数值的顺序与函数定义中的参数顺序一致非常重要。这是一种通用的参数传递方式，适用于大多数函数的编程情况。

（2）关键字参数

在 Python 中，关键字参数是一种允许在函数调用中明确指定参数名称的方式。与位置参数不同，关键字参数允许以任意顺序传递参数，并且更具可读性。

【例6-10】 关键字参数示例。

程序代码：

```
>>>def greet(name, greeting):
    return f"{greeting},{name}!"
```

```
>>>message = greet(greeting="Hello", name="Alice")
>>>print(message)
```

运行结果:

Hello,Alice!

结果分析:

在这个示例中,调用 greet 函数时,明确指定了参数名称和对应的值,而不需要按照函数中定义的参数顺序传递参数。因为可以清晰地看到每个参数的含义,所以代码更加易读。

关键字参数的优势如下。

1) 明确性:使用关键字参数可以提高代码的可读性,因为函数调用中的参数名称直接指明了含义。

2) 灵活性:可以以任意顺序传递参数,而不必担心参数顺序与函数定义不一致。

(3) 默认参数

默认参数是在函数定义中为参数指定默认值的一种方式。当函数被调用时,如果没有为该参数提供值,那么使用默认值。这使得在调用函数时可以省略某些实参,从而创建具有一定程度可选性的函数。

【例 6-11】 默认参数示例 1。

程序代码:

```
>>>def greet(name, greeting="Hello"):
    return f"{greeting},{name}!"

>>>message = greet("Alice")
>>>print(message)
```

运行结果:

Hello,Alice!

结果分析:

在这个示例中,greeting 参数具有默认值"Hello",因此在调用 greet()函数时,只传递了一个参数 name,而没有明确提供 greeting 参数的值。函数使用了默认值来填充这个参数。另外,还可以覆盖默认参数的值,只需在函数调用时提供一个不同的值即可。

【例 6-12】 默认参数示例 2。

```
>>>def greet(name, greeting="Hello"):
    return f"{greeting},{name}!"

>>>message = greet("Bob", "Hi")
>>>print(message)
```

运行结果:

Hi,Bob!

结果分析：
在这个示例中，提供了一个自定义的 greeting 值"Hi"，它覆盖了默认值"Hello"。
默认参数的优势如下。

1）可选性：默认参数使函数具有一定程度的可选性，允许在不提供特定参数时使用函数的默认值。

2）可读性：默认参数允许为参数提供有意义的默认值，提高了代码的可读性，因为函数调用可以更简洁。

3）灵活性：可以在需要时覆盖默认参数的值，以适应不同的情况。

注意：
默认参数应该在参数列表的右侧，这意味着位置参数和关键字参数必须在默认参数之前。

【例6-13】 无效默认参数示例。
程序代码：

```
>>>def greet(greeting="Hello", name):
    return f"{greeting},{name}!"
```

运行结果：

```
SyntaxError: non-default argument follows default argument
```

结果分析：
报错的原因是默认参数在非默认参数之前，这是无效的函数定义。

（4）可变参数

在定义函数时，有时候不确定调用的时候会传递多少个参数，在 Python 中，允许使用以下两种方式解决这一问题：

● 在形参前增加"*"，用来接收任意多个实参并将其打包放在一个元组中。
● 在形参前增加"**"，用来接收多个关键字参数并将其打包放在一个字典中。

这两种方式统称为可变参数，也称为不定长参数。虽然函数中添加"*"或"**"的形参可以是符合命名规范的任意名称，但这里建议使用*args 和**kwargs。

1）*args（星号参数）：*args 用于接收以元组形式打包的多个值。

【例6-14】 *args 参数示例。
程序代码：

```
>>>def sum_numbers(*args):
    total = 0
    for num in args:
        total += num
    return total

>>>result = sum_numbers(1,2,3,4,5)
>>>print(result)
```

运行结果：

15

在这个示例中，sum_numbers 函数可以接收不定数量的参数，并将它们相加。

2）**kwargs（双星号参数）：**kwargs 用于接收以字典形式打包的多个值。

【例6-15】 **kwargs 参数示例。

程序代码：

```
>>>def display_info(**kwargs):
    for key,value in kwargs.items():
        print(f"{key}: {value}")

>>>display_info(name="Alice", age=30, city="New York")
```

运行结果：

```
name: Alice
age: 30
city: New York
```

结果分析：

在这个示例中，display_info 函数可以接收不定数量的关键字参数，并将它们打印出来。

注意：

1）*args 和**kwargs 只是约定俗成的名称，也可以使用其他任何名称，但通常这两个名称用于表示可变参数。*args 表示不定数量的位置参数，**kwargs 表示不定数量的关键字参数。

2）若函数没有接收到任何数据，参数*args 和**kwargs 为空，即它们为空元组或空字典。

上面讲述的打包过程是参数"*"或"**"在定义函数时使用，实际上，"*"或"**"也可以在函数调用的时候使用，这就是参数的解包。实参是元组时，可以使用"*"拆分成多个值，按位置参数传给形参；实参是字典时，可以使用"**"拆分成多个键值对，按关键字参数传给形参。

【例6-16】 解包参数使用示例1。

程序代码：

```
>>>def func(a,b,c):
    print(a,b,c)
>>>args=(1,2,3)
>>>func(*args)
```

运行结果：

```
1 2 3
```

结果分析：

在这个示例中，所谓的解包就是在传递元组类型数据时，让元组的每一个元素对应一个位置参数。调用 func 函数时，在实参前使用"*"，把实参 args 按照定义时形参的个数进行拆分，分别传递给 a、b、c。

相应地，也存在字典的解包。

【例 6-17】 解包参数使用示例 2。
程序代码：

```
>>>def func(a,b,c):
    print(a,b,c)
>>>dict={'a':1,'b':2,'c':3}
>>>func(**dict)
```

运行结果：

```
1 2 3
```

结果分析：

由示例可知，在实参 dict 前加"**"，就是让字典的每个键值对作为一个关键字传给 func()函数的形参。

使用可变参数使得函数更加灵活，可以适应各种不同参数数量的情况。在编写通用的函数或库时，可变参数非常有用，因为不必事先知道函数会被传递多少参数。

（5）混合参数

前面介绍的参数传递方式在定义函数或调用函数时可以混合使用，但是需要遵循一定的规则，具体规则如下。

1）优先按位置参数传递的方式。
2）然后按关键字参数传递的方式。
3）之后按默认参数传递的方式。
4）最后按打包传递的方式。

在定义函数时：

1）带有默认值的参数必须位于普通参数之后。
2）带有"*"标识的参数必须位于带有默认值的参数之后。
3）带有"**"标识的参数必须位于带有"*"标识的参数之后。

【例 6-18】 混合参数使用示例。
程序代码：

```
>>>def test(a, b, c=11, *args, **kwargs):
    print(a, b, c, args, kwargs)

>>>test(1, 2)
>>>test(1, 2, 3)
>>>test(1, 2, 3, 4)
>>>test(1, 2, 3, 4, 5,e=5)
```

运行结果：

```
1 2 11 () {}
1 2 3 () {}
1 2 3 (4,) {}
1 2 3 (4, 5) {'e': 5}
```

6.5 变量的作用域

在 Python 语言中，一个变量除了数据类型和取值外，还有一个重要的属性就是作用域。所谓的作用域，就是变量的有效范围，也就是变量在哪个范围内有效。有些变量可以在整个程序的任意位置使用，有些变量只能在函数内部使用。在 Python 中，变量的作用域一共分为四类，分别为

L(local)：局部作用域，例如，局部变量和形参生效的区域。

E(enclosing)：嵌套作用域，例如，嵌套定义的函数中，外层函数声明的变量生效的区域。

G(global)：全局作用域，例如，全局变量生效的区域。

B(build_in)：内置作用域，例如，内置模块声明的变量生效的区域。

这四类作用域的范围依次从小到大，Python 在访问一个变量时，会按照"L→E→G→B"的顺序依次在这四种区域中搜索变量：若搜索到变量则终止搜索，使用搜索到的变量；若搜索完 L、E、G、B 这四种区域仍无法找到变量，程序将抛出异常。

变量的作用域由变量的定义位置决定，在不同位置定义的变量，其作用域是不一样的。不同作用域内同名变量之间互不影响。变量按其作用域的不同，可划分为局部变量和全局变量。一般而言，局部变量的引用比全局变量速度快，并且全局变量还会增加不同函数之间的隐式耦合，使得代码的测试和维护的难度增大，所以在程序设计中应优先考虑使用局部变量。

6.5.1 局部变量

局部变量是在函数内部定义的变量，也只能在函数内部被使用。函数执行结束之后局部变量会被释放，此时无法再进行访问。

【例 6-19】 局部变量示例 1。

程序代码：

```
>>>def demo():
    number = 100                    # 定义局部变量
    print(number)                   # 函数内部访问局部变量
>>>demo()
>>>print(number)                    # 函数外部访问局部变量
```

运行结果：

```
100
NameError                           Traceback (most recent call last)
<ipython-input-21-9f33219d1aaa> in <module>
    3     print(number)             # 函数内部访问局部变量
    4 demo()
----> 5 print(number)               # 函数外部访问局部变量

NameError: name 'number' is not defined
```

结果分析:

调用 demo()函数,正常执行函数体中的输出语句,所以首先输出局部变量 number 的值 100,在执行 print(number)语句时,程序报错,因为在函数外部访问了局部变量 number。

【例 6-20】 局部变量示例 2。

程序代码:

```
>>>def calculate_square_area(side_length):
    area = side_length ** 2
    print(f"Inside calculate_square_area, area = {area}")

>>>def calculate_rectangle_area(length, width):
    area = length * width
    print(f"Inside calculate_rectangle_area, area = {area}")

# 示例调用
>>>calculate_square_area(5)
>>>calculate_rectangle_area(4, 6)
```

运行结果:

```
Inside calculate_square_area, area = 25
Inside calculate_rectangle_area, area = 24
```

结果分析:

从上述运行结果可知,虽然两个函数内部都定义了同名的变量 area,但实际上这是两个互不影响的局部变量,代表不同的对象。这些局部变量的关系类似于不同目录下同名文件的关系,它们相互独立,互不影响。一旦函数调用执行结束,变量 area 就会从内存中删除而不复存在。同时,函数的形参也是局部变量。

6.5.2 全局变量

全局变量是定义在函数外部的变量,它的作用域范围从定义位置一直到整个程序文件结束,它不会受到函数范围的影响。

【例 6-21】 全局变量示例 1。

程序代码:

```
>>>number = 100                          # 定义全局变量
>>>def demo_one():
    print(number)                        # 函数内部访问全局变量
>>>demo_one()
>>>print(number)                         # 函数外部访问全局变量
```

运行结果:

```
100
100
```

结果分析：

number 是全局变量，在函数内部允许访问，在函数外部也可以访问。

注意：

全局变量在函数内部只能被访问，而无法直接修改。

【例 6-22】 全局变量示例 2。

程序代码：

```
# 定义全局变量
number = 10
def demo_one():
    print(number)
    number += 1
demo_one()
print(number)
```

运行结果：

```
UnboundLocalError: local variable 'number' referenced before assignment
```

结果分析：

运行结果报错的原因为函数内部的变量 number 被视为局部变量，而在执行"number+=1"这行代码之前并未声明过局部变量 number，所以程序的运行结果报错。也说明在函数内部只能访问全局变量，而无法直接修改全局变量。

全局变量具有以下关键特性。

1）作用域：全局变量的作用域跨越整个程序，可以在程序中的任何地方访问。

2）生命周期：全局变量在程序运行期间一直存在，直到程序结束。

3）全局可见性：全局变量对于整个程序都是可见的，包括函数内部。这意味着用户可以在函数内部访问和间接修改全局变量。

4）潜在的名称冲突：当在函数内部定义与全局变量同名的局部变量时，局部变量将遮蔽（覆盖）全局变量，函数内部将使用局部变量而不是全局变量。这可能导致名称冲突，因此应谨慎使用相同的变量名。

全局变量通常用于存储程序中多个函数之间需要共享的数据。然而，要小心地在函数内部修改全局变量，以避免不必要的副作用和难以维护的代码。

6.5.3 global 和 nonlocal 关键字

在函数内部，一般无法直接修改全局变量或在嵌套函数的外层函数中声明的变量，但可以使用 global 或 nonlocal 关键字修饰变量以间接修改以上变量。

（1）global 关键字

在 Python 中，使用 global 关键字可以将局部变量声明为全局变量。这意味着在函数内部，该变量将被视为全局变量，而不是创建一个新的局部变量。

【例 6-23】 global 关键字示例。

```
# 定义全局变量，用于存放学生成绩总和
>>>total_scores = 0
>>>total_students = 0
```

```
>>>def add_student_score(score):
    # 在函数内部修改全局变量
    global total_scores, total_students
    total_scores += score
    total_students += 1

>>>def calculate_average_score():
    # 在另一个函数内部计算平均值
    global total_scores, total_students
    if total_students == 0:
        return 0    # 避免除零错误
    average_score = total_scores / total_students
    return average_score

# 示例调用
>>>add_student_score(85)
>>>add_student_score(90)
>>>add_student_score(78)

>>>average = calculate_average_score()
>>>print(f"Total Scores: {total_scores}")
>>>print(f"Total Students: {total_students}")
>>>print(f"Average Score: {average}")
```

运行结果：

```
Total Scores: 253
Total Students: 3
Average Score: 84.33333333333333
```

结果分析：

在本例中，变量 total_scores 和 total_students 已经在函数外定义为全局变量，在函数内用 global 语句声明这个变量且赋值后，赋值结果就可以反映到函数之外。

（2）nonlocal 关键字

Python 可以在函数体中定义嵌套函数，即一个函数内部包含另一个函数。如果要在嵌套函数的内层函数中为定义在外层函数体中的局部变量赋值，可以使用 nonlocal 语句，表明该变量不是所在内层函数中的局部变量，而是上一级函数体中定义的局部变量。

【例 6-24】 nonlocal 关键字示例。

程序代码：

```
>>>def outer_function():
    outer_variable = 10    # 外层函数的局部变量

    def inner_function():
        nonlocal outer_variable    # 使用 nonlocal 关键字声明外层函数的局部变量
        outer_variable += 5
```

```
            print(f"Inside inner_function, modified outer_variable: {outer_variable}")

        inner_function()
        print(f"Outside inner_function, outer_variable: {outer_variable}")

    # 示例调用
    >>>outer_function()
```

运行结果：

```
Inside inner_function, modified outer_variable: 15
Outside inner_function, outer_variable: 15
```

结果分析：

在这个例子中，outer_function 包含了一个局部变量 outer_variable。在 inner_function 内部，使用 nonlocal outer_variable 声明了外层函数的局部变量，使得 inner_function 能够访问并修改它。当调用 outer_function 时，inner_function 被调用，它修改了 outer_variable 的值，这种修改在函数外部也是可见的。

注意：

nonlocal 关键字只在嵌套函数内有意义，用于声明外层函数的局部变量。在单个函数中，使用 global 关键字声明全局变量，而使用 nonlocal 关键字声明外层函数的局部变量。

6.6 特殊形式的函数

Python 支持几种特殊函数，其中包括递归函数、高阶函数、lambda 函数和装饰器。

6.6.1 递归函数

函数在定义时可以直接或间接地调用其他函数。若函数内部调用了自身，则这个函数被称为递归函数。

递归函数在定义时需要满足两个基本条件，一个是递归公式，另一个是边界条件。其中：

1）递归公式是求解原问题或相似的子问题的结构。
2）边界条件是最小化的子问题，也是递归终止的条件。

递归函数的执行可以分为以下两个阶段。

1）递推：递归本次的执行都是基于上一次的运算结果。
2）回溯：遇到终止条件时，则沿着递推往回一级一级地把值返回来。

递归函数的一般定义格式如下。

```
    def 函数名([参数列表]):
        if 边界条件：
            return 结果
        else:
            return 递归公式
```

【例 6-25】 利用递归求解 n 的阶乘示例。

问题分析：

n! = 1 * 2 * 3 * … * n，可以分为以下两种情况。

1）当 n=1 时，所得的结果为 1。此为边界条件。

2）当 n>1 时，所得的结果为 n*(n-1)!。此为递归公式。

程序代码：

```
def factorial(n):
    if n == 0 or n == 1:          # 基本情况
        return 1
    else:                         # 递归调用
        return n * factorial(n - 1)

# 测试阶乘函数
result = factorial(5)
print("5 的阶乘是:", result)
```

运行结果：

```
5 的阶乘是: 120
```

结果分析：

在这个例子中，factorial 函数用来计算一个整数 n 的阶乘。基本情况是 n 为 0 或 1 时，阶乘为 1。在其他情况下，函数通过调用自身并乘以 n 来计算阶乘。递归函数必须有一个能够让递归停止的条件，否则将陷入无限循环。求 5 的阶乘的函数 factorial 的递推和回溯过程，如图 6-5 所示。

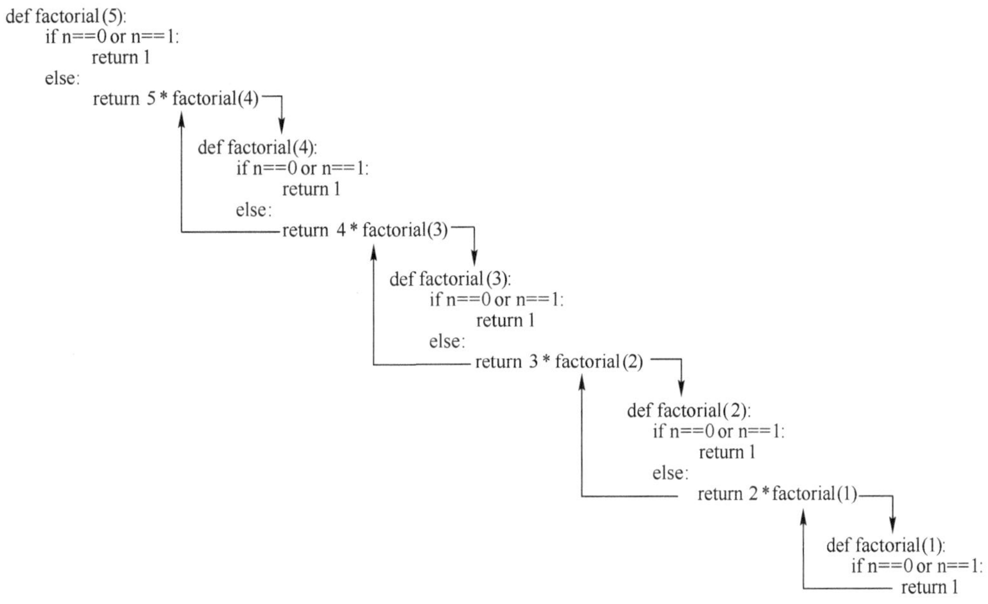

```
def factorial(5):
    if n==0 or n==1:
        return 1
    else:
        return 5 * factorial(4)─┐
            ↑   ┌───────────────┘
            │   ↓
            │   def factorial(4):
            │       if n==0 or n==1:
            │           return 1
            │       else:
            └────── return 4 * factorial(3)─┐
                        ↑   ┌───────────────┘
                        │   ↓
                        │   def factorial(3):
                        │       if n==0 or n==1:
                        │           return 1
                        │       else:
                        └────── return 3 * factorial(2)─┐
                                    ↑   ┌───────────────┘
                                    │   ↓
                                    │   def factorial(2):
                                    │       if n==0 or n==1:
                                    │           return 1
                                    │       else:
                                    └────── return 2 * factorial(1)─┐
                                                ↑   ┌───────────────┘
                                                │   ↓
                                                │   def factorial(1):
                                                │       if n==0 or n==1:
                                                └────── return 1
```

图 6-5 求 5 的阶乘的函数的递推和回溯过程图

斐波那契数列是一个数学上的序列，其特点是，从第三个数字开始，每个数字是前两个数字的和。这个序列以意大利数学家列昂纳多·斐波那契（Leonardo Fibonacci）的名字命名，他在 13 世纪初首次引入这个序列。

$$F(n) = \begin{cases} 0, & n = 0 \\ 1, & n = 1 \\ F(n-1) + F(n-2), & n > 1 \end{cases}$$

这个定义表明，斐波那契数列的第一个数字是 0，第二个数字是 1，从第三个数字开始，每个数字都是前两个数字之和。这样，通过递归的方式，可以计算出任意位置上的斐波那契数。

【例 6-26】 利用递归求解斐波那契数列示例。

程序代码：

```
>>>def fibonacci(n):
    if n <= 1:
        return n
    else:
        return fibonacci(n - 1) + fibonacci(n - 2)
>>>for i in range(13):
    print(fibonacci(i),end=' ')
```

运行结果：

| 0 | 1 | 1 | 2 | 3 | 5 | 8 | 13 | 21 | 34 | 55 | 89 | 144 |

结果分析：

上面例子输出的结果为前 13 个斐波那契数构成的数列。

递归是很多高级编程语言中不可缺少的工具，但是其优点和缺点并存。对于编程新手来说，使用递归函数需谨慎，只有多加练习才能避免犯错。递归的优缺点如下：

（1）递归的优点

1）递归代码通常比迭代更简洁、清晰。递归能够自然地表达问题的逻辑结构，使代码更易读、易理解。

2）递归使问题分解成更小、更易处理的子问题。这有助于将复杂问题分解为简单的部分，每个部分独立解决，从而提高代码的模块化和可维护性。

3）某些问题的本质结构自然地适合递归解决。例如，树形结构的问题、图遍历等常常通过递归来处理。

4）在某些数学问题中，递归提供了一种自然的数学建模方式，能够直观地反映问题的数学结构。

5）递归可以使算法的实现更接近问题的数学或自然描述，从而提高了代码的可读性。

（2）递归的缺点

1）递归的逻辑很难调试和跟进。

2）递归调用的代价高昂，程序执行效率低。

6.6.2 高阶函数

在 Python 中，高阶函数是指能够接收函数作为参数或者返回一个函数的函数。以下是一些常见的 Python 高阶函数。

（1）map 函数

map 函数接收一个函数和一个可迭代对象作为参数，然后将该函数应用到可迭代对象的每个元素上，返回一个新的可迭代对象。

【例 6-27】 map 函数示例。

程序代码：

```
# 定义一个函数，用于计算平方
>>>def square(x):
    return x ** 2

# 原始的整数列表
>>>numbers = [1, 2, 3, 4, 5]

# 使用 map 函数将 square 函数应用到 numbers 中的每个元素
>>>squared_numbers = list(map(square, numbers))

# 输出结果
>>>print(squared_numbers)
```

运行结果：

```
[1, 4, 9, 16, 25]
```

结果分析：

在这个例子中，map 函数接收 square 函数和整数列表 numbers 作为参数，然后将 square 函数应用到 numbers 中的每个元素。最终，生成一个新的列表 squared_numbers，其中包含了每个元素的平方值。在实际应用中，这种方式可以更灵活地对列表中的元素进行转换。

（2）filter 函数

filter 函数用于过滤可迭代对象中的元素，接收一个函数和一个可迭代对象作为参数，返回一个仅包含满足条件的元素的新的可迭代对象。

【例 6-28】 filter 函数示例。

程序代码：

```
# 定义一个函数，用于判断是否为偶数
>>>def is_even(number):
    return number % 2 == 0

# 原始的整数列表
>>>numbers = [1, 2, 3, 4, 5, 6, 7, 8, 9, 10]

# 使用 filter 函数将 is_even 函数应用到 numbers 中的每个元素
>>>even_numbers = list(filter(is_even, numbers))
```

```
# 输出结果
>>>print(even_numbers)
```

运行结果:

```
[2, 4, 6, 8, 10]
```

结果分析:

在这个例子中,filter 函数接收 is_even 函数和整数列表 numbers 作为参数,然后将 is_even 函数应用到 numbers 中的每个元素。最终,生成一个新的列表 even_numbers,其中包含了满足条件(偶数)的元素。这种方式可以让过滤条件更具可读性,并且使得代码更易于理解。

(3) sorted 函数

sorted 函数用于对可迭代对象进行排序,它可以接收多种参数,允许指定排序的规则和顺序,语法格式如下:

```
sorted(iterable, key=None, reverse=False)
```

其中,iterable 是待排序的可迭代对象,例如列表、元组等;key 是可选参数,用于指定一个函数,它将应用于每个元素以生成排序的依据;reverse 是可选参数,如果设置为 True,则降序排序,默认为升序排序。

【例 6-29】 sorted 函数示例。

程序代码:

```
# 按照字符串长度排序列表
>>>words = ["apple", "banana", "kiwi", "orange"]
>>>sorted_words = sorted(words, key=len)
>>>print(sorted_words)
```

运行结果:

```
['kiwi', 'apple', 'banana', 'orange']
```

结果分析:

在这个例子中,sorted 函数接收字符串列表 words 和 len 函数作为参数,然后将函数 len 应用到 words 中的每个元素,按其长度进行排序,最终,生成一个按字符串长度升序排序的列表 sorted_words。

6.6.3 lambda 函数

lambda 表达式,也称 lambda 函数,它是 Python 中一种用于创建匿名函数的方式,通常用于编写简单的、短小的函数,而不必显式定义函数名。lambda 表达式的语法格式如下。

```
lambda <形式参数列表> :<表达式>
```

其中:<形式参数列表>是一个或多个形式参数,用逗号分隔,类似于函数定义中的参数列表。<表达式>是只包含一个表达式的简单语句,这个表达式的计算结果将成为这个 lambda 函数的返回值。

lambda 函数与普通函数的主要区别如下：
- 普通函数在定义时有名称，而 lambda 函数没有名称。
- 普通函数的函数体中包含多条语句，而 lambda 函数的函数体只能是一个表达式。
- 普通函数可以实现比较复杂的功能，而 lambda 函数可以实现的功能比较简单。
- 普通函数能被其他程序使用，而 lambda 函数不能被其他程序使用。

定义好的 lambda 函数不能直接使用，最好使用一个变量保存它，以便后期可以随时使用这个函数。

【例 6-30】 lambda 函数示例。

程序代码：

```
>>>add = lambda x, y: x + y
>>>result = add(3, 5)
>>>print(result)
```

运行结果：

```
8
```

结果分析：

在这个例子中，"lambda x, y: x + y" 定义了一个匿名函数，该函数接收两个参数 x 和 y，并返回它们的和。这个匿名函数被赋值给变量 add，然后可以像普通函数一样调用。

lambda 表达式通常与高阶函数结合使用，以提高灵活性和简洁性。

【例 6-31】 lambda 函数与 map 函数结合示例。

程序代码：

```
# 使用 lambda 和 map 将列表中的每个元素都平方
>>>numbers = [1, 2, 3, 4, 5]
>>>squared_numbers = list(map(lambda x: x**2, numbers))
>>>print(squared_numbers)
```

运行结果：

```
[1, 4, 9, 16, 25]
```

结果分析：

在这个例子中，"lambda x: x**2" 定义了一个匿名函数，用于计算平方。然后，map 函数将这个匿名函数应用到列表 numbers 中的每个元素上，生成一个新的列表 squared_numbers。

【例 6-32】 lambda 函数与 filter 函数结合示例。

程序代码：

```
# 使用 lambda 和 filter 从列表中筛选出偶数
>>>numbers = [1, 2, 3, 4, 5, 6, 7, 8, 9, 10]
>>>even_numbers = list(filter(lambda x: x % 2 == 0, numbers))
>>>print(even_numbers)
```

运行结果：

```
[2, 4, 6, 8, 10]
```

结果分析:

在这个例子中,"lambda x: x % 2 == 0"定义了一个匿名函数,用于判断元素是否为偶数。然后,filter 函数将这个匿名函数应用到列表 numbers 中的每个元素上,筛选出满足条件的偶数。

6.6.4 装饰器

装饰器是 Python 中一种强大而实用的编程方法,它可以用于修改、扩展和包装函数或方法的行为。装饰器本质上是函数,用于包装其他函数或方法,通常用于添加额外的功能或修改函数的行为,而不需要修改原始函数的定义。装饰器在 Python 中广泛应用于日志记录、权限检查、性能测量等方面。

以下是创建和使用装饰器的基本步骤。

1)定义装饰器函数:装饰器本身是一个函数,通常具有一个内部函数,它将接收被装饰的函数作为参数。

2)应用装饰器:使用装饰器时,可以通过在函数定义前使用@decorator_name 语法将装饰器应用到函数上。

3)运行被装饰的函数:调用被装饰的函数时,实际上运行了装饰器内的 wrapper 函数。

【例 6-33】 装饰器应用示例。

程序代码:

```
>>>def my_decorator(func):
    def wrapper():
        print("Something is happening before the function is called.")
        func()
        print("Something is happening after the function is called.")
    return wrapper

>>>@my_decorator
def say_hello():
    print("Hello!")

>>>say_hello()
```

运行结果:

```
Something is happening before the function is called.
Hello!
Something is happening after the function is called.
```

结果分析:

在这个例子中,my_decorator 是一个装饰器函数,它接收一个函数 func 作为参数,然后返回一个新的函数 wrapper。wrapper 函数在调用 func 之前和之后会执行一些额外的操作。使用@my_decorator 语法,可以将 my_decorator 应用到 say_hello 函数上,使得 say_hello 函数在被调用前后会执行额外的操作。

【例 6-34】 传递参数的装饰器应用示例。

程序代码：

```
>>>def decorator_with_args(arg):
    def decorator(func):
        def wrapper(*args, **kwargs):
            print(f"Decorator argument: {arg}")
            func(*args, **kwargs)
        return wrapper
    return decorator

>>>@decorator_with_args("Hello World!")
   def say_hello(name):
       print(f"Hello, {name}!")

>>>say_hello("John")
```

运行结果：

```
Decorator argument: Hello World!
Hello, John!
```

结果分析：

这个例子中，decorator_with_args 是一个接收参数的装饰器生成器，它返回一个真正的装饰器函数。这个装饰器函数在包装函数时打印传递的参数。

Python 内置的装饰器包括@staticmethod、@classmethod 以及@property 等，用于修饰类的方法。也可以创建自定义的装饰器，根据需要组合多个装饰器以添加多种功能。装饰器是 Python 中强大而灵活的编程工具，用于增强代码的可维护性和可扩展性。

6.7 模块与包

在计算机程序的开发过程中，随着问题规模的越来越大，一个文件里的代码就会越来越长，不容易调试修改函数。为了提高代码的可维护性、可读性和可重用性，可以把函数分组，分别放到不同的文件里，这样每个文件包含的代码就会相对较少。

6.7.1 模块

在 Python 中，模块是一种组织代码的方式，用于将相关的功能分组在一起。模块可以包含变量、函数和类等，使得代码更加可维护、可复用。以下是关于 Python 中模块的一些重要概念和用法：

（1）创建模块

可以通过创建一个包含 Python 代码的文件来定义一个模块。这个文件的扩展名通常是".py"。

（2）导入模块

要使用模块内的函数或类等内容，必须先导入模块，导入方法如下：

1）import　模块名 1[,模块名 2,…,模块名 n]

这样的方式会将整个模块导入，使用时需要通过模块名来访问其中的内容。[]代表可选项，可以导入一个模块或多个模块，中间用逗号分隔。例如"import math"代表导入数学模块。

2）import 模块名 as 别名

这样可以将导入的模块取一个别名，方便在代码中使用更短的名称。例如"import math as m"代表导入数学模块且命名为 m。

3）from 模块名 import item1, item2,…

这种方式只导入指定的内容，而不是整个模块。可以一次导入多个项，用逗号分隔。例如"from math import sqrt, cos"代表从 math 模块中导入 sqrt 函数和 cos 函数。

4）from 模块名 import *

这种方式导入模块中的所有公共项，例如"from math import *"代表从模块 math 导入所有内容。但不建议在实际开发中过于频繁使用，因为可能会导致命名冲突。

当使用 import 导入模块时，Python 解释器首先会去内置命名空间中寻找，即判定导入的模块是不是内置模块（例如 math 模块就是 Python 内置模块），然后再去 sys.path 列表定义的路径中从前往后寻找.py 文件。

下面是一个简单的模块示例，该模块包含两个函数，用于执行基本的数学运算。创建一个名为 math_operations 的模块，并在另一个程序中导入和使用该模块。

【例 6-35】 模块示例。

程序代码：

```
# math_operations.py

>>>def add(a, b):
    """
    返回两个数的和
    """
    return a + b

>>>def subtract(a, b):
    """
    返回两个数的差
    """
    return a - b
```

接着，可以创建一个名为 main_program.py 的文件，在其中导入 math_operations 模块，并使用其中的函数。

程序代码：

```
# main_program.py

>>>import math_operations

>>>result_add = math_operations.add(10, 7)
>>>result_subtract = math_operations.subtract(15, 4)
```

```
>>>print(f"Addition result in main program: {result_add}")
>>>print(f"Subtraction result in main program: {result_subtract}")
```

结果分析：

在这个例子中，main_program.py 导入了 math_operations 模块，并使用了其中的 add 和 subtract 函数。当运行 main_program.py 时，它会执行所导入的模块中的相关功能，并输出结果。

确保这两个文件要在同一目录下，并运行 main_program.py，将看到输出结果，这展示了如何通过模块的方式组织和复用代码。

6.7.2 包

如果不同的用户编写的模块名相同该怎么办？为了避免模块名冲突，Python 引入了按目录来组织模块的方法，称为包。

举个例子，一个 demo1.py 的文件就是一个名字叫 demo1 的模块，一个 demo2.py 的文件就是一个名字叫 demo2 的模块。假设 demo1 和 demo2 这两个模块名与其他模块冲突了，可以通过包来组织模块，避免冲突。方法是选择一个顶层包名，比如 Myproject1，按照图 6-6 所示的目录存放。

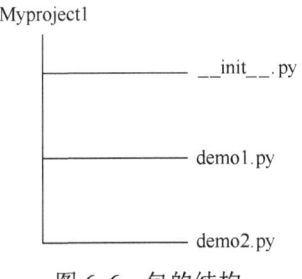

图 6-6　包的结构

在图 6-6 中，Myproject1 目录就是一个包，在 Python 3.3 版本之前，初始化一个包必须包含 __init__.py 文件，之后的版本中该文件不是必备文件，但一般都会包含该文件，不过需要配置。配置时，需要在 __init__.py 文件中写入一些指令，如果不需要的话，空文件也可以。在引用包中的模块时，使用"."操作符即可，但要注意是否在当前搜索路径中。

类似地，可以有多级目录，组成多层次的包结构，如图 6-7 所示。

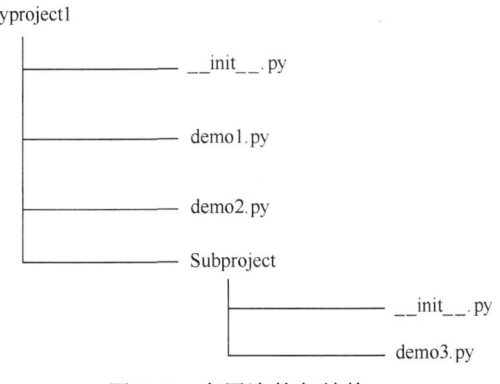

图 6-7　多层次的包结构

在图 6-7 中,第二级包的名称为 Subproject,其中包含一个模块 demo3.py,如果想在 demo1 模块里调用 demo3 模块,处理方式如下。

【例 6-36】 包的应用示例。

程序代码:

```
# demo3.py
def jiecheng(n):
    p=1
    for i in range(1,n+1):
        p=p*i
    return p
# demo1.py
import Subproject.demo3
print(demo3.jiecheng(5))
```

6.8 实践——实现一个购物车系统

下面是一个简单的购物车系统的实现,使用函数来完成购物车的基本操作,如添加商品、显示购物车、计算总价等。

程序代码:

```
>>>def display_menu():
    print("********** 购物车系统 **********")
    print("1. 添加商品到购物车")
    print("2. 显示购物车")
    print("3. 计算总价")
    print("4. 退出")
    print("*******************************")

>>>def add_to_cart(cart, item, price, quantity):
    if item in cart:
        cart[item]['quantity'] += quantity
    else:
        cart[item] = {'price': price, 'quantity': quantity}

>>>def display_cart(cart):
    print("********** 购物车内容 **********")
    for item, details in cart.items():
        print(f"{item}: 价格 {details['price']} 元 x {details['quantity']} 件")
    print("*******************************")

>>>def calculate_total(cart):
    total = sum(details['price'] * details['quantity'] for details in cart.values())
    print(f"购物车总价:{total} 元")

>>>def shopping_cart():
```

```python
        cart = {}

        while True:
            display_menu()
            choice = input("请选择操作 (1-4): ")

            if choice == '1':
                item = input("请输入商品名称: ")
                price = float(input("请输入商品单价: "))
                quantity = int(input("请输入购买数量: "))
                add_to_cart(cart, item, price, quantity)
                print(f"{quantity} 件 {item} 已添加到购物车。")

            elif choice == '2':
                display_cart(cart)

            elif choice == '3':
                calculate_total(cart)

            elif choice == '4':
                print("感谢使用购物车系统，再见！")
                break

            else:
                print("无效的选择，请重新输入。")

>>>if __name__ == "__main__":
    shopping_cart()
```

运行结果：

```
********** 购物车系统 **********
1. 添加商品到购物车
2. 显示购物车
3. 计算总价
4. 退出
*****************************
请选择操作 (1-4): 1
请输入商品名称: 黄瓜
请输入商品单价: 4
请输入购买数量: 3
3 件 黄瓜 已添加到购物车。
********** 购物车系统 **********
1. 添加商品到购物车
2. 显示购物车
3. 计算总价
4. 退出
```

```
****************************
请选择操作 (1-4): 1
请输入商品名称: 地瓜
请输入商品单价: 3
请输入购买数量: 5
5 件 地瓜 已添加到购物车。
********** 购物车系统 **********
1. 添加商品到购物车
2. 显示购物车
3. 计算总价
4. 退出
****************************
请选择操作 (1-4): 2
********** 购物车内容 **********
黄瓜: 价格 4.0 元 x 3 件
地瓜: 价格 3.0 元 x 5 件
****************************
********** 购物车系统 **********
1. 添加商品到购物车
2. 显示购物车
3. 计算总价
4. 退出
****************************
请选择操作 (1-4): 3
购物车总价: 27.0 元
********** 购物车系统 **********
1. 添加商品到购物车
2. 显示购物车
3. 计算总价
4. 退出
****************************
请选择操作 (1-4): 4
感谢使用购物车系统，再见！
```

6.9 本章小结

本章深入讨论了 Python 中关于函数的定义和调用、函数的参数和返回值、参数传递方式、变量的作用域以及特殊形式的函数，包括递归函数、高阶函数、lambda 函数和装饰器。学习了如何通过函数来组织和复用代码，以及如何利用不同的参数传递方式来灵活处理函数的参数。变量的作用域方面，介绍了局部变量和全局变量的概念，以及使用"global"和"nonlocal"关键字的方法。特殊形式的函数展示了 Python 的灵活性，从递归函数的自调用到高阶函数和 lambda 函数的简洁表达，再到装饰器的功能扩展，能够更好地应对不同的编程场景。最后，通过模块与包的介绍，学会了如何将代码组织成可维护和可扩展的结构，从而提高代码的整体质量。本章的内容为建立健壮、可读性强的 Python 代码奠定了重要的基础。

6.10 习题

一、填空题

1. _____是组织好的、实现单一功能或相关联功能的代码段。
2. Python 中定义函数的关键字是_____。
3. 已知函数定义 def func(*p):return sum(p)，那么表达式 func(1,2,3,4)的值为_____。
4. 如果函数中没有 return 语句或者 return 语句不带任何返回值，那么该函数的返回值为_____。
5. Python 使用_____关键字可以将局部变量声明为全局变量。
6. 全局变量是指在函数_____定义的变量。
7. 已知 f=lambda x:x+5,那么表达式 f(3)的值为_____。
8. 匿名函数是一类无须定义_____的函数。
9. 若函数内部调用了自身，则这个函数被称为_____。
10. 为了避免模块名冲突，Python 引入了按目录来组织模块的方法，称为_____。

二、判断题

1. 函数可以提高代码的复用性。（　　）
2. 函数可以减少重复的代码，使程序更加模块化。（　　）
3. 函数在定义完成后会立刻执行。（　　）
4. 在同一个 Python 文件中，函数的调用语句不能书写在函数的定义之前。（　　）
5. 函数的位置参数没有严格的位置关系。（　　）
6. 关键字参数是通过"形参=实参"的格式进行参数传递。（　　）
7. 如果在函数定义时不确定接收参数的个数，可以使用*或者**。（　　）
8. 在函数定义时，使用*表示将接收的参数以列表的形式进行传递。（　　）
9. 在函数定义时，使用**表示将接收的参数以列表的形式进行传递。（　　）
10. 在函数定义时，使用**表示将接收的参数以字典的形式进行传递。（　　）
11. Python 中的函数可以没有返回值。（　　）
12. Python 中的函数至少要有一个返回值。（　　）
13. Python 中的函数可以有多个返回值。（　　）
14. 任何函数内部都可以直接访问和修改全局变量。（　　）
15. 变量在程序的任意位置都可以被访问。（　　）
16. 局部变量是指在函数内部定义的变量。（　　）
17. 全局变量在函数内部只能被访问，而无法直接修改。（　　）
18. 使用 global 关键字修饰后可以在函数中修改全局变量。（　　）
19. 使用 nonlocal 关键字可以在内层函数中修改外层函数定义的变量。（　　）
20. 不同的函数中不可以使用相同名字的变量。（　　）
21. 递归函数通常用于解决结构相似的问题。（　　）
22. 递归函数必须设置边界条件，也是递归终止的条件。（　　）
23. Python 中使用 lambda 关键字定义匿名函数。（　　）
24. 匿名函数的函数体只能是一个表达式。（　　）

25．匿名函数的函数体可以由多条语句组成。（　　）

三、单选题

1．下列选项中不属于函数优点的是（　　）。
  A．易于维护　　　B．可重复使用　　　C．可扩展　　　D．编码简单
2．运行命令：type(3)，得到的结果是（　　）。
  A．int　　　　　B．float　　　　　C．bool　　　　D．str
3．运行命令：type(3.1415)，得到的结果是（　　）。
  A．int　　　　　B．float　　　　　C．bool　　　　D．str
4．以下哪个函数可以帮助用户了解对象的更多信息？（　　）
  A．abs　　　　　B．round　　　　　C．help　　　　D．id
5．如果希望对 3.1415 保留两位小数，应使用以下哪一条命令？（　　）
  A．round(3.1415)　　　　　　　　B．round(3.1415,1)
  C．round(3.1415,2)　　　　　　　D．round(3.1415,3)
6．关于函数的说法正确的是（　　）。
  A．函数定义时必须有形参
  B．函数中定义的变量只在该函数体中起作用
  C．函数定义时必须带 return 语句
  D．实参与形参的个数可以不同，类型可以任意
7．以下关于函数说法正确的是（　　）。
  A．函数的实际参数和形式参数必须同名
  B．函数的形式参数可以是变量也可以是常量
  C．函数的实际参数不可以是表达式
  D．函数的实际参数可以是其他函数的调用
8．下列选项中，定义函数名正确的是（　　）。
  A．print　　　B．01_test　　　C．$__add$　　　D．register
9．下列选项中关于函数说法错误的是（　　）。
  A．函数名是函数的唯一标识　　　B．函数中的文档字符串可有可无
  C．一个函数理论上可以有无数个参数　　　D．函数可以提高代码执行速度
10．下列选项中关于实参的描述错误的是（　　）。
  A．实参可以是常量、变量、表达式、函数
  B．实参是真实的数据
  C．当确定形参数量后，实参的数量必须与形参的数量相等
  D．实参的数据类型只能为字符串、整型、浮点型
11．下列选项中关于关键字参数描述错误的是（　　）。
  A．关键字参数必须位于位置参数之后
  B．关键字参数传递格式为：形参变量名 = 实参
  C．关键字参数必须位于位置参数之前
  D．关键字参数对位置没有限制
12．请看下面的一段程序：

```
def info(age=18,name):
    print("%s 的年龄为%d"%(name,age))
info(28,'小明')
```

运行程序，最终输出的结果为（   ）。

  A．小明的年龄为 28　　　　　　B．小明的年龄为 18
  C．28 的年龄为小明　　　　　　D．程序出现错误

13．请看下面的一段程序：

```
def info(age,name="小明"):
    print("%s 的年龄为%d"%(name,age))
info(28,'小红')
```

运行程序，最终输出的结果为（   ）。

  A．28 的年龄为小明　　　　　　B．28 的年龄为小红
  C．小红的年龄为 28　　　　　　D．小明的年龄为 28

14．请看下面的一段程序：

```
def test(a,b,*args):
    print(args)
test(11,22,33,44,55)
```

运行程序，最终输出的结果为（   ）。

  A．(11, 22, 33)　　B．(33, 44, 55)　　C．(11, 22, 33, 44, 55)　　D．(44, 55)

15．请看下面的一段程序：

```
def test(a,b,*args, **kwargs):
    print(args)
    print(kwargs)
test(11,22,33,44,m=55)
```

运行程序，最终输出的结果为（   ）。

  A．(11, 22) {'m': 33}　　　　　　B．(11, 22) {'m': 55}
  C．(33, 44) {'m': 55}　　　　　　D．(33, 44) {'m': 11}

16．下列说法中，关于混合传递错误的是（   ）。

  A．优先按位置参数传递的方式
  B．带有默认值参数可以位于位置参数之前
  C．打包参数最后传入
  D．带有"**"标识的参数必须位于带有"*"标识的参数之后

17．下列程序的运行结果是（   ）。

```
def f(x=2,y=0):
    return x-y
y = f(y=f(),x=5)
print(y)
```

  A．-3　　　　　　B．3　　　　　　C．2　　　　　　D．5

18. 有以下一个程序，结果是（　　）。

```
def foo():
    return 1,2,3
a =foo()
x,y,z = foo()
print('a=',a)
print('x=',x)
print('y=',y)
print('z=',z)
```

A． a= 1
　　x= 2
　　y= 3
　　z= 3
B． a= (1, 2, 3)
　　x= 1,2,3
　　y= 1,2,3
　　z= 3
C． a= (1, 2, 3)
　　x= 1
　　y= 2
　　z= 3
D． a= (1, 2, 3)
　　x= (1, 2, 3)
　　y= (1, 2, 3)
　　z= (1, 2, 3)

19. 以下程序的结果是（　　）。

```
def   bar(x,*args,**kwargs):
    print(x)
    print(args)
    print(kwargs)
bar(1,2,3,4,a='python',b='java')
```

A． (1,2,3,4)
　　(1,2, 3, 4)
　　{'a': 'python', 'b': 'java'}
B． 1
　　(2, 3, 4)
　　['python','java']
C． 1
　　(2, 3, 4)
　　{'python', 'java'}
D． 1
　　(2, 3, 4)
　　{'a': 'python', 'b': 'java'}

20. 以下程序的结果是（　　）。

```
def my_fun():
   print('before')
   return
   print('after')
my_fun()
```

A． before
　　after
B． before
C． after
D． after
　　before

21. 以下程序的结果是（   ）。

```
def fibs(n):
    result = [0,1]
    for i in range(n-2):
        result.append(result[-2] +result[-1] )
    return result
fibs(5)
```

  A．(0, 1, 1, 2, 3)　　　　　　　　B．{0, 1, 1, 2, 3}
  C．[0, 1, 2, 3, 4]　　　　　　　　D．[0, 1, 1, 2, 3]

22. 以下程序的结果是（   ）。

```
def converts(s):
    lst = [i.upper() if i == i.lower() else i.lower()   for i in s]
    return ''.join(lst)
converts('Hello')
```

  A．'Hello'　　　B．'hello'　　　C．'HELLO'　　　D．'hELLO'

23. 执行下述函数

```
def print_words():
    print('Hello World!')
    return
    print('Hello Python!')
    return
```

当调用 print_words()后，输出的结果为（   ）。
  A．Hello World!　　　　　　　　B．Hello World! Hello Python!
  C．Hello Python!　　　　　　　　D．没有输出结果

24. 执行下列程序

```
def fact(num):
    if num == 1:
        return 1
    else:
        return num + fact(num - 1)
print(fact(5))
```

输出的结果为（   ）。
  A．21　　　　　B．15　　　　　C．3　　　　　D．1

25. 下列选项中，关于全局变量说法不正确的是（   ）。
  A．全局变量可以在程序中的任何位置访问　　B．全局变量在函数内可以直接被修改
  C．程序结束后，全局变量才会消失　　　　　D．全局变量可以与局部变量同名

26. 执行下述代码

```
count = 5
def print_num():
    count = 2
```

```
    count += 1
    print(count)
```

当调用 print_num()函数时，输出的结果为（   ）。
    A．5　　　　　　B．3　　　　　　C．6　　　　　　D．2

27．执行下列代码

```
count = 3
def num():
    global count
    count = 6
    count += 2
    print(count)
```

输出的结果为（   ）。
    A．2　　　　　　B．4　　　　　　C．8　　　　　　D．6

28．执行下列代码

```
def test():
    number = 10
    def test_in():
        nonlocal number
        number += 20
    test_in()
    print(number)
```

调用此函数，输出的结果为（   ）。
    A．10　　　　　　B．20　　　　　　C．30　　　　　　D．40

29．执行下列代码

```
num_one = 12
def sum(num_two):
    global num_one
    num_one = 90
    return num_one + num_two
print(sum(10))
```

输出的结果为（   ）。
    A．102　　　　　　B．100　　　　　　C．22　　　　　　D．12

30．如果 f1 = lambda x:x+2；f2 = lambda x:x**2，那么 print(f1(f2(3)))的结果为（   ）。
    A．5　　　　　　B．7　　　　　　C．11　　　　　　D．13

31．已知 f= lambda x,y:x+y，则 f([4],[1,2,3])的值是（   ）。
    A．[1,2,3,4]　　　B．10　　　　　　C．[4,1,2,3]　　　D．{1,2,3,4}

32．运行以下命令，输出的结果为（   ）。

```
n= range(0,10,2)
result = map(lambda x : x**2,n)
print(list(result))
```

A．{0, 4, 16, 36, 64}　　　　B．[0, 2, 4, 6, 8]
C．[0, 4, 8, 12, 1]　　　　　D．[0, 4, 16, 36, 64]

33．运行以下命令，输出的结果为（　　）。

```
numbers = range(-5,5)
f = filter(lambda x:x>0,numbers)
print(list(f))
```

A．[1, 2, 3, 4,5]　　　　　　B．[-5,-4,-3,-2,-1,1, 2, 3, 4,5]
C．[1, 2, 3, 4]　　　　　　　D．[-4,-3,-2,-1,1, 2, 3, 4]

四、编程题

1．定义函数 compute，接收一个字符串 s，要求把其中的阿拉伯数字 0、1、2、3、4、5、6、7、8、9 分别变为零、一、二、三、四、五、六、七、八、九，其他非阿拉伯数字保持不变，返回处理后的新字符串，注意要使用单引号和字典。

要求：

1）函数 compute 的参数为 s。

2）要求有函数的定义和函数的调用语句。

3）使用字典，键为阿拉伯数字，值为对应的中文数字。

2．定义函数 compute，接收一个包含若干整数的列表 lst，要求判断列表中是否存在重复的整数。如果列表中所有整数完全一样，则返回整数 0；如果列表中的所有整数互不相同，则返回整数 1；如果列表中有部分整数相同，则返回整数 2。

要求：

1）函数 compute 的参数为 lst。

2）要求有函数的定义和函数的调用语句。

3．定义函数 compute，接收一个任意字符串 s，要求删除英文字母之外的其他所有字符，并返回新的字符串。

要求：

1）函数 compute 的参数为 s。

2）要求有函数的定义和函数的调用语句。

4．定义函数 compute，接收一个任意字符串 s，要求返回其中出现次数最多的字符和其出现的次数所组成的元组。例如，接收字符串"abbccdddeeee"，返回('e', 4)。

要求：

1）函数 compute 的参数为 s。

2）要求有函数的定义和函数的调用语句。

3）使用字符串的 count 方法计算字符出现的次数，str.count(sub)。

5．定义函数 compute，接收一个大于或等于 1 的正整数 n 和一个介于[0,9]区间的正整数 a，要求返回表达式 a+aa+aaa+aaaa+…+n*a 的和。例如，当 n=3 和 a=1 时，计算 1+11+111，返回 123；当 n=4 和 a=2 时，计算 2+22+222+2222，返回 2468。

要求：

1）函数 compute 的参数为 n 和 a。

2）要求有函数的定义和函数的调用语句。

第 7 章 文件和异常处理

程序中使用的数据都是暂时的，当程序终止时它们就会丢失，除非这些数据被特别保存起来。为了能够永久地保存程序中创建的数据，需要将数据以文件的形式存储到外部存储介质（如磁盘、U 盘、光盘等）或云盘中。这些文件可以被传送，可以随后被其他程序读取。在本章中将学习如何从（向）一个文件读（写）数据。如果程序试图从一个并不存在的文件读取数据，程序将意外终止。本章将学习如何通过编写程序来处理这个异常以使程序继续执行。

7.1 文件概述

7.1.1 文件的分类

根据数据的逻辑存储结构，计算机中的文件分为文本文件和二进制文件。

（1）文本文件

文本文件是指由字母、数字、符号和汉字等常规字符组成的顺序文件。其中，字母、数字等字符存储的是 ASCII 码，而汉字存储的是机内码。文本文件是由若干文本行组成，通常每行以换行符"\n"结尾。常规字符是指记事本或其他文本编辑器能正常显示、编辑并且能够直接阅读和理解的字符。例如，扩展名为.txt、.c、.cpp、.py 的文件都属于文本文件。

【例 7-1】 文本文件存储示例。

若当前要存储一个整数数据 312685，则该数据在磁盘上的存放形式如图 7-1 所示。

'3' (51)	'1' (49)	'2' (50)	'6' (54)	'8' (56)	'5' (53)
00110011	00110001	00110010	00110110	00111000	00110101

图 7-1 文本文件存储形式

由图 7-1 所知，文本文件中的每个字符都占用一个字节的存储空间，并且在存储时进行二进制和 ASCII 之间的转换，因此使用这种方式消耗空间并且浪费时间。

（2）二进制文件

二进制文件是指数据或程序以字节串进行存储，无法用记事本或其他普通字符处理软件直接进行编辑，通常也无法被直接阅读和理解，需要使用正确的软件进行解码或反序列化之后才能正确地读取、显示、修改或执行。例如，图形图像文件、音频文件、视频文件、可执行文件等都属于二进制文件。

数据在内存中是以二进制形式存储的，如果不加转换地输出到外存，则输出文件就是一个二进制文件。

【例 7-2】 二进制文件存储示例。

若当前要存储一个整数数据 312685，则该数据首先被转换为二进制整数，转换后的二进制整数为 0b1001100010101101101，此时该数据在磁盘上的存储形式，如图 7-2 所示。

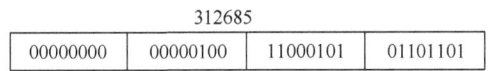

图 7-2 二进制文件存储形式

对比图 7-1 和图 7-2，可以发现：使用二进制文件存放时，占用 4 个字节，需要的存储空间较少（文本文件存储占用 6 个字节），并且不需要进行转换，既节省空间，又节省时间。但缺点是不够直观，需要经过转换后才能看到存放的数据信息。

注意：

二进制文件和文本文件这两种类型的划分基于数据逻辑存储结构而非物理存储结构，计算机中的数据在物理层面都以二进制形式存储。

（3）标准文件

Python 的 sys 模块中定义了 3 个标准文件，分别为
- stdin（标准输入文件）：对应输入设备，如键盘。
- stdout（标准输出文件）：对应输出设备，如显示器。
- stderr（标准错误文件）：对应输出设备，如显示器。

在解释器中添加 sys 模块后，可使用 Python 对象获取这三个文件。

【例 7-3】 标准文件示例。

程序代码：

```
>>>import sys
>>>file = sys.stdout
>>>file.write("hello")
```

运行结果：

```
hello
```

结果分析：

以上代码将标准输出文件赋给文件对象 file，又通过文件对象 file 调用内置方法 write() 向标准输出文件写数据。观察代码执行结果，"hello" 被成功写到了标准输出中。

每个终端都有其对应的标准文件，这些标准文件在终端启动的同时被打开。

7.1.2 文件的标识

一个文件需要有唯一确定的文件标识，保证用户可以根据标识找到唯一确定的文件。文件标识包括三个部分，分别为文件路径、主文件名和扩展文件名。

【例 7-4】 文件标识示例。

图 7-3 为一个文件的完整标识，根据该标识可以找到 D:\Python\chapter7 路径下扩展名为.py、文件名为 demo 的文本文件。

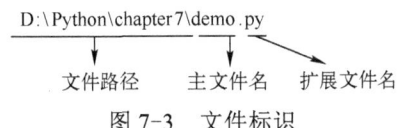

图 7-3 文件标识

文件路径是用来定位文件在计算机文件系统中位置的字符串。文件路径可分为绝对路径和相对路径。

（1）绝对路径

绝对路径是一个文件或目录在文件系统中的完整路径，包括从根目录开始一直到目标文件或目录的所有目录层级信息。绝对路径提供了精确的位置信息，不受当前工作目录或相对路径的影响，因此可以唯一确定一个文件或目录的位置。图 7-3 所示的路径就是绝对路径。

（2）相对路径

相对路径是指文件或目录相对于当前工作目录的位置，而不是从根目录开始的完整路径。它是相对于当前工作目录的路径描述。假设当前的工作目录是"D:\Python\chapter7"，如果想指向同一目录下的文件"demo.py"，可以使用相对路径"demo.py"。

7.2 文件访问

在 Python 中，无论是文本文件还是二进制文件，访问文件的操作流程基本上是一致的，可以分为以下三步。

（1）打开文件

使用 open()函数以指定的模式，如读取、写入、追加等方式打开文件。在打开文件后，会得到一个文件对象，后续的文件操作都将通过这个对象进行。

（2）读或写文件

通过文件对象进行读取或写入操作。包括读取文件内容、写入数据到文件、移动文件指针等。具体的文件操作取决于打开文件的模式以及实际需求。

（3）关闭文件

调用文件对象 close()函数关闭文件，释放系统资源。

文件访问流程如图 7-4 所示。

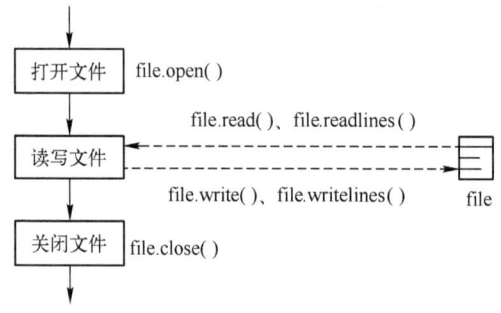

图 7-4　文件访问流程

7.2.1　打开文件

Python 内置函数 open()用于指定模式打开指定文件并返回一个文件对象，其语法格式如下。

```
open(file, mode='r', buffering=-1)
```

参数含义如下。

① file：要打开的文件路径或文件对象。可以是相对路径、绝对路径或文件对象。
② mode：打开文件的模式。默认为读取模式'r'，表 7-1 列出了文件访问的 6 种模式。
③ buffering：缓冲策略。控制文件的缓冲行为。默认值为-1，表示使用系统默认的缓冲区大小。0 表示不缓冲，1 表示行缓冲，其他正整数表示缓冲区大小。

表 7-1 文件访问模式

模式	名称	说明
'r'/'rb'	只读模式	以只读的形式打开文本文件/二进制文件，若文件不存在或无法找到，文件打开失败
'w'/'wb'	只写模式	以只写的形式打开文本文件/二进制文件，若文件已存在，则重写文件，否则创建新文件
'a'/'ab'	追加模式	以只写的形式打开文本文件/二进制文件，只允许在文件末尾追加数据，若文件不存在，则创建新文件
'r+'/'rb+'	读取（更新）模式	以读/写的形式打开文本文件/二进制文件，若文件不存在，文件打开失败
'w+'/'wb+'	写入（更新）模式	以读/写的形式打开文本文件/二进制文件，若文件已存在，则重写文件
'a+'/'ab+'	追加（更新）模式	以读/写的形式打开文本/二进制文件，只允许在文件末尾添加数据，若文件不存在，则创建新文件

【例 7-5】 打开文件示例 1。
程序代码：

```
>>>file1 = open('E:\a.txt')      # 以只读形式打开 E 盘的文本文件 a.txt
>>>file2 = open('b.txt', 'w')    # 以只写形式打开当前目录的文本文件 b.txt
>>>file3 = open('c.txt', 'w+')   # 以读/写形式打开文本文件 c.txt
```

若 open()函数调用成功，返回一个文件对象。
若待打开的文件 b.txt 打开失败，程序会抛出异常，并打印如下的错误信息。

```
---------------------------------------------------------------------------
FileNotFoundError                         Traceback (most recent call last)
<ipython-input-5-23b0bb5a2ffc> in <module>
----> 1 file2 = open("b.txt")

FileNotFoundError: [Errno 2] No such file or directory: 'b.txt'
```

【例 7-6】 打开文件示例 2。
使用 open()函数打开文件 data1.txt，查看并返回文件对象的相关信息。
程序代码：

```
>>>file=open("d:\data1.txt","w")   # 打开一个文件用于写入
>>>print("文件名字：",file.name)
>>>print("访问模式：",file.mode)
>>>print("文件是否关闭：",file.closed)
>>>file.close()
```

运行结果：

```
文件名字:d:\data1.txt
访问模式:w
文件是否关闭:False
```

结果分析:

程序运行成功后,在 d 盘根目录下创建了一个新文件 data1.txt。如果该文件已经存在,则覆盖该文件。

7.2.2 关闭文件

在 Python 中,关闭文件是一个重要的操作,用来释放系统资源并确保正确保存对文件所做的更改。通常,使用 close()方法手动关闭文件。最佳的实践是在文件操作结束后立即关闭文件,或者使用 with 语句(上下文管理器),这将确保文件在离开代码块时自动关闭。

(1) close()方法

程序执行完毕后,系统会关闭由该程序打开的文件,但更好的做法是在文件使用完毕后,由程序调用 close()方法关闭文件。语法格式如下:

```
file.close()
```

实际上,计算机中可打开的文件数量是有限的,每打开一个文件,就会占用一个"名额",当"名额"耗尽后,系统将无法再打开新的文件。此外,当文件以缓冲方式打开时,磁盘文件与内存间的读写并不是及时的,程序异常关闭时,可能导致缓冲区中的数据无法写入文件,造成数据丢失。所以,在文件使用完毕后,及时使用 close()方法关闭文件是很有必要的。

(2) with 语句

在例 7-6 中,文件 d:\data1.txt 在打开或者后面的读、写等操作过程中都可能会发生错误,即使写了关闭文件的语句也不一定能够正常执行,导致不能正常关闭文件,缓存信息可能会意外丢失,文件可能会损坏。

为了避免发生上述情况,推荐使用 with-as 语句。with-as 语句适用于对资源进行访问的场合,可确保不管在使用过程中是否发生异常都会执行必要的"清理"操作,释放使用的资源,如文件使用后自动关闭等。

在 Python 中,对文件进行读/写时的 with-as 语句常用语法格式如下。

```
with open(filename[,mode]) as file:
    语句块
```

其中,file 为 open()函数返回的文件对象。

【例 7-7】 使用 with-as 语句访问文件示例。

程序代码:

```
>>>with open("d:\data1.txt","r") as file:
contents=file.read()
print(contents)
```

结果分析:

在执行 with-as 语句后,会自动关闭打开的文件 data1.txt,不需要再使用 file.close()函数关闭文件 data1.txt。

注意:

with-as 语句也支持同时打开多个文件用于读写。

【例 7-8】 使用 with-as 语句访问多个文件示例。
程序代码：

```
>>>with open("d:\data1.txt","r") as f1,open("d:\data2.txt","w") as f2:
    f2.write(f1.read())
```

结果分析：

执行 with-as 语句，会同时打开 data1.txt 和 data2.txt 两个文件分别给两个文件对象 f1 和 f2，然后读文件对象 f1 的内容，并将其写入到 f2 文件对象中，执行完毕后，自动关闭打开的文件 data1.txt 和 data2.txt。

7.3 文件操作

在 Python 中，文件的读写是常见的任务之一。当文件被打开后，根据打开方式不同，可以对文件进行相应的操作（如读、写以及关闭等），这些操作由文件对象的相关函数完成。当打开文本文件时，读写按照字符串方式，采用当前计算机使用的编码或指定编码；当打开二进制文件时，读写按照字节流的形式。

7.3.1 文件读操作

在 Python 中，提供 3 个常用的文件内容读取方法，具体信息见表 7-2。

表 7-2 文件内容的读取方法

模式	含义
<file>.read(size=-1)	从文件中读取整个文件内容，如果给出参数，读取 size 长度的字符串或字节流
<file>.readline(size=-1)	从文件中读取一行内容，如果给出参数，读取 size 长度的字符串或字节流
<file>.readlines(hint=-1)	从文件中读取所有行，以每行为元素形成一个列表，如果给出参数，读取 hint 行

（1）read(size=-1)函数

read(size=-1)函数用于读取指定大小的字符串或字节流；可选的"size"参数指定要读取的字节数或者字符数，默认值为-1，表示读取整个文件；此函数的返回值为返回读取的内容。

文本文件 data1.txt 包含的内容为"I LOVE CHINA!\nI LOVE BEIJING!\nI LOVE DALIAN!"。下面使用 read()函数来读取它。

【例 7-9】 read()读取文本文件示例。
程序代码：

```
>>>with open('d:\data1.txt', 'r') as file:
    content = file.read()

# 打印文件内容
>>>print('文件内容：')
>>>print(content)
```

运行结果：

文件内容：
I LOVE CHINA!
I LOVE BEIJING!
I LOVE DALIAN!

在这个示例中，首先使用 open()函数以只读模式'r'打开文本文件 data1.txt，然后使用 read()函数读取文件内容并将其存储在 content 变量中。最后，打印文件内容。由于文本文件 data1.txt 中放的内容为"I LOVE CHINA!"，所以输出结果就为此内容。

read()函数会一次性读取整个文件内容，将其存储为一个字符串。如果文件很大，一次性读取可能会导致内存问题。可以使用 read()函数的可选参数来指定要读取的字节数，以控制读取的数据量，如 read(100)表示读取文件的前 100 个字节。

注意：
read()函数会返回一个包含文件内容的字符串。如果需要按行读取文件内容，可以使用 readlines()函数。

（2）readline(size=-1)函数

此函数的用途为读取文件的一行。size 参数是可选的，表示要读取的字节数，默认值为-1，表示读取整行数据。此函数的返回值为读取的行内容。

【例 7-10】 利用 readline()读取文本文件示例。

程序代码：

```
>>>with open('d:\data1.txt', 'r') as file:
    line = file.readline()   # 读取一行
    print(line)

    line_2=file.readline(6)   # 读取前 6 个字节数据
    print(line_2)
```

运行结果：

```
I LOVE CHINA!
I LOVE
```

结果分析：
在这个例子中，首先读取一行数据放到变量 line 中，对应的内容为"I LOVE CHINA!"，紧接着读取前 6 个字节数据，对应的内容为"I LOVE"。

（3）readlines(hint=-1)函数

此函数的用途为读取所有行，并返回一个包含各行内容的列表。可选的参数 hint 表示要读取指定的字节数，默认值为-1，表示读取所有行。此函数的返回值为包含文件所有行内容的列表。

【例 7-11】 利用 readlines()读取文本文件示例。

程序代码：

```
>>>with open('d:\data1.txt', 'r') as file:
    lines = file.readlines()   # 读取所有行
    print(lines)
```

运行结果：

```
['I LOVE CHINA!\n', 'I LOVE BEIJING!\n', 'I LOVE DALIAN!']
```

注意：

函数 read()参数缺省时和 readlines()都可一次性读取文件中的全部数据，但这两种操作都不够安全。因为计算机的内存是有限的，若文件较大，read()和 readlines()的一次性读取会消耗尽系统内存，这显然是不可取的。当然，若文件中存在数据量较大的行，readline()也同样不够安全。为了保证读取安全，通常需要多次调用 read()方法，每次读取 size 字节的数据。

7.3.2 文件写操作

Python 提供了 2 个与文件内容写入有关的方法，具体信息见表 7-3。

表 7-3 文件写入方法

方法	说明
<file>.write(s)	向文件写入一个字符串或字节流
<file>.writelines(lines)	向文件写入一个字符串列表

（1）write()函数

write()函数的语法格式如下：

```
file.write(string)
```

其中，file 是一个打开的文件对象。可以使用内置函数 open()函数打开文件，或者使用 with 语句时由 open()函数返回的文件对象。

string 为要写入文件的字符串。

write()方法将指定的字符串写入文件。如果文件已经存在，写入文件时将会覆盖文件中的内容。如果文件不存在，则会创建一个新文件进行写入。

【例 7-12】 利用 write()写入字符串示例。

程序代码：

```
>>>with open("d:\demo1.txt", "w") as file:
    number=file.write("Hello, world!\n I love China!")
    print("向文件中写入的字符个数为：",number)
```

运行结果：

```
向文件中写入的字符个数为： 28
```

结果分析：

在 d 盘根目录下打开 demo1.txt，可以看到字符串已经被写入文件，如图 7-5 所示。

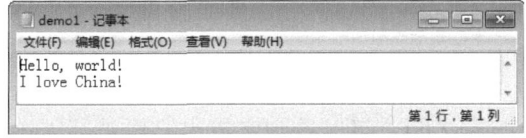

图 7-5 字符串已经被写入文件

【例 7-13】 利用 write()追加字符串示例。

程序代码：

```
>>>with open("d:\demo1.txt", "a") as file:
```

```
number=file.write("\nI love Beijing!")
print("向文件中追加的字符个数为：",number)
```

运行结果：

向文件中追加的字符个数为： 16

结果分析：
在 d 盘根目录下打开 demo1.txt，可以看到已经追加到该文件中的字符串，如图 7-6 所示。

图 7-6　追加字符串到文件

注意：
write()每次写入后并不会主动换行，而是在上次写入的数据之后继续写入数据。因此，如果需要向文件中写入一行数据，应在字符串末尾添加换行符 "\n"。

write()函数可用于写入文本数据，如果需要写入二进制数据，可以使用 "wb" 或 "ab" 以二进制模式打开文件，并使用 write()函数写入字节串。

（2）writelines()函数
writelines()函数的语法格式如下：

file.writelines(lines)

其中，file 是一个打开的文件对象。可以使用内置函数 open()函数打开文件，或者为使用 with 语句时由 open()函数返回的文件对象。

lines 包括字符串的列表或可迭代对象。这些字符串将按顺序写入文件，每个字符串占据一行。

writelines()方法将列表中的每个字符串按顺序写入文件，每个字符串占据一行。如果文件已经存在，写入操作将会覆盖文件中的内容。如果文件不存在，则会创建一个新文件进行写入。

【例 7-14】 利用 writelines()写入字符串示例。
程序代码：

```
>>>lines = ["I love my country!\n", "I love Beijing!\n", "I love Liaoning!\n"]
>>>with open("d:\demo2.txt", "w") as file:
    file.writelines(lines)
    print("写入字符串成功！")
```

运行结果：

写入字符串成功！

结果分析：
在 d 盘根目录下打开 demo2.txt，可以看到字符串已经被写入该文件，如图 7-7 所示。
注意：
writelines()函数不会在每行添加换行符，因此需要自行确保每行末尾包含换行符 "\n" 或者根据需要添加。如果希望在每行之间插入自定义分隔符，可以在列表中的字符串之间添加分隔符。

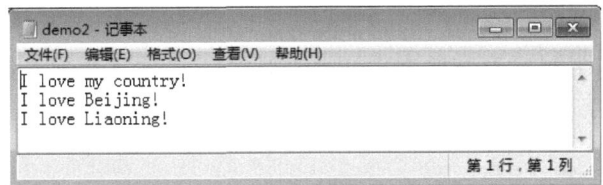

图 7-7 字符串被写入 demo2.txt 文件

writelines()函数通常用于将多行文本写入文件，如果要写入单个字符串，更常见的是使用 write()函数。

7.3.3 文件的定位读写操作

经过前面两节的学习可以发现，文件在一次打开和关闭之间进行的读写操作都是连续的，程序总是从上次读写的位置继续向下进行读写操作。但特殊情况会出现随机访问文件数据的情况，而不是顺序读取或写入。所以每个文件对象应该具备文件读写位置的属性，该属性用于记录文件当前读写的位置。

Python 提供了一些获取与修改文件读写位置的方法，以实现文件的定位读写，见表 7-4。

表 7-4 文件读写位置获取以及修改的方法

方法	说明
<file>.tell()	获取文件当前的读写位置
<file>.seek(offset,from)	控制文件的读写位置

（1）tell()方法

tell()是文件对象的一个方法，用于获取当前文件指针的位置，即当前读取或写入的位置。它没有参数，调用它时不需要传递任何参数。其语法格式为：

file.tell()

其中，file 是文件对象，可以通过 open()函数打开文件获得。

tell()方法返回一个整数，表示当前文件指针的位置，即从文件头到当前位置的字节数偏移量。一般来说，初始时文件指针位于文件开头，即偏移量为 0。

7.3.3 文件的定位读写操作示例

【例 7-15】 利用 tell()获取当前文件指针位置示例。

程序代码：

```
>>>with open("d:\demo1.txt", "r") as file:
    print(file.tell())        # 输出当前文件指针位置
    data = file.read(5)       # 读取文件的前 5 个字符
    print(data)
    print(file.tell())        # 输出当前文件指针位置
```

运行结果：

```
0
Hello
5
```

结果分析：

在 d 盘根目录下打开已经存在的文件 demo1.txt，首先输出当前文件指针的初始位置，即为 0，然后读取 5 个字符给变量 data，输出"Hello"，最后再次输出当前文件指针的位置，即为 5。

（2）seek()方法

Python 提供了 seek()方法，使用该方法可以控制文件的读写位置，实现文件的随机读写。seek()方法的语法格式如下：

```
seek(offset, from)
```

其中，参数 offset 表示偏移量，即读写位置需要移动的字节数，可以为正数、负数或零。正数表示向文件尾方向移动，负数表示向文件头方向移动，零表示移动到指定位置。

参数 from 用于指定文件的读写位置，该参数的取值为 0、1、2，它们代表的含义如下。

- 0：表示文件开头。
- 1：表示使用当前读写位置。
- 2：表示文件末尾。

seek()方法调用成功后会返回当前读写位置。

【例 7-16】 利用 seek()重定位文件位置示例 1。

程序代码：

```
>>>with open("d:\demo3.txt", "w") as file:
    file.write("爱国情怀燃心间。\n")
    file.write("挥洒汗水谱华章。\n")
    file.write("千锤百炼钢铁魂，\n")
    file.write("共筑世界中华梦。\n")

# 读取文件内容并演示使用 seek()方法移动文件指针
>>>with open("d:\demo3.txt", "r") as file:
    # 初始时文件指针位于文件开头
    print("初始时文件指针位置:",file.tell())

    # 读取文件的前 16 个字符
    data= file.read(16)
    print("\n 读取的内容:\n")
    print(data)
    print("\n 读取后文件指针位置:",file.tell())

    # 使用 seek()方法将文件指针移动到文件开头
    file.seek(0)
    print("\n 将文件指针移动到文件开头后的位置:", file.tell())

    # 读取整个文件内容
    all_data = file.read()
    print("\n 读取整个文件内容:\n")
    print(all_data)
    print("读取完整文件后文件指针位置:", file.tell())
```

运行结果：

初始时文件指针位置: 0

读取的内容:

爱国情怀燃心间,
挥洒汗水谱华章

读取后文件指针位置: 32

将文件指针移动到文件开头后的位置: 0

读取整个文件内容:

爱国情怀燃心间,
挥洒汗水谱华章。
千锤百炼钢铁魂,
共筑世界中华梦。

读取完整文件后文件指针位置: 72

【例 7-17】 利用 seek()重定位文件位置示例 2。
程序代码:

```
# 创建一个示例二进制文件并写入数据
>>>with open('demo4.bin', 'wb') as file:
    file.write(b'0123456789')

# 使用 seek() 函数来移动文件指针
>>>with open('demo4.bin', 'rb') as file:
    # 将文件指针移动到位置 3
    file.seek(3)
    data = file.read(2)
    print(f'从位置 3 读取的数据：{data.decode()}')

    # 将文件指针移动到文件末尾
    file.seek(0, 2)
    position = file.tell()
    print(f'当前文件指针位置：{position} 字节')

    # 将文件指针移动回文件开头
    file.seek(0)
    data = file.read(3)
    print(f'从文件开头读取的数据：{data.decode()}')
```

运行结果:

从位置 3 读取的数据：34
当前文件指针位置：10 字节
从文件开头读取的数据：012

7.3.4 文件迭代操作

在 Python 中,文件迭代器通常是通过 open()函数与 for 循环结合使用来实现的。当打开一个文件并对其进行迭代时,Python 会将文件对象视为一个迭代器,并按行逐个读取文件内容,而不需要一次性将整个文件加载到内存中。这对于处理大型文件或者需要逐行处理文件内容的情况非常有用。

【例 7-18】 通过文件对象实现文件的遍历与输出。

程序代码:

```
>>>poem = """
中华崛起,世界瞩目,
五千年文明,辉映华夏。
锦绣山河,神州大地,
英雄辈出,奋斗前行。

血染的长城,铸就辉煌,
蔚蓝天空,鲜红的旗帜。
民族复兴,梦想成真,
团结一心,共筑伟业。

繁荣昌盛,世代相传,
家国情怀,代代相传。
爱我中华,心系桑梓,
千秋万代,共圆中国梦。

"""
# 将诗歌内容写入文件
>>>with open('d:\patriotic_poem.txt', 'w') as file:
    file.write(poem)

>>>print("爱国诗已写入文件 patriotic_poem.txt 中。")

# 使用文件迭代器读取爱国诗文件内容
>>>with open('d:\patriotic_poem.txt', 'r') as file:
    for line in file:
        print(line.strip())
```

运行结果:

```
爱国诗已写入文件 patriotic_poem.txt 中。

中华崛起,世界瞩目,
五千年文明,辉映华夏。
锦绣山河,神州大地,
英雄辈出,奋斗前行。

血染的长城,铸就辉煌,
蔚蓝天空,鲜红的旗帜。
民族复兴,梦想成真,
团结一心,共筑伟业。

繁荣昌盛,世代相传,
```

>家国情怀，代代相传。
>爱我中华，心系桑梓，
>千秋万代，共圆中国梦。

结果分析：

在这个例子中，将爱国诗存储在变量 poem 中，并使用 open()函数以写入模式（'w'）打开一个名为 patriotic_poem.txt 的文件，然后，使用 write()方法将诗歌内容写入文件中。紧接着，打开此文件，并使用 for 循环和文件迭代器逐行读取文件内容。使用 print()函数逐行打印出来，同时使用 strip()方法去除每行末尾的换行符。这样就可以逐行显示文件的内容了。

7.4 os 模块中的文件操作方法

os（Operating System）模块是 Python 标准库中的一个核心模块，它提供了与操作系统相关的功能，使得 Python 程序能够与操作系统进行交互。

7.4.1 获取平台信息

os 模块提供了一些方法来获取关于平台信息的操作，os 模块常用的方法见表 7-5。

表 7-5 os 模块常用的方法

属性/方法	说明
os.name	返回当前操作系统的名称
os.environ	返回一个包含当前系统环境变量的字典
os.cpu_count()	返回当前系统的 CPU 核心数
os.getcwd()	获取当前工作目录
os.sep	返回操作系统特定的路径分隔符
os.pathsep	获取用于分隔文件路径的字符串

【例 7-19】 使用 os 模块获取系统相关信息示例。

程序代码：

```
>>>import os

# 获取操作系统名称
>>>print("操作系统名称:", os.name)

# 获取平台标识符
>>>print("平台标识符:", os.sys.platform)

# 获取 CPU 核心数
>>>cores = os.cpu_count()
>>>print("CPU 核心数:", cores)

# 获取操作系统路径分隔符
>>>print("路径分隔符： ",os.sep)
```

```
# 获取用于分隔文件路径的字符串
>>>print("分隔文件路径的字符串",os.pathsep)
```

运行结果：

```
操作系统名称: nt
平台标识符: win32
CPU 核心数: 4
路径分隔符：  \
分隔文件路径的字符串 ；
```

7.4.2 文件/目录操作

os 模块中定义了与文件操作相关的函数，利用这些函数可以实现删除文件、文件重命名、创建/删除目录、获取当前目录、更改默认目录与获取目录列表等操作，常用的方法见表 7-6。

表 7-6 os 模块常用的方法

方法	说明
os.mkdir(newpath)	创建新目录 newpath
os.rmdir(path)	删除目录 path
os.listdir(path)	列出指定目录 path 下所有的文件
os.chdir(path)	改变当前脚本的工作目录为指定路径 path
os.remove(file)	删除一个指定文件 file
os.rename(oldname,newname)	重命名一个文件

【例 7-20】 使用 os 模块获取当前工作路径示例。

程序代码：

```
>>>import os
>>>print(os.getcwd())
```

运行结果：

```
C:\Users\Administrator
```

【例 7-21】 使用 os 模块创建新目录示例。

程序代码：

```
>>>import os
>>>path = "d:\python1/test1"
>>>os.makedirs(path)
>>>print(os.listdir())
```

运行结果：

```
['test1']
```

【例 7-22】 使用 os 模块创建新目录示例。

程序代码：

```
>>>import os
>>>path = "d:\python1\test1"
>>>os.makedirs(path)
>>>print(os.listdir())
```

运行结果:

```
['test1']
```

结果分析:经过以上操作后,创建了新的文件夹 d:\python1\test1。

【例 7-23】 使用 os 模块删除文件夹示例。
程序代码:

```
>>>import os
>>>os.rmdir("d:\python1\test1")
```

结果分析:

经过以上操作,解释器会将当前路径下的文件夹 test1 删除。若待删除的文件夹不存在,将会报错。

7.4.3 os.path 模块

os.path 模块提供了许多用于处理文件路径的方法,提供了大量用于路径判断、切分、连接以及文件夹遍历的方法,见表 7-7。

表 7-7 os.path 模块常用方法

方法	说明
os.path.join(path1,path2,…)	将多个路径连接成一个路径,在不同操作系统下会自动根据相应的路径分隔符来进行拼接
os.path.split(path)	将路径分隔成目录和文件名两部分,并返回一个元组(head,tail)
os.path.dirname(path)	返回路径中的目录部分
os.path.basename(path)	返回路径中的文件名部分
os.path.splitext(path)	分隔路径的文件名和扩展名,并返回一个包含文件名和扩展名的元组(root, ext)
os.path.exists(path)	判断路径是否存在
os.path.isfile(path)	判断路径是否为一个文件
os.path.isdir(path)	判断路径是否为一个目录
os.path.abspath(path)	返回路径的绝对路径
os.path.normpath(path)	规范化路径,消除路径中的冗余
os.path.commonprefix(list)	返回多个路径的公共前缀

【例 7-24】 使用 os 模块返回路径的文件夹名和最后一个组成部分示例。
程序代码:

```
>>>from os.path import dirname
>>>path=r'd:\python\test1.txt'
>>>print(dirname(path))
>>>print(basename(path))
```

运行结果:

```
d:\python
test1.txt
```

结果分析：

从 os.path 模块中导入 dirname 函数，定义了一个变量 path，其值是一个字符串，表示文件路径为 d:\python\text1.txt。在 Python 中，字符串前面的"r"表示这是一个原始字符串，即字符串中的反斜杠"\"不会被转义。紧接着调用 dirname() 函数并打印其结果。dirname(path) 返回路径 d:\python。因此这行代码会输出"d:\python"。basename(path) 返回指定路径的最后一个组成部分，这里是文件的名字 test1.txt。

【例 7-25】 使用 os.path 模块切分路径和文件名示例。

程序代码：

```
>>>from os.path import split
>>>path=r'd:\python\test1.txt'
>>>print(split(path))
```

运行结果：

```
('d:\\python', 'test1.txt')
```

【例 7-26】 使用 os.path 模块切分文件扩展名示例。

程序代码：

```
>>>from os.path import splitext
>>>path=r"d:\python/text1.txt"
>>>print(splitext(path))
```

运行结果：

```
('d:\python/text1', '.txt')
```

7.5 shutil 模块中的文件操作方法

shutil 模块提供了许多文件操作的方法，这些方法可以在不同的平台上执行各种与文件相关的操作，表 7-8 是 shutil 模块中一些常用的文件操作方法。

表 7-8 shutil 模块常用方法

方法	说明
shutil.copy(src,dst)	复制文件，新文件具有相同的文件属性，如果目标文件已经存在则抛出异常
shutil.copyfile(src,dst)	复制文件，不复制文件属性，如果目标文件已经存在，则直接覆盖
shutil.copytree(src,dst)	递归复制文件夹
shutil.disk_usage(path)	查看硬盘使用情况
shutil.move(src,dst)	移动或递归移动文件夹，也可以用来给文件和文件夹重命名
shutil.rmtree(path)	递归删除文件夹
shutil.make_archive(filename,format,path)	创建 tar 或 zip 格式的压缩文件
shutil.unpack_archive(filename,path)	解压缩文件

【例 7-27】 使用 shutil 模块复制文件示例。

程序代码：

```
import shutil
shutil.copyfile("d:\python\test\text1.txt","f:\text1.txt")
```

运行结果：

```
'f:\text1.txt'
```

结果分析：

经过以上操作，解释器会将 d 盘下目录为 python/test 的文件 text1.txt 复制给 f 盘下的文件 text1.txt。如果目标文件不存在，则创建；如果目标文件存在，则直接覆盖。这说明复制的方式为覆盖，即目标文件中原有内容会丢失。另外，若源文件与目标文件为同一文件，则抛出 SameFileError 异常。

【例 7-28】 使用 shutil 模块删除文件夹示例。

程序代码：

```
import shutil
shutil.rmtree("f:\test")
```

结果分析：

经过以上操作，解释器会删除 f:\test 文件夹。

7.6 异常

本节从异常的定义、分类以及异常处理的角度介绍 Python 异常的相关理论知识。

7.6.1 异常定义和分类

异常（Exception）是指程序在运行时遇到的错误或意外的情况。如果程序中没有对异常进行处理，则程序会抛出该异常并停止运行。为了保证程序的稳定性和容错性，需要在程序中捕获可能的异常并对其进行处理，使得程序不会因为异常而意外终止。

异常可以分为两类：语法错误（SyntaxError）和逻辑错误（Exception）。

语法错误是指在 Python 解释器运行代码之前就发生的错误，通常是由于代码不符合 Python 语法规则造成的。例如，缺少冒号、括号不匹配、缩进不正确等。语法错误会导致程序无法执行，需要在代码中进行修复。

逻辑错误是指在 Python 解释器运行代码时发现的错误，通常是由于程序逻辑不正确造成的。例如，尝试除以零、文件打开失败、访问不存在的属性或变量等。逻辑错误会导致程序运行时抛出异常，需要使用 try、except、else 和 finally 语句来捕获和处理异常。常见的异常见表 7-9。

表 7-9 常见异常

异常	描述
ZeroDivisionError	除数为零错误，如 10 / 0
TypeError	类型错误，例如使用了不兼容的数据类型，如 1 + '2'

(续)

异常	描述
ValueError	值错误,例如传递了错误的参数值,如 int('abc')
IndexError	索引错误,例如访问了不存在的索引,如 lst[10]
KeyError	键错误,例如访问了不存在的键,如 dct['key']
NameError	名称错误,例如使用了未定义的变量或函数,如 undefined_var
AttributeError	属性错误,例如访问了不存在的属性,如 obj.undefined_attr
FileNotFoundError	文件未找到错误,例如打开了不存在的文件,例如 open('file.txt')
IndentationError	缩进错误,例如缩进不正确,如 if True: print('Hello')
SyntaxError	语法错误,例如代码不符合语法规则,如 print 'Hello'
ImportError	导入错误,例如导入了不存在的模块,如 import undefined_module

【例 7-29】 引发异常示例。

程序代码:

```
result = 10 / 0
result = 1 + '2'
result = int('abc')
```

运行结果:

```
ZeroDivisionError: division by zero
TypeError: unsupported operand type(s) for +: 'int' and 'str'
ValueError: invalid literal for int() with base 10: 'abc'
```

结果分析:

此三行代码引发了三种异常。分别为 ZeroDivisionError、TypeError 和 ValueError 异常。

注意:

虽然语法错误和逻辑错误都会导致程序无法正常运行,但两者的处理方式不同。语法错误需要在代码中进行修复,而逻辑错误可以通过异常处理机制来处理。

7.6.2 异常处理

编写程序时可以对指定的异常做处理,以增强程序的稳定性和容错性。

(1) try-except

使用 try-except 语句可以捕获异常并做异常处理,其语法格式如下。

```
try:
    待捕获异常的语句块
except 异常类型 1:
    异常类型 1 的处理语句块
except 异常类型 2:
    异常类型 2 的处理语句块
……
    except 异常类型 N:
    异常类型 N 的处理语句块
```

try-except 语句的处理过程为执行 try 后面待捕获异常的语句块。如果没有异常发生,则 except 子句不被执行。如果有异常发生,则根据异常类型匹配每一个 except 关键字后面的异常名,并执行匹配的 except 子句的语句块;如果异常类型与所有 except 子句都不匹配,则该异常会传给更外层的 try-except 语句。如果异常无法被任何 except 子句处理,则程序抛出异常并停止运行。

【例 7-30】 处理异常示例 1。

程序代码:

```
>>>for i in range(3):
    try:
        num=int(input("please input a number:"))
        print(10/num)
    except ValueError as e:
        print(f"An error occurred:{e}")
    except ZeroDivisionError as e:
    # 捕获 ZeroDivisionError 异常,并打印异常消息
        print(f"An error occurred: {e}")
```

运行结果:

```
please input a number:ab
An error occurred:invalid literal for int() with base 10: 'ab'
please input a number:0
An error occurred: division by zero
please input a number:2
5.0
```

结果分析:

输入不同的值会产生不同的结果,当输入字符串"ab"时,抛出 ValueError 异常;当输入整数 0 时,抛出 ZeroDivisionError 异常;输入整数 2 时,正常输出计算结果,没有异常。

(2) else

else 子句是 try-except 语句中的一个可选项。如果 try 子句执行时没有发生异常,则在 try 子句执行结束后执行 else 子句;如果发生异常,则 else 子句不被执行。

【例 7-31】 处理异常示例 2。

程序代码:

```
>>>for i in range(3):
    try:
        num=int(input("please input a number:"))
        print(10/num)
    except ValueError as e:
        print(f"An error occurred:{e}")
    except ZeroDivisionError as e:        # 捕获 ZeroDivisionError 异常,并打印异常消息
        print(f"An error occurred: {e}")
    else:
        print("没有异常!")
```

运行结果:

please input a number:ab

```
An error occurred:invalid literal for int() with base 10: 'ab'
please input a number:0
An error occurred: division by zero
please input a number:2
5.0
没有异常！
```

结果分析：

此代码在例 7-30 的基础上加上 else 子句，当输入整数 2 时，else 子句被执行。

（3）finally

finally 子句是 try-except 语句中的另一个可选项。无论 try 子句执行时是否发生异常，finally 子句都被执行。

【例 7-32】 处理异常示例 3。

程序代码：

```
>>>for i in range(3):
    try:
        num=int(input("please input a number:"))
        print(10/num)
    except ValueError as e:
        print(f"An error occurred:{e}")
    except ZeroDivisionError as e:        # 捕获 ZeroDivisionError 异常，并打印异常消息
        print(f"An error occurred: {e}")
    else:
        print("没有异常！")
    finally:
        print("finally 子句被执行")
```

运行结果：

```
please input a number:ab
An error occurred:invalid literal for int() with base 10: 'ab'
finally 子句被执行
please input a number:0
An error occurred: division by zero
finally 子句被执行
please input a number:2
5.0
没有异常！
finally 子句被执行
```

结果分析：

此示例代码在例 7-31 的基础上加上 finally 子句，所以每次输入数据时，都会输出 finally 子句。

（4）raise

除了系统遇到错误产生异常外，也可以使用 raise 产生异常，raise 语句的语法格式如下：

```
raise ExceptionType("Error message")
```

其中，ExceptionType 是要引发的异常类型，可以是内置异常或自定义异常。Error

message 是异常信息，用于描述异常的原因或内容。

【例 7-33】 处理异常示例 4。

程序代码：

```
try:
    result = 10 /0                              # 尝试执行可能会抛出异常的代码
except ZeroDivisionError as e:                  # 捕获 ZeroDivisionError 异常，并打印异常消息
    print(f"An error occurred: {e}")
    raise ValueError("Cannot divide by zero")   # 使用 raise 语句引发一个新的异常
```

运行结果：

```
An error occurred: division by zero
ValueError: Cannot divide by zero
```

结果分析：

在这个示例中，首先尝试执行可能会抛出异常的代码，如果发生 ZeroDivisionError 异常，则执行 except 语句中的代码。在 except 语句中，首先使用 print()函数打印异常消息，然后使用 raise 语句引发一个新的异常。

（5）assert

在 Python 中，assert 是一个关键字，用于在代码中进行断言检查。assert 语句用于检查一个表达式的值，如果表达式为 False，则引发 AssertionError 异常。assert 语句的语法格式如下：

```
assert expression, message
```

其中，expression 是要检查的表达式，可以是任何返回布尔值的表达式。如果 expression 为 True，则 assert 语句不做任何操作；如果 expression 为 False，则 assert 语句引发 AssertionError 异常。message 是可选的，用于描述断言失败的原因或内容。

【例 7-34】 处理异常示例 5。

程序代码：

```
>>>for i in range(2):
    try:
        num=int(input("please input a number:"))
        assert num!=0
        print(10/num)
    except AssertionError:
        print("断言失败！")
```

运行结果：

```
please input a number:5
2.0
please input a number:0
断言失败！
```

（6）自定义异常

在 Python 中，可以通过继承内置的 Exception 类创建自定义异常。自定义异常可以用来表示特定的错误情况，并在代码中引发和捕获这些异常，从而提高代码的可读性和可维护性。

【例 7-35】 自定义异常示例。

程序代码：

```
# 自定义异常类
>>>class MyError(Exception):
    # 构造函数，接收一个消息作为参数
    def __init__(self, message):
        # 调用父类的构造函数，并传递消息作为参数
        super().__init__(message)

try:
    # 尝试执行可能会抛出异常的代码
    raise MyError("An error occurred")
except MyError as e:
    # 捕获 MyError 异常，并打印异常消息
    print(f"An error occurred: {e}")
```

运行结果：

```
An error occurred: An error occurred
```

结果分析：

在这个示例中，首先定义了一个自定义的异常类 MyError，它继承自 Exception 类。MyError 类的构造函数接收一个消息作为参数，调用父类的构造函数，并传递消息作为参数。然后，使用 raise 语句引发 MyError 异常，并传递一个消息作为参数。在 try 语句中，尝试执行可能会抛出异常的代码。如果发生 MyError 异常，则执行 except 语句中的代码。在 except 语句中，使用 print()函数打印异常消息。

7.7 实践——通过文件操作实现小案例：待办事项

下面是一个简单的待办事项列表应用，允许用户添加、查看和删除待办事项，同时将待办事项保存到文件中。

程序代码：

```
>>>import os

>>>def add_todo(todo):
    with open("todos.txt", "a") as file:
        file.write(todo + "\n")
    print("待办事项已添加：", todo)

>>>def view_todos():
    try:
        with open("todos.txt", "r") as file:
            todos = file.readlines()
            if todos:
                print("当前待办事项：")
                for index, todo in enumerate(todos, start=1):
                    print(f"{index}. {todo.strip()}")
```

```
            else:
                print("当前没有待办事项。")
        except FileNotFoundError:
            print("当前没有待办事项。")

>>>def delete_todo(index):
        try:
            with open("todos.txt", "r") as file:
                todos = file.readlines()
            with open("todos.txt", "w") as file:
                if 1 <= index <= len(todos):
                    del todos[index - 1]
                    file.writelines(todos)
                    print("待办事项已删除。")
                else:
                    print("无效的待办事项索引。")
        except FileNotFoundError:
            print("当前没有待办事项。")

>>>def main():
        if not os.path.exists("todos.txt"):
            with open("todos.txt", "w"):
                pass

        while True:
            print("\n 待办事项列表应用")
            print("1. 查看待办事项")
            print("2. 添加待办事项")
            print("3. 删除待办事项")
            print("4. 退出")

            choice = input("请选择操作：")

            if choice == "1":
                view_todos()
            elif choice == "2":
                todo = input("请输入待办事项：")
                add_todo(todo)
            elif choice == "3":
                index = int(input("请输入要删除的待办事项的编号："))
                delete_todo(index)
            elif choice == "4":
                print("谢谢使用！")
                break
            else:
                print("无效的选项，请重新输入。")

>>>if __name__ == "__main__":
        main()
```

运行结果：

待办事项列表应用
1. 查看待办事项
2. 添加待办事项
3. 删除待办事项
4. 退出
请选择操作：2
请输入待办事项：准备考试
待办事项已添加：准备考试

待办事项列表应用
1. 查看待办事项
2. 添加待办事项
3. 删除待办事项
4. 退出
请选择操作：2
请输入待办事项：阅读课程资料
待办事项已添加：阅读课程资料

待办事项列表应用
1. 查看待办事项
2. 添加待办事项
3. 删除待办事项
4. 退出
请选择操作：2
请输入待办事项：完成作业
待办事项已添加：完成作业

待办事项列表应用
1. 查看待办事项
2. 添加待办事项
3. 删除待办事项
4. 退出
请选择操作：1
当前待办事项：
1. 准备考试
2. 阅读课程资料
3. 完成作业

待办事项列表应用
1. 查看待办事项
2. 添加待办事项
3. 删除待办事项
4. 退出
请选择操作：3
请输入要删除的待办事项的编号：1
待办事项已删除。

待办事项列表应用
1. 查看待办事项
2. 添加待办事项
3. 删除待办事项

```
4. 退出
请选择操作：4
谢谢使用！
```

7.8 本章小结

本章主要介绍了文件操作的相关知识。首先，讨论了文件概述，包括文件的分类和标识。其次，详细介绍了文件访问，包括打开文件和关闭文件的方法。然后，介绍了文件操作的各种方法，包括文件读操作、写操作、定位读写操作和迭代操作。接着，介绍了在 os 模块中的文件操作方法，包括获取平台信息和文件/目录操作。最后，介绍了在 shutil 模块中的文件操作方法。通过本章的学习，读者可以全面了解文件操作的各种技巧和方法，从而更加熟练地处理文件相关的任务。

7.9 习题

一、填空题

1．根据数据的逻辑存储结构，将计算机中的文件分为_____和_____。
2．文件标识包括三个部分，分别为_____、_____和扩展文件名。
3．无论是文本文件还是二进制文件，对其操作流程基本是一致的，访问文件可以分为三步：打开文件、_____和关闭文件。
4．_____函数会一次性读取整个文件内容，将其存储为一个字符串。如果需要按行读取文件内容，可以使用_____函数。
5．_____方法将指定的字符串写入文件。如果文件已经存在，写入文件将会覆盖文件中的内容。如果文件不存在，则会创建一个新文件进行写入。
6．_____方法将列表中的每个字符串按顺序写入文件，每个字符串占据一行。如果文件已经存在，写入操作将会覆盖文件中的内容。如果文件不存在，则会创建一个新文件进行写入。
7．_____是文件对象的一个方法，用于获取当前文件指针的位置，即当前读取或写入的位置。
8．Python 提供了_____方法，使用该方法可以控制文件的读写位置，实现文件的随机读写。
9．利用 os 模块查看当前操作系统的名字，应当使用_____；利用 os 模块查看平台标识符，应当使用_____。
10．_____是指程序在运行时遇到的错误或意外的情况。

二、简答题

1．对于文件的打开和关闭操作，为什么要进行这样的操作？简要说明。
2．什么是异常？为什么需要处理异常？
3．请分析文件读操作和写操作的主要区别。
4．请分析 os 模块和 shutil 模块的主要功能和应用场景。

第 8 章 面向对象程序设计

面向对象是程序开发领域的重要思想,这种思想尽可能模拟人类习惯的思维方式,使开发软件的方法与过程尽可能接近人类认识世界的方式与过程,也就是使描述问题的问题空间与现实空间在结构上尽可能一致。Python 支持面向对象编程,且 3.x 版的 Python 源码都基于面向对象设计,因此了解面向对象的编程思想对学习 Python 而言是很重要的。本章将对面向对象的相关知识进行详细讲解。

8.1 类与对象

面向对象编程中有两个核心概念:类和对象。对象是指现实生活中真实存在的事物,例如,计算机就是一个对象;类是抽象的,它是一些具有相同或相似性质的事物的统称,例如,"书中自有黄金屋"中提到的"书"并没有特别指定哪一本,"书"就是一个类。简单来说,类是现实中具有相同特征的事物的抽象,对象是类的实例。

类和对象的关系即为数据类型和变量的关系,根据一个类可以创建多个对象,而每个对象只能是某一个类的对象。类规定了可以用于存储什么类型的数据,而对象用于实际存储数据,每个对象可以存储不同的数据,数据即属性。例如,有一个教师类,其中包括教师工号和姓名两个属性,则根据教师类可以创建多个教师对象,每个教师对象可以具有不同的教师工号和姓名信息,如图 8-1 所示。

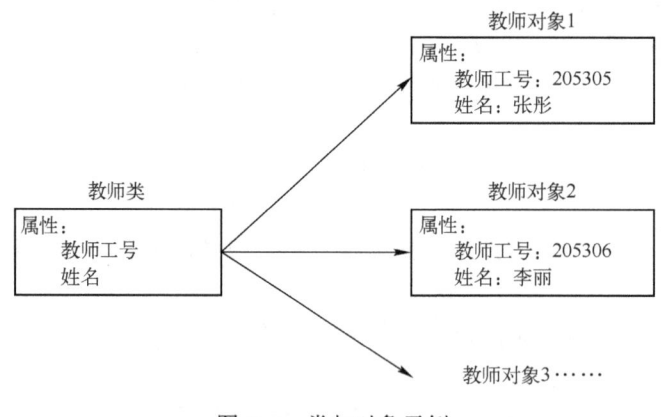

图 8-1 类与对象示例

8.1.1 类的定义

在一个类中,除了可以包含前面介绍的属性,还可以包含各种方法。属性对应一个类可以用来保存哪些数据,而方法对应一个类可以支持哪些操作(即数据处理)。类中的属性对应前面所学习的变量,而类中的方法对应前面所学习的函数。通过类,可以把数据和操作封装在一起，从而使得程序结构更加清晰，这也就是所谓类的封装性。

在 Python 中，类的定义由 3 部分组成，类的语法格式如下。

```
class 类名:
    属性名 = 属性值
    def 方法名(self):
        方法体
```

其中，class 是定义类所用的关键字，标识类的开始。类名与变量名、函数名一样，都是标识符，命名规则相同。一般情况下，类名采用大驼峰命名法，首字母一般大写，比如 Teacher。冒号不可省略，冒号跟着属性和方法，用缩进方式描述；类的属性用于描述事物的特征，比如年龄，类似于前面学过的变量；类的方法用于描述事物的行为，比如授课，方法类似于前面学过的函数，但方法参数列表中的第一个参数是一个只带对象的默认参数 self。

【例 8-1】 定义教师类 Teacher 示例。

程序代码：

```
>>>class Teacher:
    department = "Software Engineering"
    def introduce(self):
        print(f"Hello, I'm a teacher in the {self.department} department.")
```

上面示例定义了教师类 Teacher，该类具有描述教师所在部门的属性 department 和教师介绍自己所在部门工作的方法 introduce()。

8.1.2 对象的创建与使用

对象可以是人们要进行研究的任何事物，从最简单的整数到复杂的飞机等均可看作对象，它不仅能表示具体的事物，还能表示抽象的规则、计划或事件；它能够直接反映现实生活中的事物，例如人、车、小鸟等。

根据类创建对象的语法格式如下：

```
对象名=类名()
```

【例 8-2】 创建教师类 Teacher 对象示例。

```
>>>teacher=Teacher()
```

对象的使用本质上就是对类或对象成员的使用，即访问属性或调用方法。访问属性或调用方法的语法格式如下。

```
对象名.属性名
对象名.方法名
```

例如：使用 teacher 对象访问 department 属性，以及调用 introduce()方法，代码如下。

【例 8-3】 访问对象 teacher 的属性和方法示例。

程序代码：

```
>>>print(teacher.department)
>>>teacher.introduce()
```

运行结果如下:

```
Software Engineering
Hello, I'm a teacher in the Software Engineering department.
```

8.2 类的成员

类的成员指的是类中定义的属性和方法。

8.2.1 属性

属性是类的成员之一,它是类的实例的状态。属性按照声明的方式分为类属性和实例属性两种。

(1) 类属性

类属性是声明在类内部、方法外部的属性。例 8-1 中 Teacher 类内部声明的 department 属性就是一个类属性。类属性可以通过类和对象进行访问,但只能通过类进行修改。

【例 8-4】 类属性的访问示例。

```
>>>class Teacher:
    department = "Software Engineering "

>>>teacher=Teacher()
>>>print(Teacher.department)              # 通过类 Teacher 访问类属性
>>>print(teacher.department)              # 通过对象 teacher 访问类属性
>>>Teacher.department='Civil Engineering '  # 通过类 Teacher 修改类属性 department
>>>print(Teacher.department)
>>>print(teacher.department)
>>>teacher.department='Mathematics '
>>>print(Teacher.department)
>>>print(teacher.department)
```

8.2.1.1 类属性的访问示例

运行结果:

```
Software Engineering
Software Engineering
Civil Engineering
Civil Engineering
Civil Engineering
Mathematics
```

结果分析:

以上代码先创建了一个 Teacher 类的对象 teacher,然后分别通过类 Teacher 和对象 teacher 访问类属性 department;之后通过类 Teacher 修改类属性 department 的值为"Civil Engineering",通过类 Teacher 和对象 teacher 再次访问类属性 department;最后通过对象 teacher 修改类属性 department 的值为"Mathematics",分别通过类 Teacher 和对象 teacher 再次访问类属性 department。

分析输出结果中的前 2 个数据可知，Teacher 类和 teacher 对象成功访问了类属性，结果都为"Software Engineering"；分析中间 2 个数据可知，Teacher 类成功修改了类属性的值，因此 Teacher 类和 teacher 对象访问的结果变为"Civil Engineering"；分析最后 2 个数据可知，Teacher 类访问的类属性的值仍然是"Civil Engineering"，而 teacher 对象访问的结果为"Mathematics"，说明 teacher 对象不能修改类属性的值。

（2）实例属性

实例属性是在方法内部声明的属性，Python 支持动态添加实例属性。下面从访问实例属性、修改实例属性和动态添加实例属性 3 个方面对实例属性进行介绍。

1）访问实例属性。实例属性只能通过对象进行访问。

【例 8-5】 访问实例属性示例。

程序代码：

```
>>>class Teacher:
    department = "Software Engineering "
    def place(self):
        self.address="Liaoning"        # 添加实例对象

>>>teacher=Teacher()
>>>teacher.place()
>>>print(teacher.address)
>>>print(Teacher.address)
```

运行结果：

```
Liaoning
----------------------------------------------------------------------
AttributeError                              Traceback (most recent call last)
<ipython-input-2-f62de8e93d45> in <module>
      7 teacher.place()
      8 print(teacher.address)
----> 9 print(Teacher.address)
AttributeError: type object 'Teacher' has no attribute 'address'
```

结果分析：

以上代码首先定义了一个 Teacher 类，该类中包含了一个 place()方法，place()方法中使用 self 关键字添加了一个实例属性 address；然后创建了一个 Teacher 类的对象 teacher，对象 teacher 调用 place()方法为 Teacher 类添加实例属性；最后通过对象 teacher 和类 Teacher 访问实例属性。分析以上运行结果，程序通过对象 teacher 成功访问了实例属性，然而在通过类 Teacher 访问实例属性时却出现了错误，说明实例属性只能通过对象访问，不能通过类访问。

2）修改实例属性。实例属性通过对象进行修改。

【例 8-6】 修改实例属性示例。

程序代码：

```
>>>class Teacher:
    department = "Software Engineering "
    def place(self):
```

```
                self.address="Liaoning"        # 添加实例对象
>>>teacher=Teacher()
>>>teacher.place()
>>>teacher.address="Shandong"
>>>print(teacher.address)
```

运行结果：

```
Shandong
```

结果分析：

由运行结果可见，通过对象成功修改了实例属性的值。

3）动态添加实例属性。Python 支持在类的外部使用对象动态地添加实例属性。

8.2.1.2 动态添加实例属性示例

【例 8-7】 动态添加实例属性示例。

程序代码：

```
>>>class Teacher:
       department = "Software Engineering "
       def place(self):
           self.hometown="Liaoning"           # 添加实例属性
>>>teacher=Teacher()
>>>teacher.place()
>>>teacher.name="Lidan"                       # 添加实例属性
>>>teacher.age=35                             # 添加实例属性
>>>print(f"该教师名字为：{teacher.name}")
>>>print(f"该教师年龄为：{teacher.age}")
>>>print(f"该教师籍贯为：{teacher.hometown}")
>>>print(f"该教师所在的系为：{teacher.department}")
```

运行结果：

```
该教师名字为：Lidan
该教师年龄为：35
该教师籍贯为：Liaoning
该教师所在的系为：Software Engineering
```

结果分析：

以上代码通过两种方式添加了实例属性，一种是在方法内部添加了实例属性，另一种是在类的外部通过对象添加了实例属性。根据运行结果可知，这两种方式都能成功添加实例属性。

8.2.2 方法

Python 中的方法按定义方式和用途可以分为三种：实例方法、类方法和静态方法。

（1）实例方法

实例方法是类中定义的函数，它们的第一个参数通常是 self，表示对类的实例对象的引用。实例方法可以访问并操作类的属性和方法，只能通过对象调用。

【例 8-8】 实例方法示例。

程序代码：

```
>>>class Teacher:
    department = "Software Engineering "
    def place(self):          # 定义实例方法
        self.hometown="Liaoning"
        print("我是实例方法")
        print(self.hometown)

>>>teacher=Teacher()
>>>teacher.place()
>>>Teacher.place()
```

运行结果：

```
我是实例方法
Liaoning
-------------------------------------------------------------
TypeError                                Traceback (most recent call last)
<ipython-input-7-d4f1d0055d0c> in <module>
  7 teacher=Teacher()
  8 teacher.place()
----> 9 Teacher.place()
TypeError: place() missing 1 required positional argument: 'self'
```

结果分析：

以上代码定义了类 Teacher，在 Teacher 类中定义了实例方法 place()；进一步通过对象 teacher 和类 Teacher 分别调用了方法 place()。根据运行结果可知，对象 teacher 调用方法 place()时输出了相应结果"Liaoning"，而类 Teacher 调用方法 place()时的输出结果是错误的，从而说明实例方法只能通过对象进行访问。

（2）类方法

类方法是指定义在类内部，使用装饰器@classmethod 修饰的方法。类方法的语法格式如下。

```
@classmethod
def  类方法名(cls):
    方法体
```

类方法中的参数列表的第一个参数为 cls，代表类本身（类似于实例方法中的 self），它会在类方法被调用时自动接收由系统传递的调用该方法的类。类方法可以通过类和对象调用。

【例 8-9】 类方法示例 1。

程序代码：

```
>>>class Teacher:
    department = "Software Engineering "
    @classmethod
```

```
    def place(cls):                    # 定义类方法
        print("我是类方法")

>>>teacher=Teacher()
>>>teacher.place()                     # 通过对象调用类方法
>>>Teacher.place()                     # 通过类调用类方法
```

运行结果：

```
我是类方法
我是类方法
```

结果分析：

由以上结果可以看出，程序通过对象和类成功调用了类方法。

类方法中可以使用 cls 访问和修改类属性的值。

【例 8-10】 类方法示例 2。

程序代码：

```
>>>class Teacher:
    department = "Software Engineering "
    @classmethod
    def place(cls):                    # 定义类方法
        print(cls.department)          # 使用 cls 访问类属性
        cls.department="mathematics"   # 使用 cls 修改类属性
        print(cls.department)

>>>teacher=Teacher()
>>>teacher.place()                     # 通过对象调用类方法
```

运行结果：

```
Software Engineering
mathematics
```

结果分析：

上述代码中定义了 Teacher 类，此类中包含类属性 department 和类方法 place()。在类方法中修改了类属性 department 的值为"mathematics"；定义了类 Teacher 的对象 teacher，并调用了类方法。运行结果表明，在类方法中通过 cls 成功访问和修改了类属性的值。

（3）静态方法

静态方法是指定义在类内部，使用装饰器@staticmethod 修饰的方法。与类方法相比，静态方法没有任何默认参数，它适用于与类无关的操作，或者无须使用类成员的操作。

【例 8-11】 静态方法示例 1。

程序代码：

```
>>>class Teacher:
    department = "Software Engineering "
    @staticmethod
    def place():                       # 定义静态方法
```

```
        print("我是静态方法")
>>>teacher=Teacher()
>>>teacher.place()          # 通过对象调用静态方法
>>>Teacher.place()          # 通过类调用静态方法
```

运行结果：

```
我是静态方法
我是静态方法
```

结果分析：

由运行结果可知，静态方法可以通过类和对象调用。

静态方法内部不能直接访问属性和方法，但可以通过类名访问类属性或调用类方法。

【例 8-12】 静态方法示例 2。

程序代码：

```
>>>class Teacher:
      department = "Software Engineering "         # 类属性
      @classmethod
      def xiugai(cls,new_department):
          cls.department=new_department
          print(cls.department)
      @staticmethod
      def place():           # 定义静态方法
          print("我是静态方法")
          print(f"类属性的值为:{Teacher.department}")    # 静态方法中访问类属性
          print("调用类方法的结果为:")
          Teacher.xiugai("English department")

>>>teacher=Teacher()
>>>teacher.place()          # 通过对象调用静态方法
>>>Teacher.place()          # 通过类调用静态方法
```

运行结果：

```
我是静态方法
类属性的值为:Software Engineering
调用类方法的结果为:
English department
我是静态方法
类属性的值为:English department
调用类方法的结果为:
English department
```

结果分析：

上述代码定义了 Teacher 类，此类包括类方法 xiugai(cls,new_department)和类的静态方法 place()，在 place()方法中，访问了类属性并调用了类方法。根据运行结果可知，在静态方法内部可通过类名访问类属性和调用类方法。

8.3 成员可见性

类的成员包括属性和方法，默认是公有成员，可以在类的外部通过类或对象随意地访问，这样显然不够安全。为了保证类中数据的安全，Python 支持将公有成员改为私有成员，从而在一定程度上限制了在类的外部对类成员的访问。

8.3.1 公有成员

Python 中没有关键字去修饰成员，默认 Python 中所有的成员都是公有成员，可以在类的外部通过类或对象随意访问。例 8-1 中的属性即为公有属性。

【例 8-13】 公有成员示例。

程序代码：

```
class Student:
    address='辽宁'                  # 属性
stu=Student()                       # 实例对象
print(Student.address)              # 通过类访问属性并输出
print(stu.address)                  # 通过实例对象访问属性并输出
```

运行结果：

```
辽宁
辽宁
```

结果分析：

此代码定义了 Student 类，类内定义了属性 address，创建了对象 stu。根据运行结果可以看出，类的公有成员属性可以在类的外部通过类或对象随意访问。

8.3.2 私有成员

由于公有成员在安全上的局限性，为保证类中数据的安全，Python 支持将公有成员改成私有成员，一定程度上限制了在类的外部对类成员的访问。

Python 通过在类成员的名称前面添加双下画线（__）的方式来表示私有成员，语法格式如下：

```
__属性名
__方法名
```

【例 8-14】 私有成员示例 1。

程序代码：

```
>>>class Student:
    __name='张三'                  # 私有属性
    def __eat(self):                # 私有方法
        print('吃饭')
```

```
>>>stu=Student()
>>>print(stu.__name)                              # 类外部访问私有属性
>>>stu.__eat()                                    # 类外部调用私有方法
```

运行结果：

```
----------------------------------------------
AttributeError                        Traceback (most recent call last)
<ipython-input-41-23cc4d9cacf2> in <module>
    5
    6 stu=Student()
----> 7 print(stu.__name)                         # 类外部访问私有属性
    8 stu.__eat()                                 # 类外部调用私有方法
AttributeError: 'Student' object has no attribute '__name'
```

结果分析：

此代码定义了包含私有属性__name和私有方法__eat()的Student类，定义了该类的对象stu，通过对象 stu 访问私有属性__name 和私有方法__eat()时，输出结果出现了错误，说明在类的外部不能直接访问类的私有属性和私有方法。

【例 8-15】 私有成员示例 2。

程序代码：

```
>>>class Student:
       __name='张三'                              # 私有属性
       def __eat(self):                           # 私有方法
           print('吃饭')
       def test(self):
           print(f'{self.__name}')                # 公有方法中访问私有属性
           self.__eat()                           # 公有方法中调用私有方法

>>>stu=Student()
>>>stu.test()
```

运行结果：

```
张三
吃饭
```

结果分析：

此代码在例 8-14 中 Student 类的基础上增加了一个公有方法 test()，并在公有方法 test() 中访问私有属性__name，调用私有方法__eat()，通过定义该类的对象 stu 调用公有方法 test()。由运行结果可以看出，在类的外部通过调用公有方法 test()成功访问了私有属性__name，并调用了私有方法__eat()方法。

8.3.3 保护成员

在 Python 中，类的保护成员是指以一个下画线开头的成员变量或方法，例如_address、_getschool()。受保护的成员可以在类的内部和子类中访问，但是在类的外部不应该直接访问。

【例 8-16】 保护成员示例。
程序代码：

```
>>>class Student:
    _address = "辽宁"
    def _getschool(self):
        print("我在"+self._address+"上大学")
>>>stu = Student()

>>>stu._getschool()                              # 访问保护型方法
>>>print(stu._address)                           # 访问保护型属性
```

运行结果：

```
我在辽宁上大学
辽宁
```

结果分析：

在上面的示例中，_address 和_get_school()都是以一个下画线开头的保护成员。虽然它们可以被外部直接访问，但是以一个下画线开头的命名约定它们是受保护的，应该在类的内部使用。

8.4 特殊方法

除了 8.3 节介绍的方法之外，类中还包括两种特殊的方法：构造方法和析构方法，这两种方法都是系统内置方法。

8.4.1 构造方法

Python 中，类的构造方法为__init__()方法，创建对象时由系统自动调用，负责对对象进行初始化。每个类默认都有一个__init__()方法，也可以在类中显式定义__init__()方法。__init__()方法可以分为无参构造方法和有参构造方法。

1）当使用无参构造方法创建对象时，所有对象的属性都有相同的初始值。
2）当使用有参构造方法创建对象时，所有对象的属性可以有不同的初始值。

【例 8-17】 无参构造方法示例。
程序代码：

```
>>>class Student:
    def __init__(self):
        self.name="张三"
    def eat(self):
        print(f'{self.name}在吃饭')
>>>stu_one=Student()
>>>stu_one.eat()
>>>stu_two=Student()
>>>stu_two.eat()
```

运行结果:

```
张三在吃饭
张三在吃饭
```

结果分析:

此代码定义了包含无参构造方法和实例方法 eat() 的 Student 类,分别创建两个 Student 类的对象 stu_one 和 stu_two,通过对象 stu_one 和 stu_two 调用 eat() 方法。从运行结果可以看出,对象 stu_one 和 stu_two 在调用 eat() 方法时都成功访问了 name 属性,说明这个系统在创建这两个对象的同时也调用了 __init__() 方法进行了初始化。

【例 8-18】 有参构造方法示例。

程序代码:

```
>>>class Student:
    def __init__(self,name):
        self.name=name
    def eat(self):
        print(f'{self.name}在吃饭')
>>>stu_one=Student("张三")
>>>stu_one.eat()
>>>stu_two=Student("李四")
>>>stu_two.eat()
```

运行结果:

```
张三在吃饭
李四在吃饭
```

结果分析:

此代码定义了包含有参构造方法和实例方法 eat() 的 Student 类,分别创建两个 Student 类的对象 stu_one 和 stu_two,通过对象 stu_one 和 stu_two 调用 eat() 方法。从运行结果可以看出,对象 stu_one 和 stu_two 在调用 eat() 方法时都成功访问了 name 属性,且它们的属性具有不同的初始值。

8.4.2 析构方法

析构方法是类的另一种内置方法,其方法名为 __del__(),是在销毁对象时系统自动调用的方法,负责完成待销毁对象的资源清理工作,如关闭文件等。每个类默认都有一个 __del__() 方法,也可以显式定义析构方法。

【例 8-19】 析构方法示例。

程序代码:

```
>>>class Student:
    def __init__(self,name):                # 定义有参构造方法
        self.name=name
        print(f"姓名为{self.name}的对象被创建!")
    def __del__(self):                      # 定义析构方法
        print(f"姓名为{self.name}的对象被销毁! ")
```

```
>>>def func(name):
    stu=Student(name)              # 创建 Student 类对象 stu

>>>stu_one=Student("张三")         # 创建 Student 类对象 stu_one
>>>stu_two=Student("李四")         # 创建 Student 类对象 stu_two
>>>stu_three=stu_two
>>>del stu_two                     # 使用 del 删除对象 stu_two
>>>func("吴六")                    # 调用 func 函数
>>>del stu_three                   # 使用 del 删除对象 stu_three
>>>stu_four=Student("刘七")
```

运行结果：

```
姓名为张三的对象被创建!
姓名为李四的对象被创建!
姓名为吴六的对象被创建!
姓名为吴六的对象被销毁!
姓名为李四的对象被销毁!
姓名为刘七的对象被创建!
```

结果分析：

此代码定义了包含有参构造方法和析构方法的 Student 类和函数 func()。从运行结果分析，类对象销毁有如下 3 种情况。

1）局部变量作用域结束。代码调用了 func()函数，在 func()函数中创建了一个 Student 类的局部变量 stu，此时会自动执行构造方法，在屏幕上输出"姓名为吴六的对象被创建"；当 func()执行完毕时，局部变量 stu 的作用域结束，此时会销毁 stu 对象，自动执行析构方法，在屏幕上输出"姓名为吴六的对象被销毁!"。

2）使用 del 删除对象。代码通过 del stu_three 删除了 stu_three 对象，此时系统会自动执行析构方法，在屏幕上输出"姓名为李四的对象被销毁!"。

3）在 Python 程序中，如果定义了全局变量，那么在整个程序运行期间，这些变量会一直存在。只有当解释器进程退出时，这些全局变量才被销毁。stu_one 和 stu_four 是两个全局变量，由于运行上述代码时没有退出解释器，这两个对象没被销毁，即不执行对应的析构函数。

注意：

Python 中的每一个变量都对应一块内存空间，对变量进行访问实质上就是对其所对应内存中的数据进行访问。如果多个变量对应同一块内存空间，则只有将这些变量都删除后才会销毁这块内存空间中所保存的对象，并自动执行析构方法。Python 通过引用计数器记录所有对象的引用（可以理解为对象所占内存的别名）数量，一旦某个对象的引用计数器的值为 0，系统就会销毁这个对象，收回对象所占用的内存空间。在此代码中，通过 stu_three=stu_two，使得 stu_three 和 stu_two 对应同一块内存空间，因此在执行 del stu_two 时，并不会自动执行析构方法，等 del stu_three 执行后才会将这块内存空间销毁，并自动执行析构方法。

8.5 封装

封装是面向对象的重要特性之一，它的基本思想是对外隐藏类的细节，将数据和方法封装在一个单独的类中,使得外部无法直接访问和修改数据,只能通过类的方法来访问和修改数据。封装的目的是隐藏类的内部实现细节,使类的用户只需要关心类提供的公共接口,而不需要关心类的内部实现,这在一定程度上保证了类内数据的安全。

为了契合封装思想,在定义类时需要满足以下两点要求。

1)将类属性声明为私有属性。

2)添加两类供外界调用的公有方法,分别用于设置和获取私有属性的值。

【例 8-20】 封装示例。

程序代码:

```
>>>class Person:
    def __init__(self, name, age):
        self.__name = name
        self.__age = age

    def get_name(self):
        return self.__name

    def set_name(self, name):
        self.__name = name

    def get_age(self):
        return self.__age

    def set_age(self, age):
        self.__age = age

# 使用示例
>>>person = Person("Alice", 30)
>>>print(person.get_name())
>>>print(person.get_age())
>>>person.set_name("Bob")
>>>print(person.get_name())
>>>print(person.get_age())
```

运行结果:

```
Alice
30
Bob
30
```

结果分析:

在这个示例中,定义了一个 Person 类,它有两个私有属性__name 和__age,并且提供了两个方法 get_name()和 set_name()来获取和设置 name 属性的值,以及两个方法 get_age()和 set_age()来获取和设置 age 属性的值。这样,外部用户只能通过类的方法来访问和修改__name 和__age 属性的值,而不能直接访问和修改这两个属性。这就是封装的概念。

封装可以提高代码的可维护性和可重用性,因为它隐藏了类的内部实现细节,使得外部用户只需要关心类提供的公共接口,而不需要关心类的内部实现。这样,当类的内部实现发生变化时,只需要修改类的内部实现,而不需要修改外部用户的代码。

8.6 类的继承

继承是面向对象重要的特性之一,它主要描述类与类之间的关系,在不改变原有类的基础上扩展原有类功能。如果类与类之间有继承关系,被继承的类称为父类或基类,继承其他类的类称为子类或派生类,子类自动继承父类的方法和属性。

8.6.1 单继承

在类层次中,子类只继承一个父类的数据结构和方法,称为单继承,即子类只继承一个父类。现实生活中,蝴蝶犬、贵宾犬、边牧犬都属于犬类,它们之间存在的继承关系即为单继承,如图 8-2 所示。

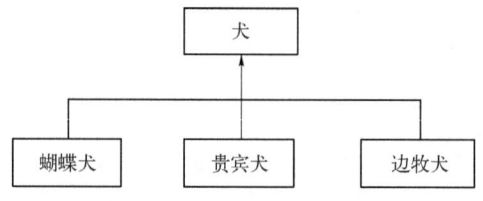

图 8-2 继承关系示意图

Python 中单继承的语法格式如下:

```
class 子类名（父类名）
```

子类继承父类的同时会自动拥有父类的公有方法和属性。若在定义时没有指明该类的父类,那么该类会自动继承 object 类。

【例 8-21】 单继承示例 1。
程序代码:

```
>>>class Dog(object):
    def __init__(self,color):
        self.color=color
    def eat(self):
        print("狗吃骨头")
# 定义继承 Dog 类的子类 PoodleDog
>>>class PoodleDog(Dog):
    pass
>>>dog=PoodleDog("黄色")
>>>print(f"{dog.color}的贵宾犬")
>>>dog.eat()
```

运行结果:

```
黄色的贵宾犬
狗吃骨头
```

结果分析：

以上示例首先定义了一个类 Dog，Dog 类中包含 color 属性和 eat()方法；然后定义了一个继承 Dog 类的子类 PoodleDog，PoodleDog 类中没有任何属性和方法；最后创建了一个 PoodleDog 类的对象 dog，使用 dog 对象访问 color 属性，调用 eat()方法。从以上运行结果可以看出，程序使用子类的对象成功访问了父类的属性和方法，说明子类继承父类时会自动拥有父类的公有成员。

需要注意的是，子类不会拥有父类的私有成员，也不能访问父类的私有成员。

【例 8-22】 单继承示例 2。

```
>>>class Dog(object):
    __name="团子"
    def __init__(self,color):
        self.color = color
    def eat(self):
        print("吃骨头")
    def __test(self):
        print("父类的私有方法")
# 定义继承 Dog 类的子类 PoodleDog
>>>class PoodleDog(Dog):
    pass
>>>dog=PoodleDog("黄色")
>>>print(dog.__name)              # 子类访问父类的私有属性
>>>dog.__test()                   # 子类访问父类的私有方法
```

运行结果：

```
AttributeError                          Traceback (most recent call last)
<ipython-input-54-13029e972f1f> in <module>
     11         pass
     12 dog=PoodleDog("黄色")
---> 13 print(dog.__name)              # 子类访问父类的私有属性
     14 dog.__test()                   # 子类访问父类的私有方法
AttributeError: 'PoodleDog' object has no attribute '__name'
```

结果分析：

以上示例在 Dog 类中增加了一个私有属性__name 和一个私有方法__test()，注释最后一行访问父类私有方法的代码，继续运行代码，出现上面的报错信息。

注释访问父类私有属性的代码，继续运行代码，出现如下所示的错误信息：

```
AttributeError                          Traceback (most recent call last)
<ipython-input-55-3a186cae2d4c> in <module>
     12 dog=PoodleDog("黄色")
     13 # print(dog.__name)              # 子类访问父类的私有属性
---> 14 dog.__test()                   # 子类访问父类的私有方法
AttributeError: 'PoodleDog' object has no attribute '__test'
```

结果分析：

由以上两次的错误信息可知，子类继承父类后不会拥有父类的私有成员。

8.6.2 多继承

现实生活中有很多事物是多个事物的组合，它们同时具有多个事物的特征或行为，例如房车是房屋和汽车的组合，既具有房屋的居住行为，也具有汽车的行驶行为；玩具车是玩具和车的组合，既有玩具的特性也有汽车的特征，它们的继承关系如图 8-3 所示。

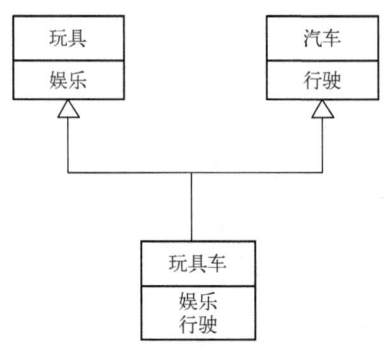

图 8-3　多继承关系示意图

在类层次中，子类继承了多个父类的数据结构和方法，称为多继承。程序中的一个类可以继承多个类，即子类具有多个父类，也自动拥有所有父类的公有成员。Python 中多继承的语法格式如下。

```
class 子类名(父类名 1,父类名 2,…):
```

【例 8-23】 多继承示例 1。

程序代码：

```
# 定义一个表示玩具的类 Toy
>>>class Toy(object):
    def play(self):
        print("供人娱乐")                    # 玩耍
# 定义一个表示车的类 Car
>>>class Car(object):
    def driver(self):
        print("行驶")                        # 行驶
# 定义一个表示玩具车的类，继承 Toy 类和 Car 类
>>>class ToyCar(Toy,Car):
    pass
>>>toy_car=ToyCar()                          # 定义子类对象
>>>toy_car.play()                            # 调用父类 Toy 的方法
>>>toy_car.driver()                          # 调用父类 Car 的方法
```

运行结果：

```
供人娱乐
行驶
```

结果分析：

上面示例首先定义了包含 play()方法的类 Toy 和包含 drive()方法的类 Car；然后定义了一个继承这两个类，但本身没有额外定义属性和方法的子类 ToyCar；最后创建了一个 ToyCar 类的对象 toy_car，并使用该对象依次调用 play()和 drive()方法。从运行结果可以看出，子类继承多个父类后自动拥有了多个父类的公有成员。

若子类继承的多个类是平行关系的类，子类先继承哪个类，就先调用哪个类的方法。

【例 8-24】 多继承示例 2。

程序代码：

```
# 定义一个表示玩具的类 Toy
>>>class Toy(object):
    def play(self):
        print("供人娱乐")                          # 玩耍
    def test(self):
        print('Toy 测试')
# 定义一个表示车的类 Car
>>>class Car(object):
    def driver(self):
        print("行驶")                              # 行驶
    def test(self):
        print('Car 测试')
# 定义一个表示玩具车的类，继承 Toy 类和 Car 类
>>>class ToyCar(Toy,Car):
    pass
>>>toy_car=ToyCar()                                # 定义子类对象
>>>toy_car.play()                                  # 调用父类 Toy 的方法
>>>toy_car.driver()                                # 调用父类 Car 的方法
>>>toy_car.test()                                  # 子类对象调用两个父类的同名方法
```

运行结果：

```
供人娱乐
行驶
Toy 测试
```

结果分析：

此代码在例 8-23 定义的 Toy 类和 Car 类中分别添加一个 test()方法，在末尾调用 test 方法。从运行结果可以看出，当子类对象调用两个父类的同名方法时，子类调用了先继承的 Toy 类的 test()方法。

8.6.3 重写

重写是指在子类中定义与父类方法同名的方法，在方法中按照子类需求重新编写功能代码。

【例 8-25】 重写示例 1。

程序代码：

```
>>>class Animal:
```

```
        def make_sound(self):
            print("Animal makes sound")

>>>class Dog(Animal):
        def make_sound(self):              # 重写的方法
            print("Dog barks")

# 使用示例
>>>animal = Animal()
>>>animal.make_sound()
>>>dog = Dog()
>>>dog.make_sound()                        # 子类调用了重写的方法
```

运行结果:

```
Animal makes sound
Dog barks
```

结果分析:

在这个示例中，定义了一个 Animal 类和一个 Dog 类，Dog 类是 Animal 类的子类。Animal 类有一个 make_sound()方法，它打印"Animal makes sound"；Dog 类重写了 make_sound()方法，它打印"Dog barks"。在使用示例中，创建了一个 Animal 类的实例 animal 和一个 Dog 类的实例 dog，然后分别调用了它们的 make_sound()方法，得到了不同的输出。

重写的目的是实现多态（Polymorphism），即同样的方法名可以在不同的类中实现不同的行为。通过重写，可以在子类中实现与父类中同名的方法，以实现不同的行为，从而实现多态。

子类重写了父类的方法之后，无法直接访问父类的同名方法，但可以使用 super()函数间接调用父类中被重写的方法。

【例 8-26】 重写示例 2。

程序代码:

```
>>>class Animal:
        def make_sound(self):
            print("Animal makes sound")

>>>class Dog(Animal):
        def make_sound(self):              # 重写的方法
            super().make_sound()
            print("Dog barks")

# 使用示例
>>>animal = Animal()
>>>animal.make_sound()
>>>dog = Dog()
>>>dog.make_sound()                        # 子类调用了重写的方法
```

运行结果:

```
Animal makes sound
Animal makes sound
Dog barks
```

结果分析:
由运行结果可知,super()函数成功调用了父类被重写的方法。

8.7 多态

多态是面向对象的重要特性之一,它的直接表现即让不同类的同一功能可以通过同一个接口调用,表现出不同的行为。

【例 8-27】 多态示例。
程序代码:

```
>>>class Animal(object):
    def eat(self):
        print('动物会吃')
>>>class Dog(Animal):
    def eat(self):
        print('狗吃骨头')
>>>class Cat(Animal):
    def eat(self):
        print('猫吃鱼')
>>>class Person:
    def eat(self):
        print('人吃五谷杂粮')
>>>def fun(obj):
    obj.eat()
>>>fun(Animal())
>>>fun(Dog())
>>>fun(Cat())
>>>fun(Person())
```

运行结果:

```
动物会吃
狗吃骨头
猫吃鱼
人吃五谷杂粮
```

结果分析:
此代码定义了动物类 Animal,而猫类 Cat 和狗类 Dog 都继承自动物类 Animal,又定义了类 Person,为这四个类都定义一个方法 eat();接着定义一个函数,此函数通过同一个接口 obj 分别调用了动物类 Animal、狗类 Dog、猫类 Cat 和人的类 Person 的 eat()方法,不同的对象收到同一消息后产生了不同的结果,体现了面向对象的多态性。

8.8 运算符重载

在 Python 中，可以通过在类中定义特殊方法来实现运算符重载。运算符重载是指赋予内置运算符新的功能，使内置运算符能够适应更多的数据类型。

在 Python 中，可以重载很多不同的运算符，例如+、-、*、/、==、<等。每个运算符都对应一个特殊方法，可以在类中定义这些特殊方法来重载对应的运算符。下面是一些常用的运算符及其对应的特殊方法。

1）+运算符对应__add__方法：在类中定义__add__方法来重载+运算符，以实现加法运算。

2）-运算符对应__sub__方法：在类中定义__sub__方法来重载-运算符，以实现减法运算。

3）*运算符对应__mul__方法：在类中定义__mul__方法来重载*运算符，以实现乘法运算。

4）/运算符对应__truediv__方法：在类中定义__truediv__方法来重载/运算符，以实现除法运算。

5）//运算符对应__floordiv__方法：在类中定义__floordiv__方法来重载//运算符，以实现整除运算。

6）%运算符对应__mod__方法：在类中定义__mod__方法来重载%运算符，以实现取模运算。

7）**运算符对应__pow__方法：在类中定义__pow__方法来重载**运算符，以实现指数运算。

8）+=运算符对应__iadd__方法：在类中定义__iadd__方法来重载+=运算符，以实现增量赋值运算。

9）-=运算符对应__isub__方法：在类中定义__isub__方法来重载-=运算符，以实现减量赋值运算。

10）*=运算符对应__imul__方法：在类中定义__imul__方法来重载*=运算符，以实现乘量赋值运算。

11）/=运算符对应__idiv__方法：在类中定义__idiv__方法来重载/=运算符，以实现除量赋值运算。

12）==运算符对应__eq__方法：在类中定义__eq__方法来重载==运算符，以实现相等比较运算。

13）<运算符对应__lt__方法：在类中定义__lt__方法来重载<运算符，以实现小于比较运算。

14）>运算符对应__gt__方法：在类中定义__gt__方法来重载>运算符，以实现大于比较运算。

15）!=运算符对应__ne__方法：在类中定义__ne__方法来重载!=运算符，以实现不等比较运算。

16）<=运算符对应__le__方法：在类中定义__le__方法来重载<=运算符，以实现小于等于比较运算。

17）>=运算符对应__ge__方法：在类中定义__ge__方法来重载>=运算符，以实现大于等于比较运算。

18）str()函数对应__str__方法：在类中定义__str__方法来重载 str()函数，以实现将对象转换为字符串的功能。

19）repr()函数对应__repr__方法：在类中定义__repr__方法来重载 repr()函数，以实现将对象转换为可打印的字符串的功能。

【例 8-28】 运算符重载示例。

程序代码：

```
>>>class Point:
    def __init__(self, x, y):
        self.x = x
        self.y = y

    def __add__(self, other):
        return Point(self.x + other.x, self.y + other.y)

    def __sub__(self, other):
        return Point(self.x - other.x, self.y - other.y)

    def __mul__(self, other):
        return Point(self.x * other, self.y * other)

    def __truediv__(self, other):
        return Point(self.x / other, self.y / other)

    def __eq__(self, other):
        return self.x == other.x and self.y == other.y

    def __lt__(self, other):
        return self.x < other.x and self.y < other.y

    def __str__(self):
        return f"({self.x}, {self.y})"

    def __repr__(self):
        return f"Point({self.x}, {self.y})"

# 使用示例
>>>p1 = Point(1, 2)
>>>p2 = Point(3, 4)
>>>p3 = p1 + p2
>>>print("p1+p2:",p3)
>>>p4 = p1 - p2
>>>print("p1-p2:",p4)
>>>p5 = p1 * 2
```

```
>>>print("p1*2:",p5)
>>>p6 = p1 / 2
>>>print("p1/2:",p6)
>>>print("判断 p1 和 p2 是否相等: ",p1 == p2)
>>>print("判断 p1 是否小于 p2:",p1 < p2)
>>>print("将 p1 转换为友好字符串:",str(p1))
>>>print("将 p1 转换为官方字符串:",repr(p1))
```

运行结果：

```
p1+p2: (4, 6)
p1-p2: (-2, -2)
p1*2: (2, 4)
p1/2: (0.5, 1.0)
判断 p1 和 p2 是否相等:  False
判断 p1 是否小于 p2: True
将 p1 转换为友好字符串: (1, 2)
将 p1 转换为官方字符串: Point(1, 2)
```

结果分析：

在这个示例中，定义了一个 Point 类，它有两个属性 x 和 y，并且重载了+、-、*、/、==、<、str()和 repr()方法。在__add__方法中，通过将两个 Point 类的实例的 x 和 y 属性相加得到一个新的 Point 类的实例。在__sub__方法中，通过将两个 Point 类的实例的 x 和 y 属性相减得到一个新的 Point 类的实例。在__mul__方法中，通过将一个 Point 类的实例的 x 和 y 属性乘以一个标量得到一个新的 Point 类的实例。在__truediv__方法中，通过将一个 Point 类的实例的 x 和 y 属性除以一个标量得到一个新的 Point 类的实例。在__eq__方法中，通过比较两个 Point 类的实例的 x 和 y 属性判断它们是否相等。在__lt__方法中，通过比较两个 Point 类的实例的 x 和 y 属性判断一个是否小于另一个。在__str__方法中，返回一个字符串表示一个 Point 类的实例。在__repr__方法中，返回一个字符串表示一个 Point 类的实例，这个字符串可以直接用来创建一个新的 Point 类的实例。在使用示例中，创建了两个 Point 类的实例 p1 和 p2，对它们进行加法、减法、乘法、除法、相等比较、小于比较、转换为字符串和转换为可打印的字符串的操作。

8.9 实践——实现一个简单的电影订票系统

下面的代码实现了一个简单的电影订票系统，能够让用户通过命令行界面来浏览电影列表、查看座位信息、预订座位以及查看已预订的订单。

这个系统由三个类组成："Movie""Seat"和"BookingSystem"。

Movie 类用来表示电影，它有四个属性："title"表示电影名称；"showtime"表示上映时间；"cinema"表示影院地址；"price"表示电影票价。

Seat 类用来表示座位，它有两个属性："seat_number"表示座位号；"is_reserved"表示是否已经被预订。

BookingSystem 类是整个电影订票系统的核心，它有三个属性："movies"表示电影列表；"seats"表示座位列表；"bookings"表示订单列表。这个类有一系列方法来实现不同功能，比如添加电影、添加座位、预订座位、创建订单和打印订单信息等。最后，这个类还有一个方法 run_booking_system 用来运行电影订票系统，它会在一个循环中等待用户的输入，并根据用户的选择执行不同的操作。

程序代码：

```python
>>>class Movie:
    def __init__(self, title, showtime, cinema, price):
        self.title = title
        self.showtime = showtime
        self.cinema = cinema
        self.price = price


>>>class Seat:
    def __init__(self, seat_number, is_reserved):
        self.seat_number = seat_number
        self.is_reserved = is_reserved


>>>class BookingSystem:
    def __init__(self):
        self.movies = []
        self.seats = []
        self.bookings = []

    def add_movie(self, movie):
        self.movies.append(movie)

    def add_seat(self, seat):
        self.seats.append(seat)

    def reserve_seat(self, seat_number):
        seat = self.get_seat(seat_number)
        if seat:
            if not seat.is_reserved:
                seat.is_reserved = True
                return True
            else:
                return False
        else:
            return False

    def get_seat(self, seat_number):
        for seat in self.seats:
            if seat.seat_number == seat_number:
                return seat
        return None

    def make_booking(self, movie, seat_number):
        seat = self.get_seat(seat_number)
        if seat and not seat.is_reserved:
```

```python
                seat.is_reserved = True
                booking = {'movie': movie.title, 'seat_number': seat_number}
                self.bookings.append(booking)
                return True
            else:
                return False

    def print_bookings(self):
        for booking in self.bookings:
            print(f"Movie: {booking['movie']}, Seat Number: {booking['seat_number']}")

    def display_movie_list(self):
        print("Movie List:")
        for i, movie in enumerate(self.movies):
            print(f"{i + 1}. {movie.title} ({movie.showtime}) - {movie.cinema} - ${movie.price}")

    def display_seat_list(self):
        print("Seat List:")
        for i, seat in enumerate(self.seats):
            if not seat.is_reserved:
                print(f"{i + 1}. Seat {seat.seat_number} - Not Reserved")
            else:
                print(f"{i + 1}. Seat {seat.seat_number} - Reserved")

    def run_booking_system(self):
        print("Welcome to the Movie Booking System!")
        while True:
            print("\nWhat would you like to do?")
            print("1. View Movie List")
            print("2. View Seat List")
            print("3. Make a Booking")
            print("4. View Bookings")
            print("5. Exit")
            choice = input("Enter your choice: ")

            if choice == "1":
                self.display_movie_list()
            elif choice == "2":
                self.display_seat_list()
            elif choice == "3":
                movie_index = int(input("Enter the movie number: ")) - 1
                seat_number = int(input("Enter the seat number: "))
                success = self.make_booking(self.movies[movie_index], seat_number)
                if success:
                    print("Booking successful!")
                else:
                    print("Booking failed. Seat already reserved.")
            elif choice == "4":
                self.print_bookings()
```

```
            elif choice == "5":
                print("Thank you for using the Movie Booking System!")
                break
            else:
                print("Invalid choice. Please try again.")

# 使用示例
>>>booking_system = BookingSystem()

# 添加电影信息
>>>movie1 = Movie("The Matrix", "2024-02-20 20:00", "Cinema 1", 10.00)
>>>movie2 = Movie("Inception", "2024-02-21 18:00", "Cinema 2", 8.00)

>>>booking_system.add_movie(movie1)
>>>booking_system.add_movie(movie2)

# 添加座位信息
>>>for i in range(1, 11):
    seat = Seat(i, False)
    booking_system.add_seat(seat)

# 运行电影订票系统
>>>booking_system.run_booking_system()
```

运行结果：

```
Welcome to the Movie Booking System!

What would you like to do?
1. View Movie List
2. View Seat List
3. Make a Booking
4. View Bookings
5. Exit
Enter your choice: 1
Movie List:
1. The Matrix (2024-02-20 20:00) - Cinema 1 - $10.0
2. Inception (2024-02-21 18:00) - Cinema 2 - $8.0

What would you like to do?
1. View Movie List
2. View Seat List
3. Make a Booking
4. View Bookings
5. Exit
Enter your choice: 2
Seat List:
1. Seat 1 - Not Reserved
2. Seat 2 - Not Reserved
3. Seat 3 - Not Reserved
```

```
4. Seat 4 - Not Reserved
5. Seat 5 - Not Reserved
6. Seat 6 - Not Reserved
7. Seat 7 - Not Reserved
8. Seat 8 - Not Reserved
9. Seat 9 - Not Reserved
10. Seat 10 - Not Reserved

What would you like to do?
1. View Movie List
2. View Seat List
3. Make a Booking
4. View Bookings
5. Exit
Enter your choice: 3
Enter the movie number: 1
Enter the seat number: 3
Booking successful!

What would you like to do?
1. View Movie List
2. View Seat List
3. Make a Booking
4. View Bookings
5. Exit
Enter your choice: 4
Movie: The Matrix, Seat Number: 3

What would you like to do?
1. View Movie List
2. View Seat List
3. Make a Booking
4. View Bookings
5. Exit
Enter your choice: 5
Thank you for using the Movie Booking System!
```

在使用示例中，首先创建了一个 BookingSystem 实例，并添加了两部电影和 10 个座位。然后运行了电影订票系统，并通过命令行界面进行操作。用户可以通过输入不同的数字来选择不同的操作，比如查看电影列表、查看座位信息、预订座位和查看订单等。

8.10　本章小结

本章主要介绍了 Python 面向对象编程的相关内容，包括类与对象的概念、类的成员、成员可见性、特殊方法、封装、继承、多态以及运算符重载等方面的知识，并与具体示例相结合。类是对象的模板，对象是类的实例；类的成员包括属性和方法，属性是对象的状态，方法是对象的行为；成员可见性包括公有成员、私有成员和保护成员，公有成员可以在类的外部访问，私有成员只能在类的内部访问，保护成员可以在类的内部和子类中访问；特殊方法包括构造方法和析构方法，构造方法在创建对象时调用，析构方法在销毁对象时调用；封装将对象的数据和方法封装在一起；类的继承包括单继承和多继承，单继承是一个类继承一个类，多继承是一个类继承多个类；重写是子类重写父类的方法；多态是同一个方法在不同的对象上有不同的行为；运算符重载是定义对象的行为。通过学习本章的内容，读者能够理解面向对象的思想和特性，掌握面向对象编程的技巧，为后续的程序开发奠定扎实的面向对象思维基础。

8.11 习题

一、填空题

1．面向对象编程中的两个核心概念分别是_____和_____。
2．类的成员包括_____和_____。
3．Python 可以通过在类成员的名称之前添加_____的方式将公有成员改为私有成员。
4．当在类中定义一个方法时，第一个参数必须是_____。
5．在下列代码中的_____处填写语句来表示类实例化生成对象。

```
class MyClass:
    pass
obj = _____()
```

6．类的_____方法，创建对象时系统自动调用，负责在创建对象时对对象进行初始化。
7．_____是类的另一种内置方法，是在销毁对象时系统自动调用的方法，负责完成待销毁对象的资源清理工作，如关闭文件等。
8．_____的目的是隐藏类的内部实现细节，使类的用户只需要关心类提供的公共接口，而不必关心类的内部实现，这在一定程度上保证了类内数据的安全。
9．在类层次中，子类只继承一个父类的数据结构和方法，称为_____；在类层次中，子类继承了多个父类的数据结构和方法，称为_____。
10．_____是面向对象的重要特性之一，它的直接表现即让不同类的同一功能可以通过同一个接口调用，表现出不同的行为。

二、单选题

1．在 Python 中，面向对象编程是基于哪个概念的？（　　）
　　A．变量　　　　　　B．函数　　　　　　C．类　　　　　　D．字符串
2．下面哪个选项描述了类和对象之间的关系？（　　）
　　A．对象是类的实例化　　　　　　B．类是对象的实例化
　　C．类和对象是等价的概念　　　　D．类和对象之间没有联系
3．在 Python 中，可以通过以下哪种方式定义一个类？（　　）
　　A．class MyClass:　　　　　　　B．def MyClass:
　　C．MyClass = class:　　　　　　D．MyClass() = class:
4．下列关于类的说法中，错误的是（　　）。

A．类中可以定义私有方法和属性　　B．类方法的第一个参数是 cls
C．实例方法的第一个参数是 self　　D．类的实例无法访问类属性

5．阅读下面的代码：

```
class Test:
    count=21
    def num(self):
        count=20
        self.count+=20
        print(count)
test=Test()
print(Test.count)
test.num()
```

运行代码，输出的结果为（　　）。

A．21；20　　　　　　　　B．21；40
C．20；21　　　　　　　　D．20；41

三、编程题

1．请设计一个名为 Circle 的类，具有以下属性和方法。

属性：半径（radius）

方法：计算圆的面积 calc_area()，计算圆的周长 calc_perimeter()。提示：可以使用 math 模块中的常数 pi 来表示圆周率。

2．定义一个学生类 Student，具有以下实例属性：

1）姓名 name

2）成绩 score，以列表形式保存语文、数学和英语成绩（成绩类型为整数）

具有以下实例方法。

1）构造方法：__init__(self,name,score)初始化姓名和成绩

2）获取学生姓名：get_name()

3）返回 3 门科目中最高的分数：get_course()

定义好类以后，创建一个同学进行测试：

```
zhangsan = Student('张三',[69,88,100])
输出结果为：张三  100
```

3．定义一个汽车类 Car，包括：

1）颜色 color、动力 speed、型号 type 三个实例属性；

2）以 color、speed、type 为参数的构造方法；

3）实例方法 move(self)，输出"汽车开动了！"；

4）创建 Car 类的对象 c1，颜色是 red、动力是 300、型号是 BMW；

5）打印输出该对象的属性值，调用 move()方法。

第 9 章　正则表达式

正则表达式是一种用于匹配、搜索和替换字符串的强大工具。它是一种字符模式的描述方法，通过使用特定的语法规则来定义搜索模式，然后可以在文本中找到与该模式匹配的内容。正则表达式可以用来快速而准确地搜索、匹配和处理文本数据，还可以用于在大量文本中查找特定的模式、提取所需的信息、规范数据格式、验证输入的有效性等。掌握正则表达式可以提高在数据处理、文本分析等方面的工作效率，同时也是一种通用的技能，适用于各种领域和工作场景。本章主要介绍正则表达式在 Python 中的用法。

9.1　正则表达式概述

正则表达式（Regular Expression）是一种字符模式的描述方法，用于匹配、搜索和替换字符串。它是由各种普通字符和特殊字符组成的字符串，通过特定的语法规则定义匹配模式。正则表达式的应用场景广泛，包括：

（1）文本搜索和匹配

可以用正则表达式查找特定模式的文本，如匹配特定单词、日期、邮件地址等。

（2）文本替换和转换

可以用正则表达式将匹配的模式替换为新内容，如替换掉所有的空格、转换日期格式等。

（3）数据校验和验证

可以用正则表达式验证输入数据是否符合特定的格式要求，如验证邮箱、手机号码等。

（4）编程语言中的文本处理

正则表达式在编程中得到广泛应用，可用于字符串操作、模式匹配、提取信息等。

学习和掌握正则表达式可以提高文本处理的效率和准确性，同时也是一种通用技能，在各个行业和领域都有实际应用。

9.2　基本规则

正则表达式最关键的就是模式字符串的写法，而不同的计算机语言对模式字符串有不同的记法。读者在学习了 Python 模式字符串的写法之后，将对 Python 语言有更进一步的理解。如果想学习 Python 中模式字符串的全部语法规则，可以查询 Python 的帮助文档。

9.2.1　正则表达式中的字符串类型

正则表达式中的字符串类型指的是正则表达式中用来匹配的具体字符组合。这些字符可以包括字母、数字、特殊字符以及转义字符等。在正则表达式中，可以使用字符类别来表示特定类型的字符。此外，正则表达式还支持使用转义字符来表示特殊字符。通过组合不同类型的字符和使用量词控制匹配次数,可以构建出复杂且灵活的正则表达式,用于匹配各种字符串模式。

9.2.2 模式字符串中的普通字符

模式字符串中的普通字符,是指除了一些具有特殊意义的字符之外的常规字符。在正则表达式中,普通字符直接表示自身,用于与目标字符串进行精确匹配。例如,在模式字符串中包含字母"a",那么正则表达式将会匹配目标字符串中的所有"a"字符。同样地,如果在模式字符串中包含数字"5",那么正则表达式将会匹配目标字符串中的所有"5"字符。

需要注意的是,在某些情况下,模式字符串中的某些特殊字符也可能被视为普通字符。通常情况下,这些特殊字符会通过在它们前面加上反斜杠"\"来转义,以表示它们自身而不是特殊含义。例如,如果想匹配目标字符串中的一个句点字符".",可以在模式字符串中使用"\."。

总之,模式字符串中的普通字符直接匹配目标字符串中对应的字符,不涉及任何特殊的规则或符号解释。

9.2.3 模式字符串中的转义字符

模式字符串中的转义字符是用来表示具有特殊意义的字符序列。转义字符通常由一个反斜杠(\)紧跟着要转义的字符组成。通过使用转义字符,可以匹配在正则表达式中有特殊意义的字符,例如正则表达式中的元字符(如.、^、$、*、+、?、{、}、[、]、|、(、)等)以及一些其他特殊字符(如换行符\n、制表符\t 等)。例如,如果想匹配目标字符串中的一个点字符".",需要在模式字符串中使用转义字符,即使用"\."。同样地,如果要匹配一个制表符字符,需要使用"\t"。

需要注意的是,如果想匹配反斜杠字符本身,需要使用两个连续的反斜杠"\\",因为反斜杠在正则表达式中也是一个转义字符。

总之,转义字符在正则表达式中用于转义具有特殊意义的字符,使得它们能够被正确匹配。通过使用转义字符,可以精确地匹配模式中的特殊字符,而不会与其他正则表达式语法冲突。

9.2.4 模式字符串中的特殊字符

模式字符串中的特殊字符是在正则表达式中具有特殊含义或功能的字符。这些特殊字符用于定义匹配模式、控制匹配方式和匹配数量。常见的特殊字符可以分为元字符(见表 9-1)、量词(见表 9-2)和转义字符(见表 9-3)。

表 9-1 元字符

元字符	描述	元字符	描述
.	匹配除换行符以外的任意字符	\B	匹配非单词边界
^	匹配字符串的开头	[]	定义字符类别,匹配括号内的任意字符
$	匹配字符串的结尾	|	表示逻辑或,匹配两个模式中的任意一个
\b	匹配单词边界		

表9-2 量词

量词	描述	量词	描述
*	匹配前面的元素零次或多次	{n}	匹配前面的元素恰好 n 次
+	匹配前面的元素一次或多次	{n,}	匹配前面的元素至少 n 次
?	匹配前面的元素零次或一次	{n,m}	匹配前面的元素至少 n 次且不超过 m 次

表9-3 转义字符

转义字符	描述
\	用于转义特殊字符

除了上述列举的特殊字符外，正则表达式还提供了更多的特殊字符和语法，用于更复杂的匹配需求。这些特殊字符在正则表达式中具有特定的含义，使用时需要根据具体需求进行正确的转义和组合。

9.3 正则表达式的组

使用"()"括起来的正则表达式称作正则表达式的组，通常被视为一个整体来使用。在正则表达式中，组有不同的用法，例如捕获组、条件匹配、断言组等。

9.3.1 捕获组

正则表达式中的捕获组是指用"()"括起来的子表达式，用于提取和操作匹配到的子字符串。捕获组可以将匹配的文本保存到一个临时的变量中，以便后续的操作。当正则表达式匹配成功时，捕获组将会保存匹配到的子字符串。可以使用特殊的语法来引用捕获组中的内容，例如通过使用编号（1，2，3，…）或者命名来引用捕获组。这样，就可以在正则表达式中针对捕获组中的内容进行后续操作，如替换、提取、条件匹配等。假设有一个正则表达式模式为"(ab)+"，目标字符串为"ababab"，使用该正则表达式可匹配到三个连续的"ab"子串。如果将子表达式(ab)使用括号括起来，那么这个括号内的子表达式就构成了一个捕获组。通过捕获组，可以获取到每个匹配到的子串，例如编号为 1 的捕获组将会依次保存"ab""ab""ab"。捕获组在处理正则表达式时非常有用，可以在匹配过程中捕获需要的子字符串，然后用于后续的字符串操作和处理。

假设有一个目标字符串为"John Doe"，想从中提取出名字和姓氏，可以使用正则表达式"(\w+)\s(\w+)"来捕获名字和姓氏。
- (\w+)是第一个捕获组，匹配一个或多个连续的单词字符（字母、数字、下画线）。它会捕获名字部分。
- \s 匹配一个空白字符（包括空格、制表符、换行符等）。
- (\w+)是第二个捕获组，同样匹配一个或多个连续的单词字符。它会捕获姓氏部分。

使用捕获组，可以提取到匹配结果中的姓名部分。在这个例子中，第一个捕获组会保存"John"，第二个捕获组会保存"Doe"。通过对捕获组的引用，可以进一步操作和处理这些提取到的子字符串。例如，可以使用编程语言中的正则表达式相关函数，通过引用捕获组的内容将名字和姓氏提取出来，然后进行相应的处理和输出。

【例9-1】 利用正则表达式提取字符串示例。

程序代码：

```
>>>import re

# 定义正则表达式
>>>pattern = r'(\w+)\s(\w+)'

# 输入字符串
>>>input_str = 'John Doe'

# 使用正则表达式进行匹配
>>>match = re.match(pattern, input_str)

# 提取姓氏和名字
>>>last_name = match.group(2)
>>>first_name = match.group(1)
# 打印结果
>>>print(f'姓氏：{last_name}，名字：{first_name}')
```

9.3.1 捕获组示例

运行结果：

```
姓氏：Doe，名字：John
```

结果分析：

在这个示例中，首先定义了一个正则表达式(\w+)\s(\w+)，它由两个子表达式组成，分别匹配一个或多个字母、数字或下画线。然后使用 re.match()函数来匹配输入字符串"John Doe"和正则表达式(\w+)\s(\w+)，得到一个 Match 对象 match。最后使用 match.group()方法提取匹配的子字符串，match.group(1)用来提取第一个子表达式匹配的子字符串，即名字；match.group(2)用来提取第二个子表达式匹配的子字符串，即姓氏。最终得到姓氏 Doe 和名字 John。

9.3.2 条件匹配

在正则表达式中，条件匹配允许根据某些条件来选择相应的匹配模式，以便处理不同的情况或模式选择。条件匹配可以使用以下语法表示：

```
(?(condition)true-pattern|false-pattern)
```

其中，condition 是一个条件表达式，可以是一个正则表达式模式或其他布尔表达式。true-pattern 是满足条件时要匹配的模式，false-pattern 是条件不满足时要匹配的模式。

假设要匹配一个字符串，它的开头是数字，然后是字母，并且如果字母是小写字母，则后面必须跟一个大写字母，否则后面不能有大写字母。正则表达式模式可以写为

```
^\d+[a-z](?(?=[a-z])[A-Z]|[^A-Z])
```

其中：

● ^\d+匹配一个或多个数字字符作为开头。

- [a-z]匹配一个小写字母。
- (?([a-z])[A-Z]|[^A-Z])的条件匹配部分,"(?=[a-z])"是一个正向预查,用于检查当前位置后面是否存在小写字母。如果结果为真,则匹配"[A-Z]",即一个大写字母。如果结果为假,则匹配"[^A-Z]",即除大写字母外的任意字符。

【例9-2】 利用正则表达式进行字符串匹配示例。

程序代码:

```
>>>import re

# 定义正则表达式
>>>pattern = r'^\d+[a-z](?=[a-z])[A-Z]|[^A-Z]'

# 输入字符串
>>>input_str = '1aB'

# 使用正则表达式进行匹配
>>>match = re.match(pattern, input_str)

# 打印结果
>>>if match:
    print('匹配成功')
>>>else:
    print('匹配失败')
```

9.3.2 条件匹配示例

运行结果:

匹配成功

结果分析:

在这个示例中,首先定义了一个正确的正则表达式^\d+[a-z](?=[a-z])[A-Z]|[^A-Z],它由两部分组成,分别是"^\d+[a-z](?=[a-z])[A-Z]"和"[^A-Z]"。其中"^\d+[a-z](?=[a-z])[A-Z]"匹配一个或多个数字字符作为开头,然后是一个小写字母,然后是一个大写字母,这里使用了一个正向预查"(?=[a-z])"来检查当前位置后面是否存在小写字母。如果存在,则匹配一个大写字母。如果不存在,则匹配除大写字母外的任意字符。最后使用 re.match()函数来匹配输入字符串"1aB"和正则表达式^\d+[a-z](?=[a-z])[A-Z]|[^A-Z],得到一个 Match 对象 match。如果匹配成功,则打印"匹配成功",否则打印"匹配失败"。由于给定的字符串"1aB"匹配此正则表达式,所以输出"匹配成功"。

使用条件匹配,可以根据不同的条件来执行不同的模式匹配。这在处理复杂匹配逻辑时非常有用。

9.3.3 断言组

在正则表达式中,断言组是一种特殊的构造,用于在匹配过程中进行先行或后行的条件判断,而不消耗实际的匹配字符。断言组分为两种类型:先行断言和后行断言。

(1)先行断言(Positive Lookahead Assertion)

使用(?=...)语法表示。它会匹配满足括号内条件的位置,在匹配成功后,继续向前匹配实际字符。例如，正则表达式 foo(?=bar)匹配的是紧跟在"foo"后面的位置，该位置后面跟着字符串"bar"；正则表达式(\d+)(?=\D)用于匹配一个或多个数字后面紧跟非数字字符的情况。

【例 9-3】 先行断言字符串匹配示例。

程序代码：

```
>>>import re

# 定义正则表达式
>>>pattern1 = r'foo(?=bar)'
>>>pattern2 = r'(\d+)(?=\D)'

# 输入字符串
>>>input_str1 = 'foobar'
>>>input_str2 = '123abc'

# 使用正则表达式进行匹配
>>>match1 = re.match(pattern1, input_str1)
>>>match2 = re.match(pattern2, input_str2)

# 打印结果
>>>if match1:
    print('pattern1 匹配成功')
>>>else:
    print('pattern1 匹配失败')

>>>if match2:
    print('pattern2 匹配成功')
>>>else:
    print('pattern2 匹配失败')
```

运行结果：

```
pattern1 匹配成功
pattern2 匹配成功
```

结果分析：

在这个示例中，首先定义了两个正则表达式 foo(?=bar)和(\d+)(?=\D)，其中 foo(?=bar)用于匹配紧跟在"foo"后面的位置，并且该位置后面跟着字符串"bar"；(\d+)(?=\D)用于匹配一个或多个数字后面跟着非数字字符的情况。然后使用 re.match()函数来匹配输入字符串"foobar"和"123abc"，以及对应的正则表达式 foo(?=bar)和(\d+)(?=\D)，得到两个 Match 对象 match1 和 match2。最后使用 if 语句来判断匹配是否成功，并打印相应的结果。

（2）后行断言（Positive Lookbehind Assertion）

使用(?<=...)语法表示。它会匹配满足括号内条件的位置，在匹配成功后，向后匹配实际字符。例如，正则表达式(?<=foo)bar 匹配的是紧邻"bar"前面的位置，该位置前面跟着字符串"foo"；正则表达式(?<![0-9])\d{2}用于匹配没有数字前导的两个数字。

【例 9-4】 后行断言字符串匹配示例。

程序代码：

```
>>>import re

# 定义正则表达式
>>>pattern1 = r'(?<=foo)bar'
>>>pattern2 = r'(?<![0-9])\d{2}'

# 输入字符串
>>>input_str1 = 'foobar'
>>>input_str2 = 'abc12'

# 使用正则表达式进行匹配
>>>match1 = re.search(pattern1, input_str1)
>>>match2 = re.search(pattern2, input_str2)

# 打印结果
>>>if match1:
    print('pattern1 匹配成功')
>>>else:
    print('pattern1 匹配失败')

>>>if match2:
    print('pattern2 匹配成功')
>>>else:
    print('pattern2 匹配失败')
```

运行结果：

```
pattern1 匹配成功
pattern2 匹配成功
```

结果分析：

在这个示例中，首先定义了两个正则表达式(?<=foo)bar 和 (?<![0-9])\d{2}，其中 (?<=foo)bar 用于匹配紧邻"bar"前面的位置，并且该位置前面跟着字符串"foo"；(?<![0-9])\d{2}用于匹配没有数字前导的两个数字的情况。然后使用 re.search()函数来搜索输入字符串"foobar"和"abc12"，以及对应的正则表达式(?<=foo)bar 和(?<![0-9])\d{2}，得到两个 Match 对象 match1 和 match2。最后使用 if 语句来判断匹配是否成功，并打印相应的结果。由于字符串"foobar"与正则表达式(?<=foo)bar 匹配，所以输出"pattern1 匹配成功"；字符串"abc12"与正则表达式(?<![0-9])\d{2}也匹配，所以输出"pattern2 匹配成功"。

断言组允许在匹配过程中添加额外的逻辑条件，以便更精确地指定要匹配的位置。它们在处理复杂的匹配需求时非常有用。

9.4 正则表达式的函数

正则表达式的函数有很多不同的规则，本节将详细介绍正则对象和匹配规则、常用成员函数以及 Match 对象。

9.4.1 正则对象和匹配规则

在大多数编程语言中，正则表达式通常是通过正则对象（Regular Expression Object）来表示和操作的。正则对象是一个用于处理正则表达式的特殊对象，它可以编译和存储正则表达式，并提供匹配和替换等操作。在 Python 中，可以使用内置的 re 模块来创建和使用正则对象。re 模块提供了一系列函数，用于处理正则表达式的编译、匹配和替换等操作。使用正则对象的基本步骤如下：

（1）导入 re 模块

在使用正则表达式之前，需要先导入 Python 的 re 模块。该模块提供了正则表达式的相关功能，语法格式为

  import re

（2）编译正则表达式

使用 re 模块的 compile()函数来编译正则表达式字符串，返回一个正则对象。其中，r'正则表达式'是一个用原始字符串表示的正则表达式，语法格式为

  pattern = re.compile(r'正则表达式')

（3）使用正则对象进行匹配操作

通过调用正则对象的方法，如 match()、search()、findall()等，可以在目标字符串中进行匹配操作。这些方法会返回匹配结果，语法格式为

  result = patteren.match('目标字符串')

（4）处理匹配结果

如果匹配成功，可以使用 Match 对象的 group()方法来获取匹配的字符串。

注意：

正则对象的方法和使用方式可能有所不同，取决于要执行的具体操作。另外，还可以使用正则表达式的修饰符作为 re 模块函数的可选参数，以控制匹配规则的行为。

在 Python 中，也可以直接使用 re 模块的函数来进行正则操作，而不必显式地编译正则对象。但是，如果需要多次使用相同的正则表达式进行匹配，编译正则对象可以提高效率。通过 re 模块，Python 提供了一种强大而灵活的方式来处理和操作正则表达式。详细了解 re 模块的方法和功能，可以参考 Python 官方文档。

在 Python 中，正则表达式的匹配规则可以通过在正则表达式字符串中使用特定的语法和元字符来指定。以下是一些常用的正则表达式匹配规则。

1）普通字符匹配：正则表达式中的普通字符表示按字面值匹配。例如，正则表达式"hello"可以匹配字符串中包含单词"hello"的部分。

2）字符类匹配：使用方括号[...]表示一个字符类，用于匹配字符集合中的任意一个字符。例如，正则表达式"[aeiou]"可以匹配任何一个元音字母；使用连字符"-"可以指定一个字符范围。例如，"[a-z]"可以匹配小写字母。

3）转义字符匹配：使用反斜杠"\"来转义元字符或特殊字符，使它们具有普通字符的含义。例如，正则表达式"\."可以匹配句号；"\d"表示任意一个数字字符，"\w"表示任

意一个字母、数字或下画线字符。

4）量词匹配：使用特定的量词元字符（如*、+、?、{m}、{m,n}）指定匹配次数。例如，正则表达式"a*"可以匹配零个或多个连续的字符"a"。"+"表示匹配一次或多次，"?"表示匹配零次或一次，{m}表示恰好匹配 m 次，{m,n}表示匹配 m 到 n 次。

5）边界匹配：使用特殊的元字符"^"和"$"来指定匹配的整个字符串的起始和结束位置。例如，正则表达式"^hello$"可以匹配仅包含单词"hello"的字符串。

6）分组和捕获：使用圆括号(...)来创建分组，并使用\1、\2 等反向引用来匹配捕获的分组。例如，正则表达式"(\d{3})-(\d{4})"可以匹配"123-4567"这样的电话号码，并通过分组捕获相应的数字部分。

7）预定义字符类：使用特定的预定义字符类简化常见的匹配需求。例如，"\d"表示任意一个数字字符，"\w"表示任意一个字母、数字或下画线字符，"\s"表示任意一个空白字符。

这里只是介绍了正则表达式匹配规则的一小部分，正则表达式还有许多其他的语法和元字符，用于满足更复杂的匹配需求。在编写和使用正则表达式时，建议参考 Python 的 re 模块文档以了解更详细的信息和语法规则。

9.4.2 常用成员函数

正则对象中的成员函数有许多，本小节将介绍一些常用的成员函数。

（1）match()函数

正则对象的成员函数 match()是用于从字符串的开头开始匹配正则表达式的方法。尝试在目标字符串的开头找到与正则表达式完全匹配的内容。match()方法的语法如下。

```
match_obj = pattern.match(string, pos, endpos)
```

其中：
- pattern 是一个已编译的正则表达式对象。
- string 是目标字符串，即要进行匹配的字符串。
- pos（可选）是匹配的起始位置，默认为 0（开头）。
- endpos（可选）是匹配的结束位置，默认为字符串的长度。

match()方法返回一个 Match 对象，如果找到匹配，则该对象包含有关匹配的相关信息；如果没有找到匹配，则返回 None。Match 对象有几种常用的方法，可以从中提取匹配的相关信息：
- group()：返回整个匹配的字符串。
- start()：返回匹配的起始位置。
- end()：返回匹配的结束位置的下一个位置。
- span()：返回匹配的起始位置和结束位置的元组。

【例 9-5】 使用 match()方法示例。

程序代码：

```
>>>import re
>>>pattern = re.compile(r'hello')
>>>result = pattern.match('hello world')
```

```
    >>>if result:
        print("匹配成功")
        print(result.group())
        print(result.start())
        print(result.end())
        print(result.span())
    >>>else:
        print("匹配失败")
```

运行结果:

```
匹配成功
hello
0
5
(0, 5)
```

结果分析:

在这个示例中,使用编译好的正则表达式对象 pattern 调用 match()方法匹配目标字符串"hello world"。由于从开头开始的部分与正则表达式完全匹配,因此匹配成功。然后通过 Match 对象的方法提取匹配的相关信息。

注意:

match()方法只会在目标字符串的开头进行匹配。如果需要在整个字符串中进行匹配,可以使用 search()方法。此外,可以使用 group()方法和括号实现分组捕获,从而提取更复杂的匹配内容。

(2) search()函数

正则对象的成员函数 search()是用于在字符串中搜索匹配正则表达式的方法。它在目标字符串中查找符合正则表达式的任意位置的匹配。search()方法的语法如下。

```
search_obj = pattern.search(string, pos, endpos)
```

其中:

- pattern 是一个已编译的正则表达式对象。
- string 是目标字符串,即要进行搜索的字符串。
- pos(可选)是搜索的起始位置,默认为 0(开头)。
- endpos(可选)是搜索的结束位置,默认为字符串的长度。

search()方法返回一个 Match 对象,如果找到匹配,则该对象包含有关匹配的相关信息;如果没有找到匹配,则返回 None。

【例 9-6】 使用 search()方法的示例。

程序代码:

```
>>>import re
>>>pattern = re.compile(r'world')
>>>result = pattern.search('hello world')
>>>if result:
    print("匹配成功")
    print(result.group())
```

```
            print(result.start())
            print(result.end())
            print(result.span())
>>>else:
        print("匹配失败")
```

运行结果：

```
匹配成功
world
6
11
(6, 11)
```

结果分析：

在这个示例中，使用编译好的正则表达式对象 pattern 调用 search()方法搜索目标字符串 "hello world"。由于目标字符串中存在与正则表达式匹配的部分，因此匹配成功。然后通过 Match 对象的方法提取匹配的相关信息。

注意：

search()方法会在整个字符串中搜索匹配的内容，而不仅仅是从开头开始。因此，它可以用于找到第一个匹配项的位置。

（3）fullmatch()函数

正则对象的成员函数 fullmatch()是用于完全匹配正则表达式的方法。它尝试在目标字符串中找到与正则表达式完全匹配的内容。fullmatch()方法的语法如下。

```
fullmatch_obj = pattern.fullmatch(string)
```

其中：
- pattern 是一个已编译的正则表达式对象。
- string 是目标字符串，即要进行匹配的字符串。

fullmatch()方法返回一个 Match 对象，如果找到完全匹配，则该对象包含有关匹配的相关信息；如果没有找到完全匹配，则返回 None。

【例 9-7】 使用 fullmatch()方法的示例。

程序代码：

```
>>>import re
>>>pattern = re.compile(r'hello')
>>>result = pattern.fullmatch('hello')
>>>if result:
        print("完全匹配成功")
        print(result.group())
        print(result.start())
        print(result.end())
        print(result.span())
>>>else:
        print("完全匹配失败")
```

运行结果：

```
完全匹配成功
hello
0
5
(0, 5)
```

结果分析：

在这个示例中，使用编译好的正则表达式对象 pattern 调用 fullmatch()方法去完全匹配目标字符串"hello"。由于目标字符串与正则表达式完全匹配，因此完全匹配成功。然后通过 Match 对象的方法提取匹配的相关信息。

注意：

fullmatch()方法要求目标字符串与正则表达式完全匹配才算成功。这意味着，整个目标字符串都必须和正则表达式匹配，而不是仅仅部分匹配。

（4）split()函数

正则对象的成员函数 split()是用于按照正则表达式匹配的位置将字符串分割为子字符串的方法。split()方法的语法如下。

```
split_list = pattern.split(string, maxsplit=0)
```

其中：

- pattern 是一个已编译的正则表达式对象。
- string 是目标字符串，即要进行分割的字符串。
- maxsplit（可选）是分割次数，如果指定为 0 或负数，则不限制分割次数。

split()方法可以返回一个由分割后的子字符串组成的列表。

【例 9-8】 使用 split()方法示例。

程序代码：

```
>>>import re
>>>pattern = re.compile(r'[ \-]+')
>>>result = pattern.split('hello-world')
>>>print(result)
```

运行结果：

```
['hello', 'world']
```

结果分析：

在这个示例中，使用编译好的正则表达式对象 pattern 调用 split()方法将目标字符串"hello-world"按照正则表达式"[\-]+"中的空格和短横线进行分割。由于该正则表达式匹配了一个或多个空格或短横线，因此目标字符串被分割成两个子字符串"hello"和"world"。最终，得到了由这两个子字符串组成的列表。

注意：

返回的分割子字符串不包括匹配项本身。例如，在上面的示例中，正则表达式"[\-]+"匹配了"-"，但是它不会被包含在返回的列表中。

（5）sub()函数

正则对象的成员函数 sub()用于在目标字符串中替换与正则表达式匹配的部分。sub()方法的语法如下。

```
new_string = pattern.sub(rep1, string, count=0)
```

其中：
- pattern 是一个已编译的正则表达式对象。
- rep1 是用于替换匹配部分的字符串。
- string 是目标字符串，即要进行替换的字符串。
- count（可选）是替换的最大次数，如果指定为 0 或负数，则进行所有可能的替换。

sub()方法可以返回一个新字符串，其中匹配部分被 rep1 字符串替换。

【例 9-9】 使用 sub()方法的示例。

程序代码：

```
>>>import re
>>>pattern = re.compile(r'\d+')
>>>new_string = pattern.sub('number','I have 3 apples and 5 oranges')
>>>print(new_string)
```

运行结果：

```
I have number apples and number oranges
```

结果分析：

在这个示例中，使用编译好的正则表达式对象 pattern 调用 sub()方法将目标字符串"I have 3 apples and 5 oranges."中的数字部分替换为"number"。由于正则表达式"\d+"表示匹配一个或多个数字，因此将该部分都替换为了"number"。最终，得到了替换后的新字符串"I have number apples and number oranges"。

注意：

sub()方法中的 rep1 参数可以是一个字符串，也可以是一个替换函数。如果是字符串，则会将所有匹配部分替换为该字符串。如果是替换函数，则可以根据匹配的结果动态生成替换字符串。

（6）findall()函数

正则对象的成员函数 findall()可以用于查找目标字符串中所有与正则表达式匹配的部分，并返回一个包含所有匹配项的列表。findall()方法的语法如下。

```
matches = pattern.findall(string)
```

其中：
- pattern 是一个已编译的正则表达式对象。
- string 是目标字符串，即要进行匹配的字符串。

findall()方法返回一个列表，其中包含了目标字符串中所有与正则表达式匹配的部分。

【例 9-10】 使用 findall()方法的示例。

程序代码：

```
>>>import re
>>>pattern = re.compile(r'\d+')
>>>matches = pattern.findall( 'I have 3 apples and 5 oranges')
>>>print(matches)
```

运行结果：

```
['3', '5']
```

结果分析：

在这个示例中，使用编译好的正则表达式对象 pattern 调用 findall()方法在目标字符串"I have 3 apples and 5 oranges"中查找所有的数字部分。由于正则表达式"\d+"表示匹配一个或多个数字，因此找到了两个匹配项，即"3"和"5"。最终，得到了一个由这两个匹配项组成的列表。

注意：

findall()方法只返回匹配项的内容，不包括匹配项的位置信息。

（7）finditer()函数

正则对象的成员函数 finditer()可以用于查找目标字符串中所有与正则表达式匹配的部分，并返回一个由匹配对象组成的迭代器。finditer()方法的语法如下。

```
matches = pattern.finditer(string)
```

其中：
- pattern 是一个已编译的正则表达式对象。
- string 是目标字符串，即要进行匹配的字符串。

finditer()方法返回一个迭代器，该迭代器由匹配对象组成。每个匹配对象都包含了匹配项的内容以及其位置信息。

【例 9-11】 使用 finditer()方法的示例。

程序代码：

```
>>>import re
>>>pattern = re.compile(r'\d+')
>>>matches = pattern.finditer('I have 3 apples and 5 oranges')
>>>for match in matches:
    print(match.group(), match.start(), match.end())
```

运行结果：

```
3 7 8
5 20 21
```

结果分析：

在这个示例中，使用编译好的正则表达式对象 pattern 调用 finditer()方法查找目标字符串"I have 3 apples and 5 oranges"中的所有数字部分。由于正则表达式"\d+"表示匹配一个或多个数字，因此找到了两个匹配项，即"3"和"5"。每个匹配对象都包含了该匹配项的内容及其在目标字符串中的开始和结束位置。最终，通过遍历迭代器输出了两个匹配对象的信息。

注意：

匹配对象的方法和属性与 Match 对象相同。如果需要查找无重叠匹配项，可以使用正则表达式的零宽度断言。

9.4.3 Match 对象

在正则表达式中，Match 对象是由正则表达式模式与目标字符串匹配后返回的对象。它包含了匹配的相关信息，如匹配的内容、位置等。要获取 Match 对象，通常会使用正则表达式对象的 match()方法。match()方法尝试从目标字符串的起始位置开始匹配正则表达式模式，并返回一个 Match 对象。如果匹配成功，则可以通过 Match 对象的方法和属性来获取匹配的信息。

【例 9-12】 使用 match()方法获取 Match 对象的示例。

程序代码：

```
import re
pattern = re.compile(r'abc')
match = pattern.match('abcd')
if match:
    print(match.group())
    print(match.start())
    print(match.end())
else:
    print("匹配失败")
```

运行结果：

```
abc
0
3
```

结果分析：

在这个示例中，使用编译好的正则表达式对象 pattern 调用 match()方法在目标字符串"abcd"中匹配以"abc"开头的部分。由于目标字符串的起始部分是"abc"，所以匹配成功。通过 Match 对象的 group()方法可以获取匹配的内容为"abc"，start()方法获取匹配项在目标字符串中的起始位置为 0，end()方法获取匹配项在目标字符串中的结束位置为 3。

注意：

match()方法只尝试从目标字符串的起始位置进行匹配，如果起始位置不匹配，则返回 None。除了 group()、start()和 end()方法，Match 对象还提供了其他方法和属性，用于获取匹配的详细信息，具体可以参考 Python 官方文档中关于 Match 对象的文档。请注意，这里提到的 Match 对象与之前提到的 findall()和 finditer()的返回对象不同。findall()和 finditer()返回的是匹配项的列表或迭代器，而 match()返回的是一个 Match 对象。

9.5 实践——实现一个文件提取替换系统

题目：手机号提取和替换

要求：编写一个 Python 程序，实现以下功能。

1）从一个文本文件中读取一段文字内容。

2）使用正则表达式提取该文本中所有的手机号码（假设手机号码的格式为 11 位数字，可以包含空格或横杠，如：12345678901、123 4567 8901、123-4567-8901）。

3）将提取到的手机号码输出到控制台。

4）将提取到的手机号码中的空格或横杠替换为空字符串，并将替换后的手机号码输出到控制台。

注意：

● 请使用 Python 的 re 模块来进行正则表达式的匹配和替换操作。

● 提示：可以使用 re 模块的 findall()函数获取所有匹配的结果，使用 sub()函数进行替换。假设文本文件 introduction.txt 放在了 d 盘根目录下，文本文件内容如图 9-1 所示。

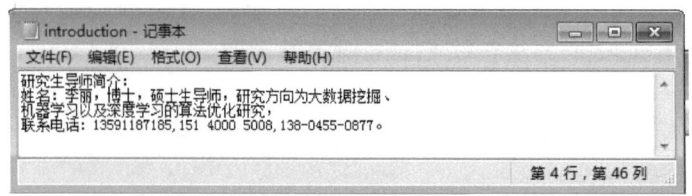

图 9-1　introduction.txt 的内容

程序代码：

```
import re

# 从文本文件中读取一段文字内容
with open('d:\introduction.txt', 'r') as file:
    text = file.read()

# 使用正则表达式提取该文本中的所有手机号码（假设手机号码的格式为 11 位数字，可以包含空格或横杠，如：12345678901、123 4567 8901、123-4567-8901）
phone_numbers = re.findall(r'\d{3}[ -]?\d{4}[ -]?\d{4}', text)

# 将提取到的手机号码输出到控制台
print("Phone Numbers Found:")
for phone_number in phone_numbers:
    print(phone_number)

# 将提取到的手机号码中的空格或横杠替换为空字符串，并将替换后的手机号码输出到控制台
cleaned_phone_numbers = [re.sub(r'[ -]', '', phone_number) for phone_number in phone_numbers]
print("\nCleaned Phone Numbers:")
for phone_number in cleaned_phone_numbers:
    print(phone_number)
```

运行结果：

```
Phone Numbers Found:
13591187185
151 4000 5008
138-0455-0877

Cleaned Phone Numbers:
13591187185
15140005008
13804550877
```

9.6　本章小结

本章主要介绍了 Python 中的正则表达式，包括正则表达式的概述、基本规则、组、函

数和实践。正则表达式的基本规则包括字符串类型、普通字符、转义字符和特殊字符。正则表达式的组包括捕获组、条件匹配和断言组。正则表达式的函数包括正则对象和匹配规则、常用成员函数和 Match 对象。最后通过一个实践案例，实现了一个文件提取替换系统，应用了所学的正则表达式知识。正则表达式是一种强大的文本匹配和处理工具，通过学习正则表达式，可以更加灵活地处理各种文本数据，提高文本处理的效率和准确性。

9.7 习题

1．编写一个正则表达式，匹配所有由数字和字母组成、长度为 8～10 位的字符串。
2．编写一个正则表达式，匹配所有以 abc 开头的字符串（大小写不区分）。
3．编写一个正则表达式，匹配所有包含至少一个数字和至少一个小写字母的字符串。
4．编写一个正则表达式，匹配所有标准的电子邮件地址（包括用户名、域名和顶级域名，如"example@domain.com"）。
5．编写一个 Python 程序，读取一个包含多行字符串的文本文件，使用正则表达式匹配其中所有的日期（格式为"YYYY-MM-DD"），并将其打印出来。请使用 Python 的文件读写相关函数来实现文本文件的读取和保存。
6．编写一个 Python 程序，读取一个包含多行字符串的文本文件，使用正则表达式匹配其中所有的 URL，将其替换为可打开的超链接，然后将处理后的字符串保存到一个新的文本文件中。请使用 Python 的文件读写相关函数来实现文本文件的读取和保存。

第 10 章　Python 常用库

Python 是一门可扩展的语言，它提供了一些常用的标准库和第三方库。标准库无须安装，在安装 Python 时已经自带，而第三方库则需自行额外安装。标准库包括 turtle 库、random 库和 time 库等；第三方库包括 PyInstaller 库、jieba 库以及 matplotlib 库等，本章将对 Python 的常用库进行介绍。

10.1　Python 标准库

10.1.1　turtle 库

Python 中的 turtle 库是一个易于使用的绘图库，可以让用户通过编写代码控制一个虚拟海龟（turtle）在画布上绘制图形，它是基于 Python 语言的内置库，无须额外安装。使用 turtle 绘制图像是一个生动有趣的过程。turtle 包括创建画布、创建画笔和绘图命令三部分。

（1）创建画布

画布是 turtle 在屏幕上绘制图像的区域，可以使用 screensize()和 setup()设置画布的大小和初始位置，各自的语法规则如下。

1）screensize(width, height, startx=None, starty=None,bg=None)

其中：

width 和 height 是窗口的宽度和高度，单位是像素。

startx 和 starty 是窗口的左上角的位置，单位是像素。如果没有指定，则窗口的左上角默认位于屏幕的中心。

bg 是窗口的背景色，可以是颜色名称或十六进制颜色值。如果不指定背景色，则窗口的背景默认为白色。

注意：

若 screensize()没有参数，将生成一块宽度为 400 像素、高度为 300 像素的画布。

2）setup(width, height, startx=None, starty=None)

其中：

width 和 height 分别是窗口的宽度和高度，取值为整数时代表的是像素，为小数时表示占据屏幕大小的比例。

startx 和 starty 是窗口的左上角的位置，单位是像素。如果没有指定，则窗口的左上角默认位于屏幕的中心。

（2）创建画笔

screensize()和 setup()都可以设置画布尺寸，在开始艺术创作之前，要先准备好画布，在画布显示出来后，通过画笔进行绘制，创建画笔的语法如下。

```
t = turtle.Turtle()
```

（3）绘图命令

使用画笔对象的各种方法来控制画笔的移动、旋转和绘制图形，表 10-1 列出了 turtle 的常用绘图命令。

表 10-1　turtle 的常用绘图命令

命令	说明
forward(distance)	让画笔向前移动指定的距离
backward(distance)	让画笔向后移动指定的距离
right(angle)	让画笔向右旋转指定的角度
left(angle)	让画笔向左旋转指定的角度
circle(radius, extent=None)	绘制一个圆形轨迹，radius 为半径，extent 可选参数指定绘制的角度，默认为 360°（完整的圆形）
dot(size=None, color=None)	绘制一个点，size 为可选参数，指定点的大小，color 为可选参数，指定点的颜色
pencolor(color)	设置轨迹的颜色
pensize(size)	设置轨迹的宽度
speed(speed)	设置绘制速度，值范围为 0~10
penup()	将画笔抬起，不绘制轨迹
pendown()	将画笔放下，开始绘制轨迹
begin_fill()	开始填充图形
end_fill()	结束填充图形
goto(x, y=None)	将画笔移动到指定的坐标位置(x, y)
clear()	清空画布上的所有图形和轨迹
reset()	重置画布和画笔对象的状态
done()	保持绘图窗口不关闭

【例 10-1】　使用 turtle 库绘制一个正方形示例。

程序代码：

```
>>>import turtle

>>>wn = turtle.Screen()          # 绘制窗口
>>>t = turtle.Turtle()           # 创建一个 Turtle 对象

>>>for _ in range(4):
    t.forward(100)               # 向前移动 100 像素
    t.left(90)                   # 向左旋转 90°

>>>turtle.done()
```

运行结果：

绘制的正方形，如图 10-1 所示。

结果分析：

这段代码的执行流程是先创建一个绘图窗口，然后创建一个 Turtle 对象，接着使用 for 循环绘制一个正方形，每次向前移动 100 个像素，然后向左旋转 90°，最后调用 done()方法保持绘图窗口不关闭。

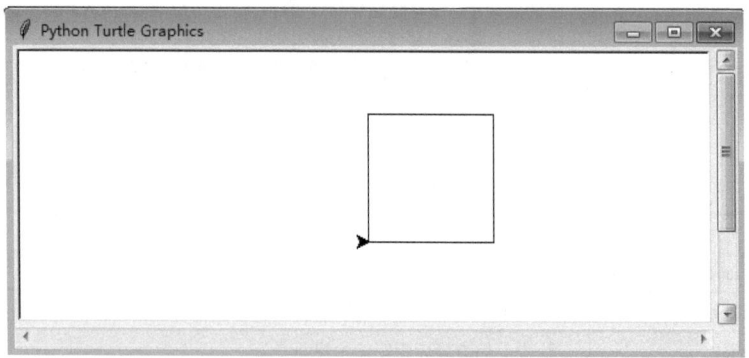

图 10-1　绘制正方形

【例 10-2】　使用 turtle 库绘制一个太阳花示例。

程序代码：

```
>>>import turtle
# 创建画布和 Turtle 对象
>>>wn = turtle.Screen()
>>>t = turtle.Turtle()

# 绘制花瓣
>>>for i in range(10):
    t.right(36)
    t.pencolor("red")
    t.fillcolor("yellow")
    t.begin_fill()
    for j in range(5):
        t.forward(50)
        t.right(144)
    t.end_fill()

# 绘制花心
>>>t.home()
>>>t.pencolor("red")
>>>t.fillcolor("red")
>>>t.begin_fill()
>>>t.circle(30)
>>>t.end_fill()

>>>turtle.done()
```

运行结果：

绘制的太阳花，如图 10-2 所示。

当运行该代码时，将会绘制一个具有十朵花瓣和一个红色花心的太阳花。其中，pencolor()和 fillcolor()方法用于设置画笔和填充颜色，begin_fill()和 end_fill()方法用于开始和结束填充。整个绘制的过程是通过多次使用 forward()和 right()方法，结合 circle()方法等完成的，在循环中不断旋转、填充颜色，然后绘制具有一定规则的五边形来构成花瓣的形状，最后使用 circle()方法来绘制花心。

图 10-2　绘制太阳花

以上只是应用 turtle 库绘图的两个例子，还可以使用它来绘制许多不同形状的图案，只需要不断使用 turtle 库提供的函数和方法，加上自己的想象力，就可以创作出独一无二的作品。

10.1.2　random 库

random 库是 Python 标准库中的一个模块，用于生成随机数。它提供一系列函数，可以用来生成不同种类的随机数，包括整数、浮点数、序列等。

（1）基本随机函数

1）random()：返回 0 到 1（包括 0 但不包括 1）之间的浮点数。

2）randint(a, b)：返回区间[a, b]中的整数，即包括 a 和 b。

3）randrange([start], stop[, step])：返回从 start 到 stop（不包括 stop），步长为 step 的一系列值中的一个随机选择的数字。如果只传递 stop，则默认从 0 开始取数。

4）uniform(a, b)：返回指定范围[a, b]中的随机浮点数。

这些函数是 random 库最基本的用法，它们可以方便地帮助用户生成各种数值类型的随机数，满足不同应用场景的需求。

【例 10-3】　基本随机函数示例。

程序代码：

10.1.2
random 库
示例

```
>>>import random

# 返回 0 到 1 之间的随机浮点数
>>>random_float = random.random()
>>>print(f"random()：{random_float}")

# 返回 1 到 100 之间的随机整数
>>>random_int = random.randint(1, 100)
>>>print(f"randint()：{random_int}")

# 返回 1 到 100 之间的随机偶数
>>>random_even = random.randrange(2, 101, 2)
>>>print(f"randrange()：{random_even}")
```

```
# 返回 1 到 100 之间的随机浮点数
>>>random_float = random.uniform(1, 100)
>>>print(f"uniform(): {random_float}")
```

运行结果:

```
random(): 0.4876974669359415
randint(): 81
randrange(): 68
uniform(): 28.437025843759
```

结果分析:

这段代码首先导入了 random 库,然后使用了 random()、randint()、randrange()和 uniform()方法来生成一个指定范围内的随机整数和随机浮点数。最后,打印出生成的随机数。

(2) 扩展随机函数

除了上面介绍的基本随机函数之外,random 库还提供了其他更复杂的随机函数和方法,如随机打乱序列、随机选择元素、从指定概率分布中生成随机数、生成随机字符串等。通过这些随机函数和方法可以进行更多的数据操作和处理,满足程序的更多需求。

1) choice(seq):从序列 seq 中随机选择一个元素并返回。可以用于随机选择列表中的一个元素,或从字符串中随机选择一个字符。

2) choices(population, weights=None, k=1):根据权重随机选择 k 个元素,并以列表形式返回。权重可以是一个序列,用于指定每个元素的概率;如果未提供权重,默认给定每个元素相同的概率。

3) shuffle(seq):将序列 seq 中的元素随机打乱顺序。这个函数会改变原始序列的顺序,常用于洗牌操作。

4) sample(population, k):从 population 中随机选择 k 个唯一的元素,并以列表形式返回。

这些扩展随机数函数可以更方便地进行随机数的选择、打乱和抽样操作。利用这些函数,可以生成更加多样化和随机性的数据,以满足不同应用场景的需求。需要注意的是,在使用这些函数时,要确保传递正确的参数,并根据具体的需求进行适当的设置,以获得预期的随机结果。

【例 10-4】 扩展随机函数示例。

程序代码:

```
>>>import random

# 从列表中随机选择一个元素
>>>seq = [1, 2, 3, 4, 5]
>>>random_choice = random.choice(seq)
>>>print(f"choice(): {random_choice}")

# 根据权重随机选择一个元素
>>>seq = [1, 2, 3, 4, 5]
```

```
>>>weights = [0.1, 0.2, 0.3, 0.2, 0.2]
>>>random_choices = random.choices(seq, weights=weights, k=3)
>>>print(f"choices(): {random_choices}")

# 打乱列表中的元素顺序
>>>seq = [1, 2, 3, 4, 5]
>>>random.shuffle(seq)
>>>print(f"shuffle(): {seq}")

# 从列表中随机选择多个唯一的元素
>>>seq = [1, 2, 3, 4, 5]
>>>random_samples = random.sample(seq, 3)
>>>print(f"sample(): {random_samples}")
```

运行结果：

```
choice(): 1
choices(): [2, 3, 1]
shuffle(): [2, 4, 5, 1, 3]
sample(): [1, 2, 5]
```

结果分析：

这段代码首先导入了 random 库，然后使用了 choice()、choices()、shuffle()和 sample()方法来分别从一个列表中随机选择一个元素、根据权重随机选择一个元素、打乱列表中的元素顺序以及从列表中随机选择多个唯一的元素。最后，打印出所选择的元素和打乱后的列表。

10.1.3 time 库

Python 的 time 库是一个用于处理时间相关操作的标准库，它提供了一系列函数和类来获取、表示和操作时间。UTC（Coordinated Universal Time）时间，又称世界协调时间，是世界上各个时区的标准时间，UTC 时间的起始点是 1970 年 1 月 1 日 0 时 0 分 0 秒。

10.1.3 time 库

（1）时间获取函数

以下是一些常用的时间获取函数。

1）time()：返回当前时间的时间戳，即从 1970 年 1 月 1 日午夜（UTC）开始到当前时间的秒数。

2）gmtime([secs])：将一个时间戳转换为 UTC 时间的 struct_time 对象。如果未提供 secs 参数，则使用当前时间戳。

3）localtime([secs])：将一个时间戳转换为本地时间的 struct_time 对象。如果未提供 secs 参数，则使用当前时间戳。

【例 10-5】 获取时间示例。

程序代码：

```
>>>import time

# 返回当前时间的时间戳
```

```
>>>timestamp = time.time()
>>>print(f"当前时间的时间戳为：{timestamp}")

# 将时间戳转换为UTC时间的struct_time对象
>>>utc_time = time.gmtime(timestamp)
>>>print(f"UTC 时间为：{utc_time.tm_year}-{utc_time.tm_mon}-{utc_time.tm_mday} {utc_time.tm_hour}:{utc_time.tm_min}:{utc_time.tm_sec}")

# 将时间戳转换为本地时间的struct_time对象
>>>local_time = time.localtime(timestamp)
>>>print(f"本地时间为：{local_time.tm_year}-{local_time.tm_mon}-{local_time.tm_mday} {local_time.tm_hour}:{local_time.tm_min}:{local_time.tm_sec}")
```

运行结果：

```
当前时间的时间戳为：1708444855.619
UTC 时间为：2024-2-20 16:0:55
本地时间为：2024-2-21 0:0:55
```

结果分析：

代码中的函数可以用于获取不同表示形式的时间信息。time()函数提供了时间戳的方式，即距离1970年1月1日的秒数。gmtime()和localtime()函数则将时间戳转换为具有年、月、日、时、分、秒等时间信息的struct_time对象。

注意：

gmtime()函数返回的是UTC时间，而localtime()函数返回的是本地时间。根据具体需求选择适合的函数来获取时间信息。

（2）时间格式化函数

Python的time库提供了几个常用的函数来进行时间格式化，以下是一些常用的时间格式化函数。

1）asctime([t])：将struct_time对象或元组表示的时间转换成可读形式的字符串。如果未提供参数t，则默认使用当前时间。

2）ctime([secs])：类似于asctime()函数，直接将时间戳转换为可读形式的字符串。如果未提供secs参数，则默认使用当前时间戳。

3）strftime(format[, t])：按照指定的格式化字符串format，将struct_time对象或元组表示的时间转换为可读形式的字符串。如果不传递参数t，则默认使用当前时间。

asctime()和ctime()函数返回的时间格式为"星期 月 日 时:分:秒 年"，而strftime()函数允许用户自定义格式化字符串，可以根据需求来指定日期和时间的格式。在strftime()函数中，可以使用不同的占位符来代表不同的时间元素，例如：%Y 代表四位数的年份，%m 代表月份，%d 代表日期，%H 代表小时（24 小时制），%M 代表分钟，%S 代表秒等。通过组合这些占位符，可以得到所需的时间格式。

【例10-6】 时间格式化示例。

程序代码：

```
>>>import time

# 获取当前时间的时间戳
>>>timestamp = time.time()
```

```
# 将时间戳转换为可读形式的字符串
>>>asctime_time = time.asctime(time.localtime(timestamp))
>>>print(f"asctime(): {asctime_time}")

# 将时间戳转换为可读形式的字符串
>>>ctime_time = time.ctime(timestamp)
>>>print(f"ctime(): {ctime_time}")

# 将时间戳转换为可读形式的字符串
>>>strftime_time = time.strftime("%Y-%m-%d %H:%M:%S", time.localtime(timestamp))
>>>print(f"strftime(): {strftime_time}")
```

运行结果：

```
asctime(): Wed Feb 21 00:08:33 2024
ctime(): Wed Feb 21 00:08:33 2024
strftime(): 2024-02-21 00:08:33
```

结果分析：

在此示例代码中，asctime()和 ctime()函数返回的时间格式为"星期 月 日 时:分:秒 年"，而 strftime()函数采用用户自定义的格式化字符串"%Y-%m-%d %H:%M:%S"输出时间。

注意：

格式化字符串中除了时间占位符，还可以包含其他字符，比如空格、连字符、冒号等，用于使格式化后的时间更易读或满足特定需求。

（3）程序计时函数

Python 的 time 库提供了几个常用的函数用于程序计时和性能测量，以下是一些常用的程序计时函数。

1）time()：该函数在获取当前时间的基础上，也可以用于简单的程序计时。通过在代码的关键位置记录开始和结束时间，并计算它们之间的时间差，可以得到代码的执行时间。例如，可以使用 start = time.time()记录开始时间，使用 end = time.time()记录结束时间，通过计算 end – start 得到执行时间。

2）perf_counter()：该函数返回一个计时器的精确时间，通常用于测量较短时间内的代码执行时间。它具有更高的精度和分辨率，比 time()函数更适合用于性能测量。使用方法类似于 time()函数。例如，可以使用 start = time.perf_counter()记录开始时间，使用 end = time.perf_counter()记录结束时间，通过计算 end-start 得到执行时间。

3）process_time()：该函数返回当前进程使用的 CPU 时间，用于测量代码的 CPU 执行时间。和前面两个函数不同，process_time()返回的是 CPU 时间而不是实际时间。这对于需要准确测量代码在 CPU 上执行的时间很有用。使用方法也类似，可以使用 start = time.process_time()记录开始时间，使用 end = time.process_time()记录结束时间，通过计算 end-start 得到 CPU 执行时间。

需要注意的是，perf_counter()和 process_time()返回的时间单位是秒，但这些函数的精度和行为可能因操作系统而异。在进行性能测量时，最好使用 perf_counter()或 process_time()函数而不是传统的 time()函数，以确保得到更准确和精确的性能测量结果。

以上是 Python 的 time 库常用的程序计时函数，可以根据需要选择合适的函数来进行代码执行时间和性能的测量。

10.2 第三方库

如果说强大的标准库奠定了 Python 发展的基石，那么丰富的第三方库则是 Python 不断发展的保证。随着 Python 不断发展，一些实用并且稳定的第三方库也逐渐被加入到标准库中。

第三方库是由 Python 社区或其他组织开发的，这些库通常提供了各种各样的功能，例如网络编程、图形用户界面开发、科学计算等。第三方库需要手动下载安装，但调用方式和标准库相同，使用 import 语句调用。本节介绍几个常用第三方库的使用方法，读者可以在 https://pypi.org/ 中浏览热门的第三方库。

10.2.1 PyInstaller 库

PyInstaller 是一个用于将 Python 程序打包成可执行文件的第三方库。它可以将 Python 脚本及其依赖项打包成可以在目标操作系统上独立运行的可执行文件（即没有外部依赖项的单个文件）。它可以将 Python 程序转换为 Windows、Linux 和 macOS 上的可执行文件，而无须事先安装 Python 解释器或依赖项，这样就可以将 Python 应用程序分发给没有 Python 环境的用户。

安装 PyInstaller 库的步骤如下：

（1）安装 PyInstaller

在终端或命令提示符下，运行 pip install pyinstaller 来安装 PyInstaller 库。

（2）创建可执行文件

在终端或命令提示符下，使用 pyinstaller 命令指定需要打包的 Python 脚本文件。例如，有一个名为 my_script.py 的 Python 脚本文件，将其打包成可执行文件，在终端或命令提示符下，导航到包含 my_script.py 的目录，然后运行命令 pyinstaller my_script.py，PyInstaller 将会在当前目录下创建一个名为 dist 的文件夹，其中包含生成的可执行文件。

（3）自定义打包选项

PyInstaller 提供了许多选项来自定义打包行为，可以使用这些选项配置打包过程，以满足特定需求，常用的参数见表 10-2。

表 10-2 PyInstaller 的常用参数

参数	说明	参数	说明
-v	显示 PyInstaller 的版本	-n	指定生成的可执行文件的名称
-h	显示帮助	-p	指定额外的 import 路径
-D	将 Python 程序打包进一个文件夹，相关的库文件、资源和可执行文件都存储在这个文件夹下	--add-binary	打包额外的代码，会将引用文件也一并打包
-F	将 Python 程序打包进一个可执行文件，相关的库文件、资源和代码都被打包进这个文件内	--add-data	指定要包含在可执行文件中的额外数据文件
-w	生成一个没有控制台窗口的 Windows 程序	--exclude-module	指定要排除在可执行文件中的 Python 模块

（4）运行生成的可执行文件

生成的可执行文件可以在适当的操作系统上运行，而无须安装 Python 解释器或其他依赖项，只需双击可执行文件或在命令行中运行。

注意：

由于 PyInstaller 是一个复杂的工具，打包过程中可能会遇到一些挑战和问题。有些 Python 模块和第三方库可能需要额外的配置或手动处理才能正确打包。在使用 PyInstaller 之前，建议先阅读文档，并尝试在简单的程序上进行实验和测试。

10.2.2 jieba 库

jieba 是一个常用的 Python 中文分词库。它可以将一段中文文本切分成一个个词语，以方便后续的文本处理和分析。

jieba 库在使用前需要先安装，jieba 库的安装非常简单，可以使用 pip 命令直接安装。在命令行界面中输入以下命令：

```
pip install jieba
```

安装完成后就可以开始使用 jieba 库了。

（1）分词

jieba 支持以下三种分词模式。

1）精确模式：方法 jieba.cut(text, cut_all=False)用于实现精确模式分词，其中，参数 text 表示待分词的文本，参数 cut_all 用于指定分词模式，cut_all=False 表示精确模式。此模式是默认模式，它试图将句子最精确地切分成词语。

2）全模式：方法 jieba.cut(text, cut_all=True)用于实现全模式分词，其中，参数 text 表示待分词的文本，参数 cut_all 用于指定分词模式，cut_all=True 表示全模式。全模式试图将句子中所有可能的词语都扫描出来，速度相对较快但是冗余较多。

3）搜索引擎模式：方法 jieba.cut_for_search(text)用于搜索引擎模式分词，其中，参数 text 表示待分词的文本。此模式是在精确模式的基础上，对长词再次进行切分，提高召回率。

以上三种分词函数的返回结果均为包含分词结果的迭代器。

【例 10-7】 使用 jieba 分词示例。

程序代码：

```
>>>import jieba

>>>def fenci():
    text = "今天天气真好，我去公园散步。"

    # 精确模式
    result = jieba.cut(text, cut_all=False)
    print("精确模式：", "/ ".join(result))

    # 全模式
    result = jieba.cut(text, cut_all=True)
    print("全模式：", "/ ".join(result))

    # 搜索引擎模式
```

```
        result = jieba.cut_for_search(text)
        print("搜索引擎模式：", "/ ".join(result))

    >>>fenci()
```

运行结果：

```
精确模式： 今天天气/ 真/ 好/, / 我/ 去/ 公园/ 散步/。
全模式： 今天/ 今天天气/ 天天/ 天气/ 真好/, / 我/ 去/ 公园/ 散步/。
搜索引擎模式： 今天/ 天天/ 天气/ 今天天气/ 真/ 好/, / 我/ 去/ 公园/ 散步/。
```

结果分析：

此示例首先导入了 jieba 库，然后定义了一个函数 fenci()，其中包含了对文本进行分词的精确模式、全模式和搜索引擎模式。最后，调用函数 fenci()执行程序，输出文本"今天天气真好，我去公园散步。"在三种分词模式下的分词结果。

除了分词功能，jieba 还支持词性标注、关键词提取、文本相似度计算等功能，可以帮助用户快速进行中文文本处理和分析。

（2）关键词提取

关键词提取是从文本中提取出最重要词语的过程，jieba 库提供了两种关键词提取的方法：基于 TF-IDF 算法的关键词提取和基于 TextRank 算法的关键词提取。

1）TF-IDF 算法：TF-IDF 算法是一种常用的文本挖掘算法，用于计算一个词在文档中的重要程度。TF（Term Frequency）表示词频，IDF（Inverse Document Frequency）表示逆文档频率。TF-IDF 算法的关键思想是：一个词在文档中的重要程度取决于它的词频以及它在其他文档中的频率。TF（词频）指的是一个词在文本中出现的频率，TF 越高，表示这个词在文本中越重要。IDF（逆文档频率）指的是一个词在所有文本中出现的频率的倒数的对数，IDF 越高，表示这个词在所有文本中越不常见，也就是越重要。在 TF-IDF 算法中，一个词的权重等于它的 TF 乘以它的 IDF。

方法 extract_tags()用于提取关键词，其语法格式为

```
jieba.analyse.extract_tags(sentence, topK=20, withWeight=False, allowPOS=(), withFlag =False)
```

- sentence：待提取关键词的文本字符串。
- topK：返回前 topK 个权重最大的关键词，默认值为 20。
- withWeight：是否一并返回关键词权重值，默认值为 False。
- allowPOS：指定词性，过滤词性不符合要求的关键词，默认为空，即不过滤。
- withFlag：是否返回词性标注，默认值为 False。

【例 10-8】 使用 TF-IDF 算法关键词提取示例。

程序代码：

```
>>>import jieba.analyse

>>>text = "今天天气真好，我去公园散步,然后回书馆学习。"

# topK 参数为 10，返回前 10 个关键词
# withWeight 参数为 True，返回关键词及其权重的元组列表
```

```
# allowPOS 参数指定只提取名词（n）和动词（v）
# withFlag 参数为 True，返回词性标注
>>>keywords = jieba.analyse.extract_tags(text, topK=10, withWeight=True, allowPOS=('n', 'v'), withFlag=True)
>>>print(keywords)
```

运行结果：

[(pair('书馆', 'n'), 2.89952313975), (pair('散步', 'n'), 2.2017318627925), (pair('公园', 'n'), 1.764765543875), (pair('学习', 'v'), 1.4442799542275)]

结果分析：

在此示例中，topK 参数被设置为 10，因此返回了前 10 个关键词。withWeight 参数被设置为 True，因此返回的结果中包含了关键词及其权重的元组列表。allowPOS 参数被设置为 ('n', 'v')，这意味着只提取名词（n）和动词（v）作为关键词。withFlag 参数被设置为 True，因此返回的结果中包含了词性标注。

从运行结果可以看出，此示例从文本中提取了四个关键词："书馆""散步""公园"和"学习"。这些关键词在文本中的重要程度由它们的权重值决定，权重值越高，表示这个词在文本中越重要。

书馆：这个词的权重值是 2.89952313975，表示这个词在文本中的重要程度很高。
散步：这个词的权重值是 2.2017318627925，表示这个词在文本中的重要程度较高。
公园：这个词的权重值是 1.764765543875，表示这个词在文本中的重要程度较低。
学习：这个词的权重值是 1.4442799542275，表示这个词在文本中的重要程度很低。

2）TextRank 算法：TextRank 算法是一种基于图的排序算法，用于提取文本中的关键词和摘要。TextRank 算法的关键思想是：一个词的重要程度取决于它与其他词的关联程度。

方法 textrank()用于提取关键词，其语法格式为

```
jieba.analyse.textrank(sentence, topK=20, withWeight=False, allowPOS=('ns', 'n', 'vn', 'v'), withFlag=False)
```

其中，
- sentence：待提取关键词的文本字符串。
- topK：返回前 topK 个权重最大的关键词，默认值为 20。
- withWeight：是否一并返回关键词权重值，默认值为 False。
- allowPOS：指定词性，过滤词性不符合要求的关键词，默认为('ns', 'n', 'vn', 'v')，即只提取名词、动名词和动词。
- withFlag：是否返回词性标注，默认值为 False。

返回结果：
- 若 withWeight 为 True，则返回值为关键词及其对应权重的元组列表。
- 若 withWeight 为 False，则返回值为关键词的列表。

【例 10-9】 使用 TextRank 算法关键词提取示例。

程序代码：

```
>>>import jieba.analyse
```

```
>>>text = "今天天气真好,我去公园散步,然后回书馆学习。"

# topK 参数为3,返回前3个权重最大的关键词
# withWeight 参数为 True,返回关键词及其权重的元组列表
# allowPOS 参数指定只提取名词(n)和动词(v)
# withFlag 参数为 True,返回词性标注
>>>keywords = jieba.analyse.textrank(text, topK=3, withWeight=True, allowPOS=('n', 'v'), withFlag=True)
>>>print(keywords)
```

运行结果:

```
[(pair('散步', 'n'), 1.0), (pair('书馆', 'n'), 0.9942598479861257), (pair('学习', 'v'), 0.51567975485938)]
```

结果分析:

在此示例中,topK 参数被设置为 3,因此返回了前 3 个关键词。withWeight 参数被设置为 True,因此返回的结果中包含了关键词及其权重的元组列表。allowPOS 参数被设置为('n', 'v'),这意味着只提取名词(n)和动词(v)作为关键词。withFlag 参数被设置为 True,因此返回的结果中包含了词性标注。

以上是 jieba 库的几个常见实例,展示了 jieba 库的一些常用功能。除此之外,jieba 库还有其他一些高级功能,如文本相似度计算、并行分词等,还可以根据需求进一步探索和使用 jieba 库。

10.2.3 Matplotlib 库

Matplotlib 是一个用于绘制 2D 图形的 Python 库,它提供了广泛的绘图功能,可用于生成各种类型的图形,包括折线图、散点图、柱状图、饼图、等高线图等,通过可视化的图形展示数据的趋势、分布、关系等,还可以将其用于数据探索、报告生成、论文插图等场景中。Matplotlib 是 Python 数据可视化领域最常用的库之一,被广泛应用于数据分析、科学研究、工程可视化等领域。本节将讲述如何利用 Matplotlib 库制作一些基础的图表。

首先,在命令行中运行命令 pip install matplotlib 安装 Matplotlib 库。

(1)绘制折线图

使用 Matplotlib 绘制折线图非常简单,只需要几行代码就可以完成。下面的示例展示如何使用 Matplotlib 库绘制一条简单的折线图。

【例 10-10】 绘制折线图示例。

程序代码:

```
>>>from matplotlib import pyplot as plt
# 设置 x
>>>x=range(0,8)
# 设置 y
>>>y=[14,17,19,11,14,13,15,16]
# plot 函数用于绘制折线图,需要两个参数
>>>plt.plot(x,y)

# 添加标题和标签
```

```
>>>plt.title('Sample Line Plot')
>>>plt.xlabel('x-axis label')
>>>plt.ylabel('y-axis label')

# 显示图形
>>>plt.show()
```

运行结果：

绘制的折线图，如图 10-3 所示。

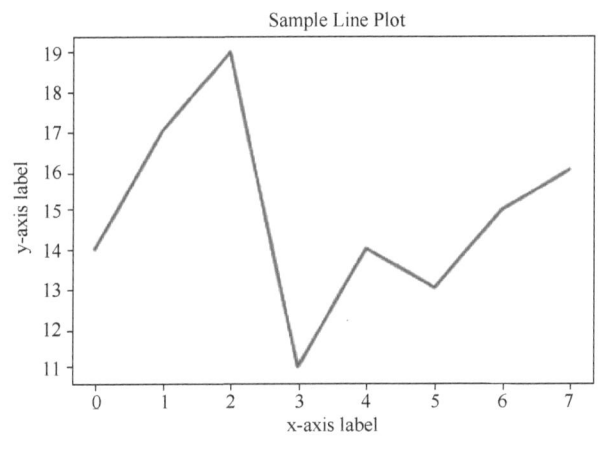

图 10-3　绘制折线图

结果分析：

此示例使用 matplotlib 库中的 pyplot 模块绘制折线图。首先，导入 pyplot 模块，并将其重命名为 plt。然后，创建了两个列表，分别表示 x 轴和 y 轴的数据。range(0, 8)生成了一个包含 0~7 的整数的列表，作为 x 轴的数据；[14, 17, 19, 11, 14, 13, 15, 16]则作为 y 轴的数据。接下来，使用 plt.plot()函数绘制了一个折线图，x 列表作为 x 轴，y 列表作为 y 轴。然后，使用 plt.title()、plt.xlabel()和 plt.ylabel()函数分别添加折线图的标题、x 轴和 y 轴的标签。最后，使用 plt.show()函数显示图形。

（2）绘制条形图

条形图是一种用于对不同类别数值进行比较的统计图表，它通过宽度相同的条形的高度或长短来表示数据多少，通常用于比较不同组别或类别数据之间的数据差异。在使用条形图时，原点通常位于左下角。此外，注意对条形图进行排序。依据可视化的目的以及想突出的重点信息，确定合理的排序标准，避免条形图看起来杂乱无章。

【例 10-11】　绘制竖直条形图示例。

程序代码：

```
>>>from matplotlib import pyplot as plt

>>>ages_x = [25, 26, 27, 28, 29, 30, 31, 32, 33, 34, 35]

>>>dev_y = [38496, 42000, 46752, 49320, 53200, 56000, 62316, 64928, 67317, 68748, 73752]
>>>plt.bar(ages_x, dev_y, label="all developers")    # 方法 bar()用于绘制条形图
```

```
>>>plt.xlabel("age")
>>>plt.ylabel("annual income")
>>>plt.title("the relationship between age and salary")
>>>plt.legend()
>>>plt.show()
```

运行结果:

绘制的条形图,如图 10-4 所示。

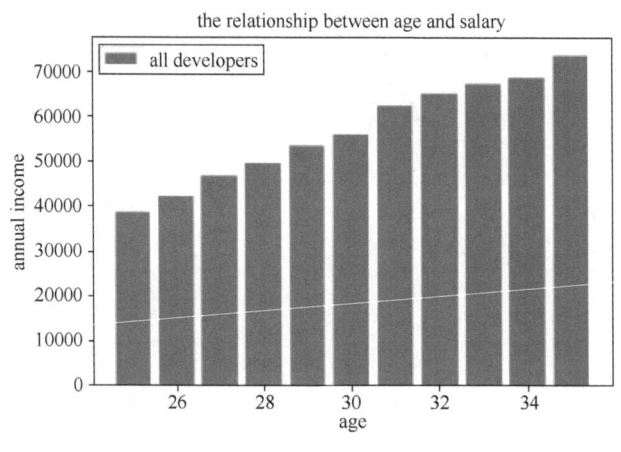

图 10-4 绘制条形图

结果分析:

此示例使用 Matplotlib 库中的 pyplot 模块绘制条形图。首先,导入 pyplot 模块,并将其重命名为 plt。然后,创建了两个列表,分别表示年龄和年薪的数据。接下来,使用 plt.bar() 函数绘制了一个条形图,ages_x 列表作为 x 轴,dev_y 列表作为 y 轴,label 参数指定了图例标签为 "all developers"。然后,使用 plt.xlabel()和 plt.ylabel()函数分别添加了 x 轴和 y 轴的标签,plt.title()函数添加了图表的标题。最后,使用 plt.legend()函数添加图例,并使用 plt.show()函数显示图形。

(3) 绘制直方图

直方图是一种用于展示数据分布情况的图形,通过将数据分成一系列的区间(也称为"箱子"或"桶"),统计每个区间中数据的个数或频率,最后用矩形条形图的高度表示这些频数。直方图可以帮助了解数据的分布情况,包括数据的中心趋势、离散程度和异常值等。

【例 10-12】 绘制直方图示例。

程序代码:

```
>>>import matplotlib.pyplot as plt
>>>import numpy as np

# 创建示例数据
>>>np.random.seed(0)
>>>data = np.random.normal(0, 1, 1000)
```

```
# 绘制直方图
>>>plt.hist(data, bins=30, edgecolor='black', alpha=0.7)

# 添加标题和标签
>>>plt.title('Histogram of Sample Data')
>>>plt.xlabel('Value')
>>>plt.ylabel('Frequency')

# 显示图形
>>>plt.show()
```

运行结果：

绘制的直方图，如图 10-5 所示。

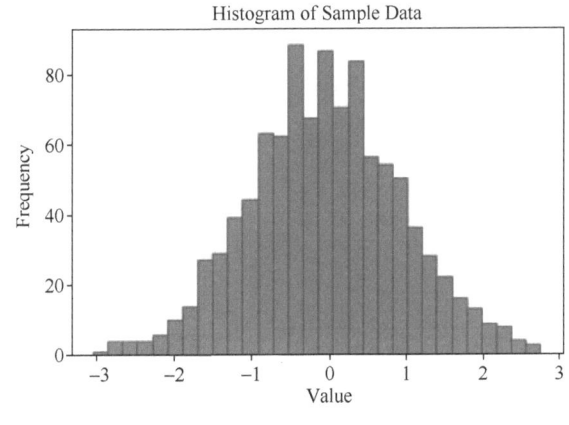

图 10-5　绘制直方图

结果分析：

此示例首先导入 matplotlib.pyplot 模块并将其重命名为 plt，然后使用 np.random.normal() 函数生成了一个包含 1000 个随机数的正态分布样本。接着，使用 plt.hist() 函数绘制直方图，设置 bins 参数指定箱子的数量，设置 edgecolor 参数指定条形的边框颜色，设置 alpha 参数指定条形的透明度。然后，使用 plt.title()、plt.xlabel()和 plt.ylabel()函数分别添加标题、x 轴和 y 轴的标签。最后使用 plt.show()函数显示图形。

（4）绘制饼图

饼图是一种用于展示数据组成比例的图表，通常用于展示数据的相对比例，以便观察数据的分布情况。饼图的特点是将一个圆形分成几个扇形，每个扇形的角度大小表示相应数据的比例，通常用百分比来表示。

【例 10-13】　绘制饼图示例。

程序代码：

```
>>>import matplotlib.pyplot as plt

# 创建示例数据
>>>sizes = [15, 30, 45, 10]
```

```
# 创建标签
>>>labels = ['A', 'B', 'C', 'D']

# 绘制饼图
>>>plt.pie(sizes, labels=labels, autopct='%1.1f%%')

# 添加标题
>>>plt.title('Sample Pie Chart')

# 显示图形
>>>plt.show()
```

运行结果：

绘制的饼图，如图 10-6 所示。

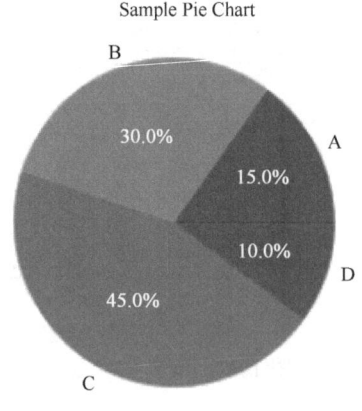

图 10-6　绘制饼图

结果分析：

此示例首先导入 matplotlib.pyplot 模块并将其重命名为 plt。然后，创建了两个列表 sizes 和 labels，分别代表饼图的各个部分的大小和标签。接着，使用 plt.pie()函数绘制了一个饼图，sizes 列表作为饼图的各个部分的大小，labels 列表作为饼图的各个部分的标签，autopct 参数用于显示百分比数值。然后，使用 plt.title()函数添加图表的标题。最后，使用 plt.show()函数显示图形。

（5）绘制散点图

散点图是一种用于展示两个变量之间关系的图表，其中一个变量位于 x 轴上，另一个变量位于 y 轴上，每个数据点代表一个观测值，其位置由两个变量的值决定。散点图适用于发现趋势、发现异常值、比较不同组别、展示数据分布、发现相关性等场景。在使用散点图时，需要注意选择合适的变量，适当调整散点的大小和颜色，以便更好地展示数据之间的关系。

【例 10-14】绘制散点图示例。

程序代码：

```
>>>import matplotlib.pyplot as plt

# 创建示例数据
>>>x = [1, 2, 3, 4, 5]
>>>y = [2, 3, 4, 5, 6]

# 绘制散点图
>>>plt.scatter(x, y)

# 添加标题和标签
>>>plt.title('Sample Scatter Plot')
>>>plt.xlabel('x-axis label')
>>>plt.ylabel('y-axis label')

# 显示图形
>>>plt.show()
```

运行结果：

绘制的散点图，如图 10-7 所示。

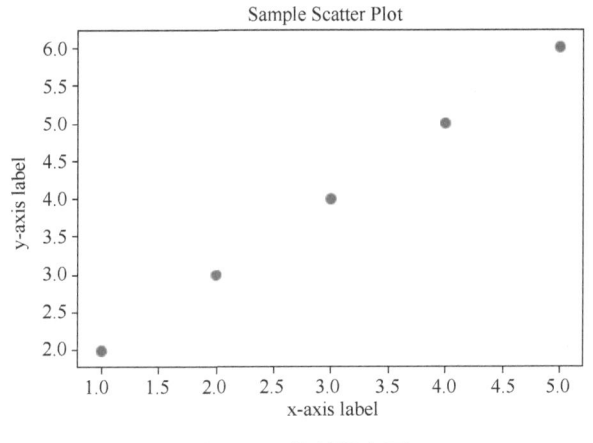

图 10-7　绘制散点图

结果分析：

此示例首先导入 matplotlib.pyplot 模块并将其重命名为 plt。然后，创建了两个列表 x 和 y，分别代表了散点图的 x 轴和 y 轴的数据。接着，使用 plt.scatter()函数绘制了一个散点图，x 列表作为散点图的 x 轴，y 列表作为散点图的 y 轴。然后，使用 plt.title()、plt.xlabel()和 plt.ylabel()函数分别添加图表的标题、x 轴和 y 轴的标签。最后，使用 plt.show()函数显示图形。

10.3　实践——可视化分析国民经济核算数据

国内生产总值（GDP）是指按国家市场价格计算的一个国家（或地区）所有常住单位在一定时期内生产活动的最终成果，被公认为是衡量国家或地区经济状况的重要指标。GDP 是核算体系中一个重要的综合性统计指标，也是我国新国民经济核算体系中的核心指标，它反映了一个国家（或地区）的经济实力和市场规模。第一产业主要指生产食材以及其他一些生物材料的产业，包括种植业、林业、畜牧业、水产养殖业等直接以自然物为生产对象的产业（泛指农业）；第二产业主要指加工制造产业（或指手工制作业），利用自然界和第一产业提供的基本材料进行加工处理；第三产业是指第一、第二产业以外的其他行业（现代服务业或商业），范围比较广泛，主要包括交通运输业、通信产业、商业、餐饮业、金融业、教育、公共服务等非物质生产部门。

本节将利用 Matplotlib 可视化图形，对国民经济核算季度数据进行分析。

10.3.1 读取数据

首先，读取 npz 数据文件。

程序代码：

```
>>>import numpy as np

# 加载 npz 文件
>>>data = np.load('d:\国民经济核算季度数据.npz',allow_pickle=True)

# 获取文件中的所有数组的键值列表
>>>keys = data.keys()

# 使用键值获取相应的数组
>>>for key in keys:
    array = data[key]
    print(f"{key}:")
    print(array)
```

运行结果：

```
columns:
['序号' '时间' '国内生产总值_当季值(亿元)' '第一产业增加值_当季值(亿元)' '第二产业增加值_当季值(亿元)'
 '第三产业增加值_当季值(亿元)' '农林牧渔业增加值_当季值(亿元)' '工业增加值_当季值(亿元)' '建筑业增加值_当季值(亿元)'
 '批发和零售业增加值_当季值(亿元)' '交通运输、仓储和邮政业增加值_当季值(亿元)' '住宿和餐饮业增加值_当季值(亿元)'
 '金融业增加值_当季值(亿元)' '房地产业增加值_当季值(亿元)' '其他行业增加值_当季值(亿元)']
values:
[[1 '2000 年第一季度' 21329.9 ... 1235.9 933.7 3586.1]
 [2 '2000 年第二季度' 24043.4 ... 1124.0 904.7 3464.9]
 [3 '2000 年第三季度' 25712.5 ... 1170.4 1070.9 3518.2]
 ...
 [67 '2016 年第三季度' 190529.5 ... 15472.5 12164.1 37964.1]
 [68 '2016 年第四季度' 211281.3 ... 15548.7 13214.9 39848.4]
 [69 '2017 年第一季度' 180682.7 ... 17213.5 12393.4 42443.1]]
```

结果分析:

在这个示例中,首先导入 NumPy 库,使用 load()函数加载"国民经济核算季度数据.npz"文件。然后使用 keys()方法获取文件中的所有数组的键值列表,使用这些键值获取相应的数组。最后通过一个循环,依次打印出每个数组的键值和相应的数组。

此数据一共 69 条记录,每条记录有 15 个属性。

10.3.2 绘制折线图

读取数据后,进行折线图的绘制。

程序代码:

```
>>>data['columns']
>>>data['values']
>>>values = data['values']
>>>x = values[:,0]
>>>y = values[:,2]

>>>plt.plot(x, y)
>>>plt.show()
```

运行结果:

绘制的折线图,如图 10-8 所示。

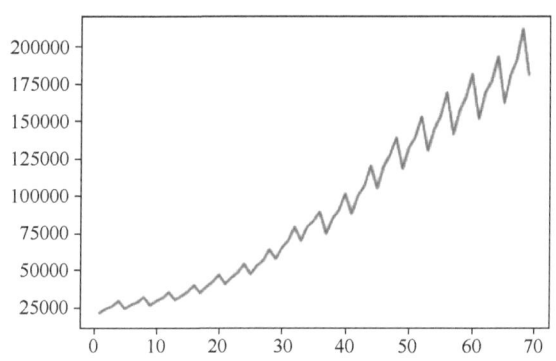

图 10-8 国内生产总值_当季值折线图(单位:亿元)

结果分析:

图 10-8 反映了 69 条数据对应的国内生产总值_当季值的变化情况,其中,横轴为时间,纵轴为国内生产总值_当季值(单位:亿元)。通过观察横纵坐标轴的关系,可以看出 GDP 值随时间的变化,总体呈现增长的趋势。这意味着随着时间的推移,国民经济的总体产出呈现出不断提高的趋势。

10.3.3 绘制散点图

绘制三个产业的散点图。

程序代码:

```
>>>for i in [3, 4, 5]:
```

```
        plt.scatter(values[:,0], values[:, i])
>>>plt.legend(['1', '2', '3'])
>>>plt.show()
```

运行结果：

绘制的散点图，如图 10-9 所示。

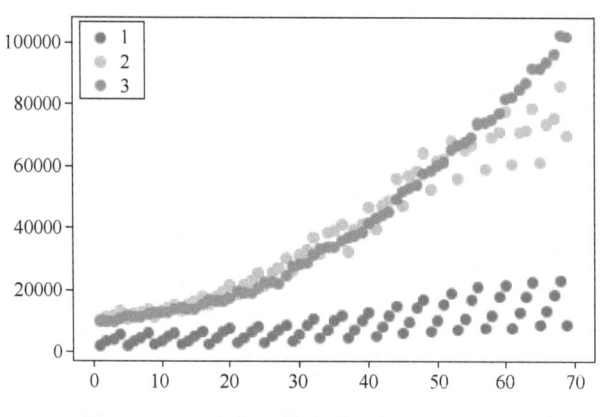

图 10-9 三个产业散点图（单位：亿元）

结果分析：

通过图 10-9 的散点图可以看出，三个产业的 GDP 随着时间的增长都呈现上升的趋势，其中，第一产业增长最为迟缓，这反映了农业和自然资源开采的增长相对缓慢；第二产业和第三产业增长较快，尤其是第三产业增势迅猛，说明工业和服务业的增长速度更快。服务业在国民经济中的重要性不断增加，反映了经济结构转型的趋势，表明国民经济正在朝着更多依赖于服务业和非物质生产部门的方向发展。

10.3.4 绘制条形图

绘制 2016 年第四季度的 3 个产业增加值的条形图。

程序代码：

```
>>>y = values[68, 3:6]
>>>x = list(range(len(y)))

>>>plt.bar(x, y)
>>>plt.xticks(x, ['第一产业', '第二产业', '第三产业'], fontproperties='SimSun')
>>>plt.title("2016 年第四季度的 3 个产业增加值", fontproperties='SimSun')
>>>plt.show()
```

运行结果：

绘制的条形图，如图 10-10 所示。

结果分析：

通过图 10-10 可以看出，每个长条形的长度与相应数据量的大小成比例。第一产业 GDP 最少，第三产业 GDP 最多。这意味着在整个经济体系中，第一产业（农业、林业、牧业、渔业等）所产生的 GDP 值最低，而第三产业（服务业）所产生的 GDP 值最高。这种结果反映了经济结构的演变,暗示着经济朝向更加依赖于服务业和知识经济的方向发展。这也意味着国民经济呈现出更加多元化和高附加值的发展特点。

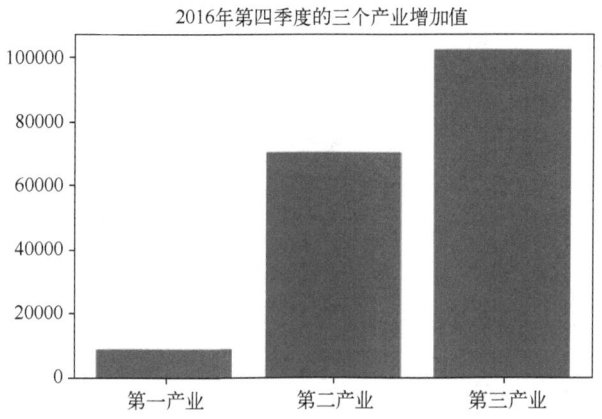

图 10-10　三个产业增加值条形图（单位：亿元）

10.3.5　绘制饼图

绘制三个产业占比的饼图。

程序代码：

```
>>>import matplotlib.pyplot as plt
>>>from matplotlib.font_manager import FontProperties

# Sample data
>>>y =values[68, 3:6]
>>>x=list(range(len(y)))
>>>labels = ['第一产业', '第二产业', '第三产业']

>>>plt.figure(figsize=(8, 8))
>>>plt.pie(y, autopct='%.2f %%', explode=[0.1, 0, 0], labels=labels, labeldistance=1.1)
>>>plt.title("2016 年第四季度的 3 个产业增加值")

# 设置中文显示
>>>plt.rcParams['font.family'] = ['SimSun']
>>>plt.rcParams['axes.unicode_minus'] = False

>>>plt.show()
```

运行结果：

绘制的饼图，如图 10-11 所示。

结果分析：

通过图 10-11 的饼图可以看出，每个扇形区域的大小与相应数据成比例，第一产业占比最小，第三产业占比最大。这个结果反映了经济结构的特点，表明经济中服务业的比重相对较大，而农业和自然资源开采等第一产业的比重相对较小。

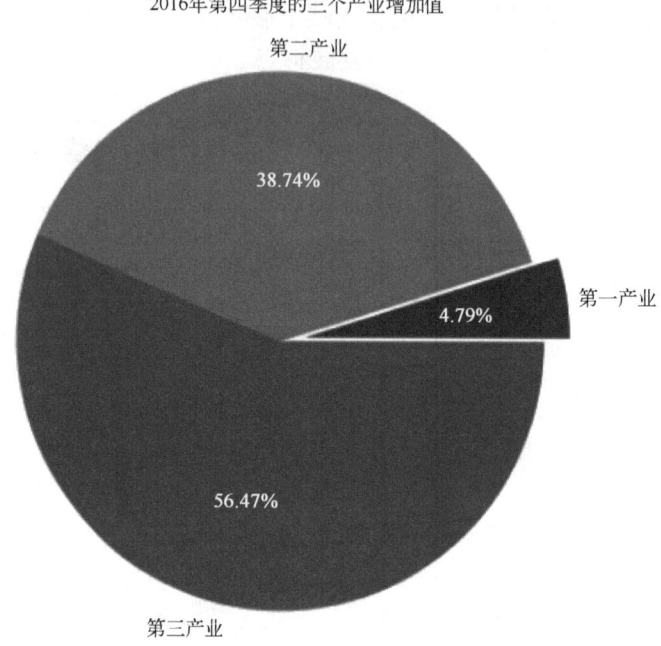

图 10-11　三个产业占比饼图

10.4　本章小结

　　Python 的标准库和第三方库都是为了方便 Python 开发者完成各种任务而提供的功能丰富的代码库。标准库提供了丰富的内置模块和函数，开发者可以直接调用来完成各种常用任务，如文件操作、网络通信、多线程处理、日期时间处理等。标准库提供的模块和函数在 Python 开发过程中起到了至关重要的作用，能够提高开发效率和代码优化程度。第三方库是开发者自行安装的 Python 模块，可以在 Python 标准库的基础上提供更加特定的功能以解决开发者的问题。总之，Python 的标准库和第三方库在不同层面为 Python 开发者提供了丰富的模块，可以大幅减少重复性的开发工作量，同时也优化了代码质量，是 Python 成为流行的编程语言的原因之一。

10.5　习题

　　1. 编写一个程序，使用 datetime 模块获取当前的日期和时间，并打印输出。
　　2. 使用 random 模块生成一个包含 10 个随机整数的列表，然后计算列表中所有元素的和。

第 11 章 综合实践

本章首先实现了学生宿舍管理系统和图书管理系统，利用 Python 和 Tkinter 库实现了直观的图形用户界面，使学生能够方便地进行信息管理。通过这两个系统的实现，学生不仅掌握了 Python 的基本语法、面向对象编程和 GUI 编程，还提高了文件读写能力，增强了编程思维。接着，实现了地铁数据的分析与可视化，采用爬虫技术从高德地图获取地铁相关信息，并运用数据分析和可视化工具对数据进行了深入探讨，展示了各城市地铁线路的分布、命名特点以及地铁站名中的常用字。

11.1 宿舍管理系统

本节将开发一个用 Python 编程语言编写的学生宿舍管理系统，旨在方便管理和维护学生宿舍的各种信息和活动。利用 Python 的图形用户界面（GUI）库，使用 Tkinter 库来创建一个直观的界面，让用户可以直观地操作学生宿舍管理系统。通过这个系统，用户可以方便地添加、编辑和删除学生信息，实现一些简单的管理操作，并为宿舍管理员提供一个直观、高效的工具，帮助他们更好地管理和维护宿舍的秩序，提高宿舍管理的效率和便利性。

11.1.1 程序代码

本节给出宿舍管理系统的实现程序代码。

```python
import tkinter as tk
from tkinter import messagebox

class DormManagementSystem:
    def __init__(self, root):
        self.root = root
        self.root.title("学生宿舍管理系统")

        self.student_list = []

        self.name_label = tk.Label(root, text="学生姓名")
        self.name_label.pack()
        self.name_entry = tk.Entry(root)
        self.name_entry.pack()

        self.room_label = tk.Label(root, text="宿舍号")
        self.room_label.pack()
        self.room_entry = tk.Entry(root)
```

```python
        self.room_entry.pack()

        self.add_button = tk.Button(root, text="添加学生", command=self.add_student)
        self.add_button.pack()

        self.search_label = tk.Label(root, text="搜索学生")
        self.search_label.pack()
        self.search_entry = tk.Entry(root)
        self.search_entry.pack()

        self.search_button = tk.Button(root, text="搜索", command=self.search_student)
        self.search_button.pack()

        self.student_listbox = tk.Listbox(root)
        self.student_listbox.pack()

        self.edit_button = tk.Button(root, text="编辑学生信息", command=self.edit_student)
        self.edit_button.pack()

        self.remove_button = tk.Button(root, text="移除学生", command=self.remove_student)
        self.remove_button.pack()

        self.export_button = tk.Button(root, text="导出数据", command=self.export_data)
        self.export_button.pack()

    def add_student(self):
        name = self.name_entry.get()
        room = self.room_entry.get()
        if name and room:
            self.student_list.append((name, room))
            self.update_student_listbox()
            self.name_entry.delete(0, 'end')
            self.room_entry.delete(0, 'end')
        else:
            messagebox.showerror("错误", "请填写学生姓名和宿舍号")

    def search_student(self):
        keyword = self.search_entry.get()
        if keyword:
            search_result = [student for student in self.student_list if keyword.lower() in student[0].lower()]
            self.update_student_listbox(search_result)
        else:
            self.update_student_listbox()
```

```python
    def edit_student(self):
        selected_index = self.student_listbox.curselection()
        if selected_index:
            selected_student = self.student_list[selected_index[0]]
            new_name = simpledialog.askstring("编辑学生信息", f"当前姓名：{selected_student[0]}\n请输入新姓名：")
            new_room = simpledialog.askstring("编辑学生信息", f"当前宿舍号：{selected_student[1]}\n请输入新宿舍号：")
            if new_name and new_room:
                self.student_list[selected_index[0]] = (new_name, new_room)
                self.update_student_listbox()
        else:
            messagebox.showerror("错误", "请先选择一个学生")

    def remove_student(self):
        selected_index = self.student_listbox.curselection()
        if selected_index:
            del self.student_list[selected_index[0]]
            self.update_student_listbox()

    def export_data(self):
        with open("student_data.txt", "w") as file:
            for student in self.student_list:
                file.write(f"{student[0]} - {student[1]}\n")
        messagebox.showinfo("导出数据", "学生数据已导出至 student_data.txt 文件")

    def update_student_listbox(self, student_list=None):
        self.student_listbox.delete(0, 'end')
        if student_list:
            for student in student_list:
                self.student_listbox.insert('end', f"{student[0]} - {student[1]}")
        else:
            for student in self.student_list:
                self.student_listbox.insert('end', f"{student[0]} - {student[1]}")

if __name__ == "__main__":
    root = tk.Tk()
    app = DormManagementSystem(root)
    root.mainloop()
```

11.1.2 运行结果

运行代码，会出现宿舍管理系统的可视化界面。在这个界面中，可以看到学生姓名、宿舍号等信息，如图 11-1 所示。

输入学生姓名"小明",宿舍号"01",如图 11-2 所示。

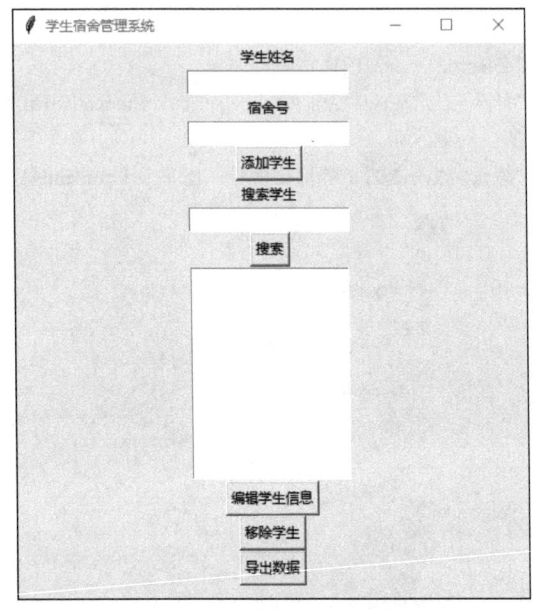

图 11-1　宿舍管理系统界面

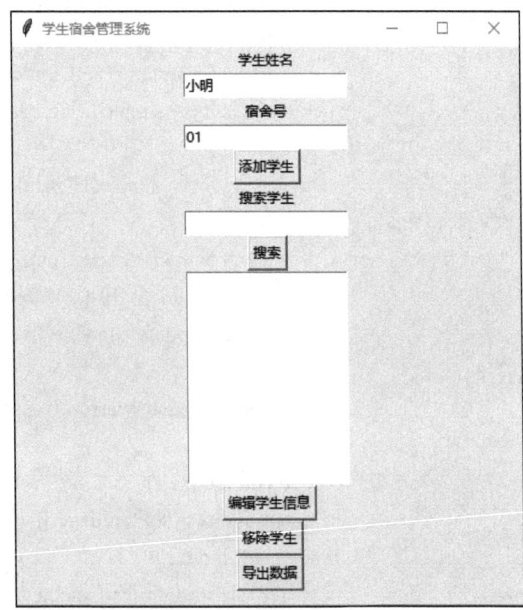

图 11-2　添加学生界面

单击"添加学生"按钮,运行结果如图 11-3 所示,"小明-01"已添加到学生信息栏中。

类似地,还可以添加其他学生的信息。当只输入学生姓名而不输入宿舍号时,如图 11-4 所示。

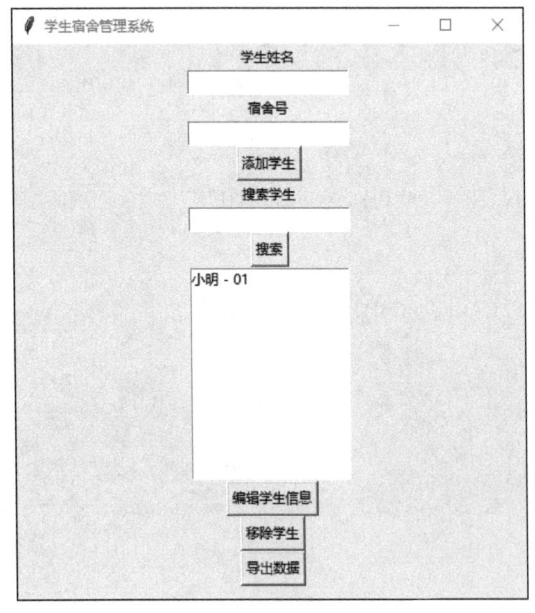

图 11-3　添加学生成功界面

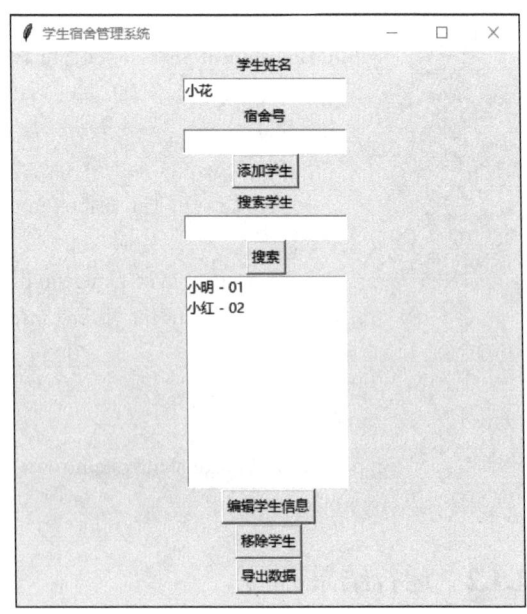

图 11-4　只添加学生姓名界面

这种情况下单击"添加学生"按钮，会弹出如图 11-5 所示的对话框。

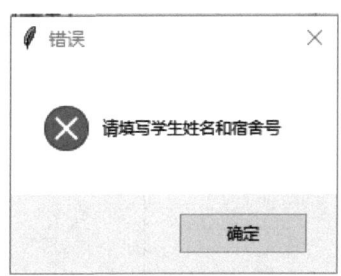

图 11-5　只添加学生姓名时出现的错误信息提示界面

同理，只填写宿舍号而不填写学生姓名时，也无法成功添加学生，如图 11-6 和图 11-7 所示。

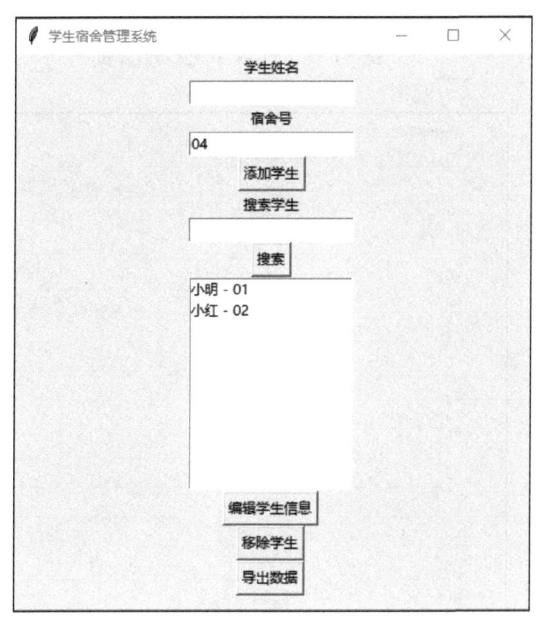

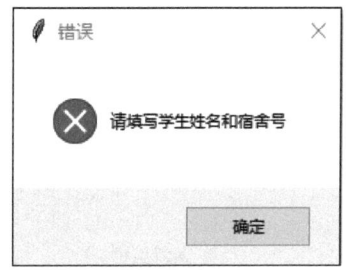

图 11-6　只添加宿舍号界面　　　　图 11-7　只添加宿舍号时出现的错误信息提示界面

在搜索栏中搜索学生姓名，例如"小花"，如图 11-8 所示。

单击"搜索"按钮，如果搜索的学生姓名与学生信息栏中的信息匹配正确，则会出现该学生的名字和宿舍号，如图 11-9 所示。

当在学生信息栏中选择其中一位学生时，单击"移除学生"按钮，可以将该学生的信息删除，如图 11-10 所示。

若信息删除成功，则学生信息栏会进行更新，该学生的信息将不再显示，如图 11-11 所示。

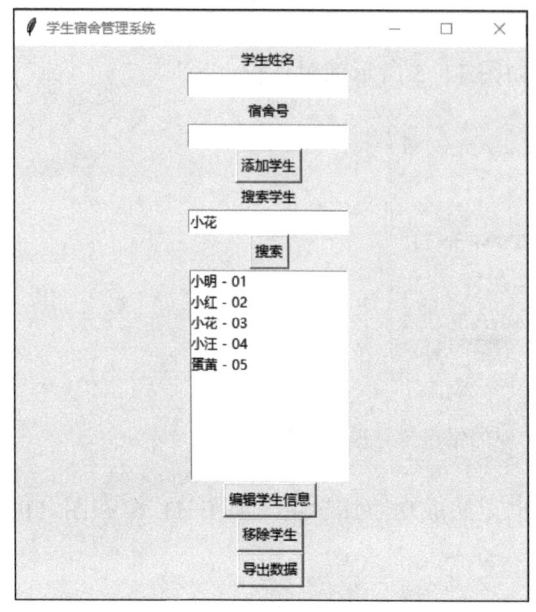

图 11-8 搜索学生界面

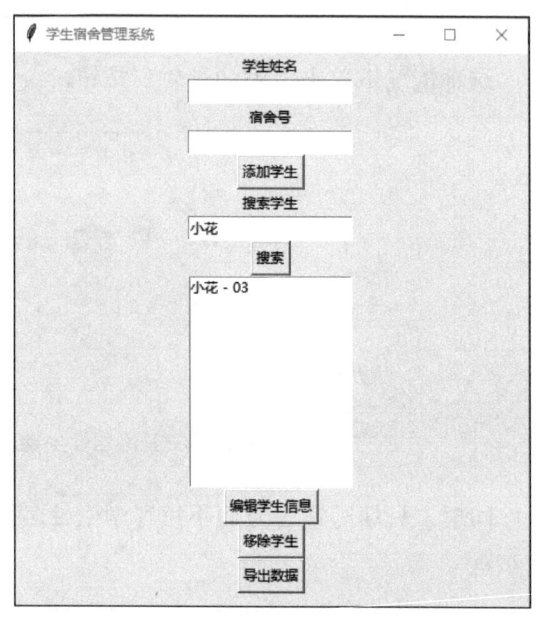

图 11-9 搜索学生成功界面

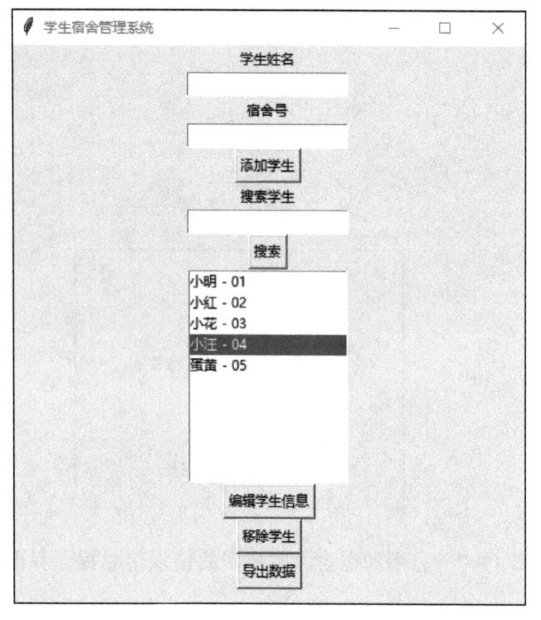

图 11-10 删除学生信息界面

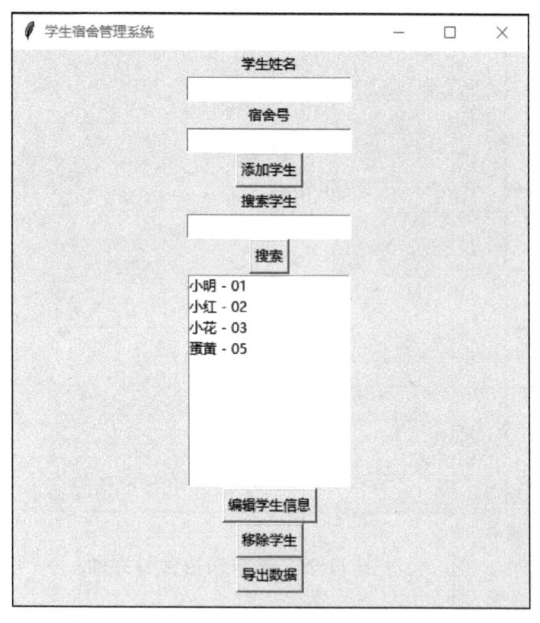

图 11-11 删除学生信息成功界面

11.2 图书管理系统

本节将开发基于 Python 的图书管理系统，它是一种用于管理图书馆或书店库存和借阅记录的软件系统，通过使用 Python 编程语言来实现该系统的各项功能。该系统可以帮助用户轻松管理图书信息，包括书名、作者、图书类型等。用户可以根据自己的需求添加、编辑和删除图书。通过 Python 语言的灵活性和易用性，可以为图书馆或书店提供一种高效、方便和可靠的管理方案。

11.2.1 程序代码

图书管理系统的程序代码如下:

```python
import tkinter as tk
from tkinter import messagebox

class Book:
    def __init__(self, title, author, genre):
        self.title = title
        self.author = author
        self.genre = genre

class LibrarySystem:
    def __init__(self, root):
        self.root = root
        self.root.title("图书管理系统")

        self.books = []

        self.title_label = tk.Label(root, text="图书管理系统")
        self.title_label.pack()

        self.title_entry = tk.Entry(root, width=30)
        self.title_entry.insert(0, "书名")
        self.title_entry.pack()

        self.author_entry = tk.Entry(root, width=30)
        self.author_entry.insert(0, "作者")
        self.author_entry.pack()

        self.genre_entry = tk.Entry(root, width=30)
        self.genre_entry.insert(0, "类型")
        self.genre_entry.pack()

        self.add_button = tk.Button(root, text="添加图书", command=self.add_book)
        self.add_button.pack()

        self.book_listbox = tk.Listbox(root, width=50)
        self.book_listbox.pack()

        self.delete_button = tk.Button(root, text="删除选中图书", command=self.delete_book)
        self.delete_button.pack()

        self.edit_button = tk.Button(root, text="编辑选中图书", command=self.edit_book)
        self.edit_button.pack()
```

```python
    def add_book(self):
        title = self.title_entry.get()
        author = self.author_entry.get()
        genre = self.genre_entry.get()

        if title and author and genre:
            new_book = Book(title, author, genre)
            self.books.append(new_book)
            self.update_book_listbox()
            self.clear_entry_fields()
        else:
            messagebox.showwarning("输入错误", "请填写完整书籍信息！")

    def delete_book(self):
        selected_index = self.book_listbox.curselection()

        if selected_index:
            del self.books[selected_index[0]]
            self.update_book_listbox()

    def edit_book(self):
        selected_index = self.book_listbox.curselection()
        if selected_index:
            selected_book = self.books[selected_index[0]]
            self.title_entry.delete(0, tk.END)
            self.title_entry.insert(0, selected_book.title)
            self.author_entry.delete(0, tk.END)
            self.author_entry.insert(0, selected_book.author)
            self.genre_entry.delete(0, tk.END)
            self.genre_entry.insert(0, selected_book.genre)
            self.delete_book()

    def update_book_listbox(self):
        self.book_listbox.delete(0, tk.END)
        for book in self.books:
            self.book_listbox.insert(tk.END, f"{book.title} - {book.author} - {book.genre}")

    def clear_entry_fields(self):
        self.title_entry.delete(0, tk.END)
        self.author_entry.delete(0, tk.END)
        self.genre_entry.delete(0, tk.END)

if __name__ == "__main__":
    root = tk.Tk()
    app = LibrarySystem(root)
    root.mainloop()
```

11.2.2 运行结果

运行代码，会出现图书管理系统的可视化界面。在这个界面中，可以看到书名、作者、类型等信息，如图 11-12 所示。

在该界面中输入书名、作者和图书类型的信息，如图 11-13 所示。

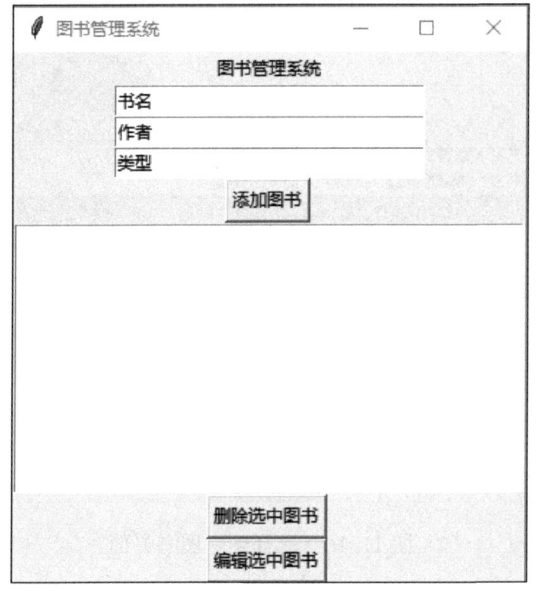
图 11-12 图书管理系统界面

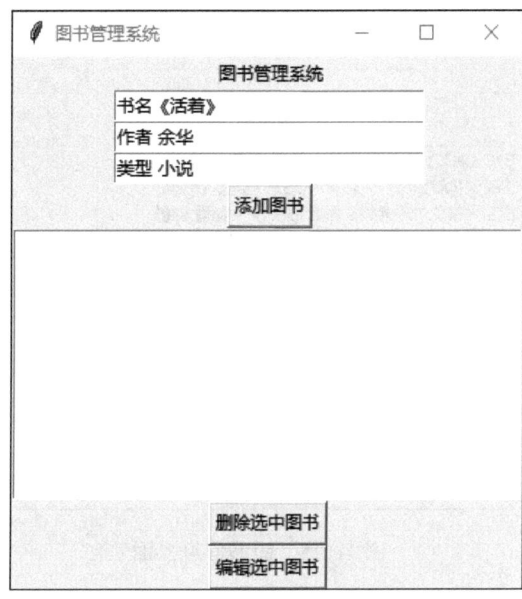
图 11-13 输入图书信息界面

单击"添加图书"按钮，可以看到该书信息已经被添加到图书管理系统中，如图 11-14 所示。

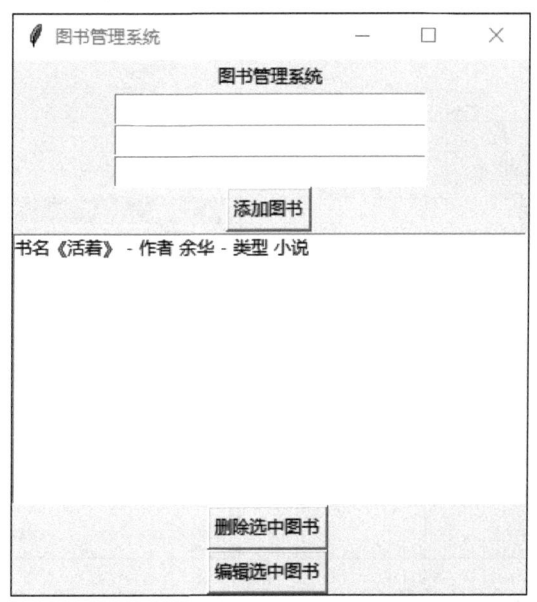
图 11-14 添加图书信息成功界面

同理，可以添加多种类型的图书，添加成功后的结果，如图 11-15 所示。

还可以对图书进行删除操作。选择某一图书信息，如《泰戈尔诗选》，如图 11-16 所示。

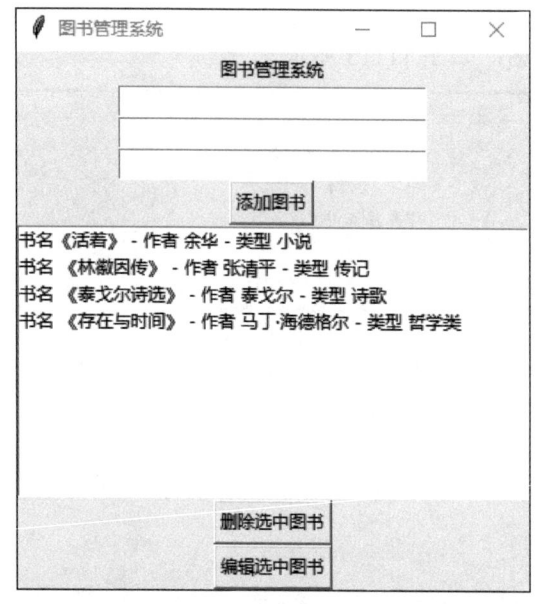
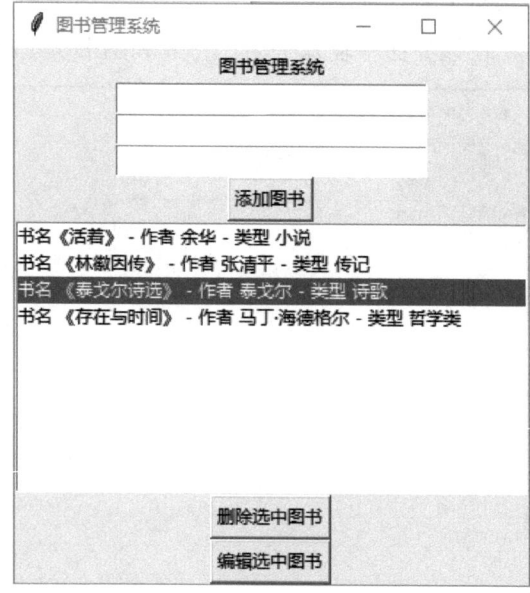

图 11-15　图书信息界面　　　　　　　　图 11-16　选择删除图书界面

选中该图书后，单击"删除选中图书"按钮，即在该系统中删除了该书的相关信息，如图 11-17 所示。

可以对图书信息进行修改操作，这里选择图书《活着》，如图 11-18 所示。

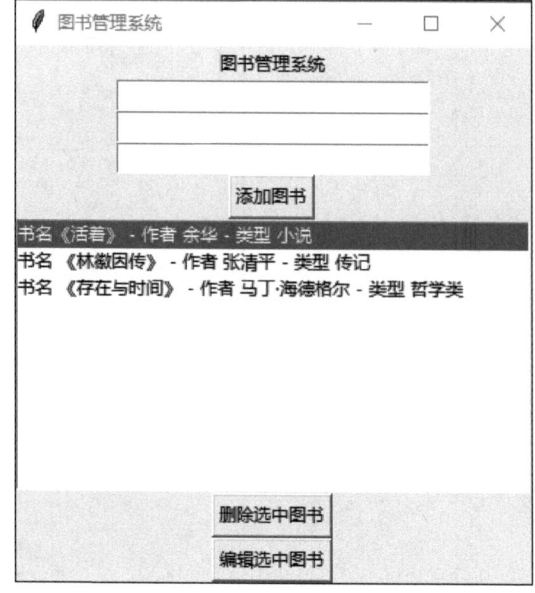

图 11-17　删除选中图书成功界面　　　　　图 11-18　图书信息进行修改操作

单击"编辑选中图书"按钮，可以发现该书的信息已经返回到图书管理系统的添加栏中，这时可以对该书信息进行编辑，如图 11-19 所示。

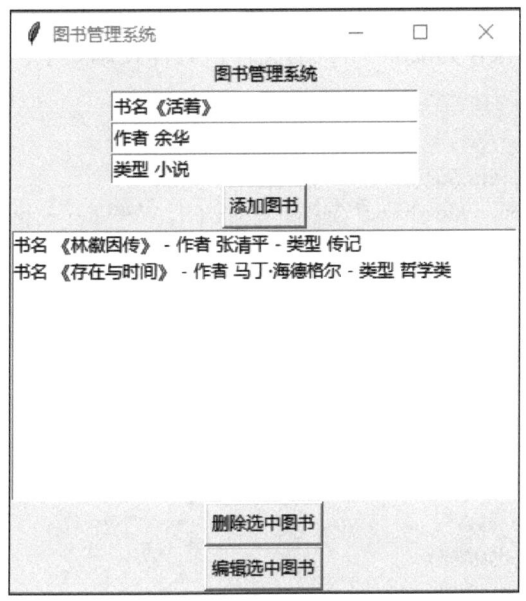

图 11-19　编辑图书信息界面

在这两个系统的实现过程中，不仅学习了 Python 的基本语法和数据结构，还掌握了 Python 的面向对象编程、GUI 编程等高级技术。通过这些实践，不仅加深了对 Python 的理解，还提高了编程能力和解决问题的能力。

11.3　地铁数据分析与可视化

本节将基于 Python 编程语言对地铁数据进行分析，并以可视化图表的形式呈现。通过研究可以改进地铁系统的设计和运营，提高容量和效率，优化交通流量，有助于了解地铁线路对城市环境和城市发展的影响，并推动可持续交通发展，优化城市规划策略。这对于提升城市交通系统的整体质量和乘坐体验非常重要。

11.3.1　数据获取及预处理

地铁信息是指关于城市地铁系统的相关数据和信息，包括线路、站点、时刻表、票价以及其他相关服务和设施，可从地图上获取。以下是关于地铁详细信息的相关说明。

1）地铁线路：是指城市地铁系统中的所有线路。每条线路通常由起始站和终点站之间的多个站点构成，线路之间可能有交汇或转换。

2）地铁站点：是指地铁线路上的站点名称或位置标识，乘客可以在这些站点上下车。

3）时刻表：通常显示列车的发车时间表，以及到达和离开每个站点的预计时间。

4）票价：是指乘坐地铁所需支付的费用。票价根据不同的城市和地铁线路而有所不同，通常以不同的区域和乘车里程计算。

5）其他相关服务和设施：地铁系统通常提供一些额外的服务和设施，如无障碍设施、Wi-Fi 连接、自动售票机、卫生间等，为乘客提供更便利和舒适的乘车体验。

采集地铁站点信息可以通过多种方式进行，本节采用爬虫的方式从高德地图获取数据（本数据截至 2019 年末，不含港澳台）。数据采集获取到换乘站数据，一共 2942 个地铁站点，最后将爬取到的信息保存为 CSV 格式的文件。具体代码如下：

```python
import json
import requests
from bs4 import BeautifulSoup
headers = {'user-agent': 'Mozilla/5.0 (Windows NT 6.1; WOW64) AppleWebKit/537.36 (KHTML, like Gecko) Chrome/63.0.3239.132 Safari/537.36'}
def get_message(ID, cityname, name):
    """
    地铁线路信息获取
    """
    url = 'http://map.amap.com/service/subway?_1555502190153&srhdata=' + ID + '_drw_' + cityname + '.json'
    response = requests.get(url=url, headers=headers)
    html = response.text
    result = json.loads(html)
    for i in result['l']:
        for j in i['st']:
            # 判断是否含有地铁分线
            if len(i['la']) > 0:
                print(name, i['ln'] + '(' + i['la'] + ')', j['n'])
                with open('subway.csv', 'a+', encoding='gbk') as f:
                    f.write(name + ',' + i['ln'] + '(' + i['la'] + ')' + ',' + j['n'] + '\n')
            else:
                print(name, i['ln'], j['n'])
                with open('subway.csv', 'a+', encoding='gbk') as f:
                    f.write(name + ',' + i['ln'] + ',' + j['n'] + '\n')
def get_city():
    """
    城市信息获取
    """
    url = 'http://map.amap.com/subway/index.html?&1100'
    response = requests.get(url=url, headers=headers)
    html = response.text
    # 编码
    html = html.encode('ISO-8859-1')
    html = html.decode('utf-8')
    soup = BeautifulSoup(html, 'lxml')
    # 城市列表
    res1 = soup.find_all(class_="city-list fl")[0]
    res2 = soup.find_all(class_="more-city-list")[0]
    for i in res1.find_all('a'):
        # 城市ID
        ID = i['id']
        # 城市拼音名
```

```
                cityname = i['cityname']
                # 城市名
                name = i.get_text()
                get_message(ID, cityname, name)
        for i in res2.find_all('a'):
                # 城市 ID
                ID = i['id']
                # 城市拼音名
                cityname = i['cityname']
                # 城市名
                name = i.get_text()
                get_message(ID, cityname, name)
if __name__ == '__main__':
        get_city()
```

在上述代码中，通过设置请求头"headers = {'user-agent': 'Mozilla/5.0 ...'}"来模拟浏览器，发送请求到高德地图的城市地铁页面，获取包含所有支持地铁的城市列表。接着，在 get_city() 函数中通过"requests.get(url=url, headers=headers)"发送请求，并使用 BeautifulSoup 库解析 HTML 数据，提取城市信息。然后，针对每个城市的 ID 和名称构建相应的 API 请求"url = 'http://map.amap.com/service/subway?_1555502190153&srhdata=' + ID + '_drw_' + cityname + '.json'"，并调用 get_message(ID, cityname, name)函数获取该城市的地铁线路及其站点信息。在 get_message()函数中，通过"for i in result['l']:"遍历城市的地铁线路，并使用"for j in i['st']:"遍历每条线路的站点信息。如果地铁线路包含分线，则通过"if len(i['la']) > 0:"判断，并将线路名称和分线一起记录；如果没有分线，则仅记录线路名称。所有收集到的地铁信息将以城市名、线路名和站点名的格式写入 CSV 文件"with open('subway.csv', 'a+', encoding='gbk') as f:"。整体上，该代码使用了 Requests 库进行网络请求，BeautifulSoup 库处理 HTML 数据，以及 json 库解析 API 返回的 JSON 数据，展示了如何利用 Python 自动化地进行数据采集和整理。

运行上述代码会得到一个名为 subway.csv 的文件，此文件中包含北京、上海、广州、深圳等 31 个城市的地铁信息，爬取 subway.csv 中部分内容如图 11-20 所示。

北京	1号线	天安门东
北京	1号线	王府井
北京	1号线	东单
北京	1号线	建国门
北京	1号线	永安里
北京	1号线	国贸
北京	1号线	大望路
北京	1号线	四惠
北京	1号线	四惠东
北京	2号线	积水潭
北京	2号线	鼓楼大街
北京	2号线	安定门
北京	2号线	雍和宫
北京	2号线	东直门

图 11-20　爬取地铁线路数据部分示例

11.3.2 地铁数据可视化

根据 subway.csv 文件中的信息可知，一共有 31 个城市开通了地铁，其中北京和上海开通的线路已经超过 20 条，其次是广州、南京、重庆等地已开通至少 10 条线路，其余城市只有个位数条线路。具体信息见表 11-1。

表 11-1 城市地铁线路及站点情况

序号	城市	线路	站点
0	北京	23	329
1	上海	21	345
2	广州	16	225
3	南京	10	159
4	重庆	10	160
5	武汉	9	189
6	深圳	8	164
7	大连	7	67
8	成都	7	156
9	天津	6	139
10	昆明	5	57
11	长春	5	86
12	杭州	4	79
13	苏州	4	93
14	西安	4	88
15	青岛	4	79
16	郑州	3	55
17	长沙	3	45
18	南宁	2	41
19	南昌	2	40
20	合肥	2	46
21	哈尔滨	2	25
22	宁波	2	50
23	无锡	2	44
24	沈阳	2	47
25	石家庄	2	25
26	东莞	1	15
27	佛山	1	25
28	厦门	1	24
29	福州	1	21
30	贵阳	1	24

1. 分析各城市地铁线路数量

为了更直观地展现各城市地铁线路数量的对比情况，可以采用柱状图的形式进行分析。在柱状图中，每一根柱子的高度直接对应并反映出各城市地铁线路的数量，使得不同城市之间的地铁建设规模一目了然，便于进行快速比较和深入分析。

具体代码如下：

```python
# 导入必要的文件
import pandas as pd
import matplotlib.pyplot as plt
import matplotlib.ticker as ticker

# 读取 csv 文件
file_path = 'subway.csv'
data = pd.read_csv(file_path)

# 提取城市和地铁线路数量，去除重复项
city_line_data = data.iloc[:, [0, 1]].drop_duplicates()

# 按城市分组，并计算每个城市的地铁线路数量
line_counts = city_line_data.groupby(city_line_data.columns[0]).size().reset_index(name='line_count')

# 定义分箱边界和标注
bins = [0, 5, 10, 15, 20, 25]
labels = ['0-5', '5-10', '10-15', '15-20', '20 以上']

# 将线路数量进行分箱处理，并添加到 line_counts 数据框中
line_counts['binned'] = pd.cut(line_counts['line_count'], bins=bins, labels=labels, right=True)

# 统计每个区间的数量，并按标签重新索引，填充缺失值为 0
binned_counts = line_counts['binned'].value_counts().reindex(labels, fill_value=0)

# 设置绘图的字体和负号显示
plt.rcParams['font.sans-serif'] = ['SimHei']        # 设置默认字体为黑体（SimHei）
plt.rcParams['axes.unicode_minus'] = False          # 解决坐标轴负号显示问题

# 创建一个新图形，设置图形的大小
plt.figure(figsize=(10, 6))

# 绘制柱状图，x 轴为分箱标签，y 轴为对应的数量，柱子的颜色为红色
plt.bar(binned_counts.index, binned_counts.values, color='red')

# 设置图表标题
plt.title('各城市地铁线路数量分布')

# 设置 x 轴刻度标签的旋转角度
plt.xticks(rotation=0)

# 设置 y 轴主刻度的间隔为 5
plt.gca().yaxis.set_major_locator(ticker.MultipleLocator(5))

# 在柱状图上方添加数据标签
```

```
for i, value in enumerate(binned_counts.values):
    plt.text(i, value + 0.5, str(value), ha='center', va='bottom')   # 在每个柱形上方显示其数值

# 设置 y 轴的显示范围
plt.ylim(0, max(binned_counts.values) + 5)

# 显示绘制的图形
plt.show()
```

上述代码读取 CSV 文件,提取城市和地铁线路信息,计算每个城市的地铁线路数量,并进行分箱统计。用柱状图显示各个城市地铁线路数量的分布情况,设置图表的格式和风格,添加数据标签,运行结果如图 11-21 所示。由图可知线路数量分布情况,可以看到大部分是在[0,5]区间,其中最少为 1 条线路。其次是在(5,10]区间的城市有 7 个。由此可见,中国各大城市的地铁系统在过去几十年得到了迅速的发展和壮大,目前已经成为中国城市主要的公共交通网络之一。

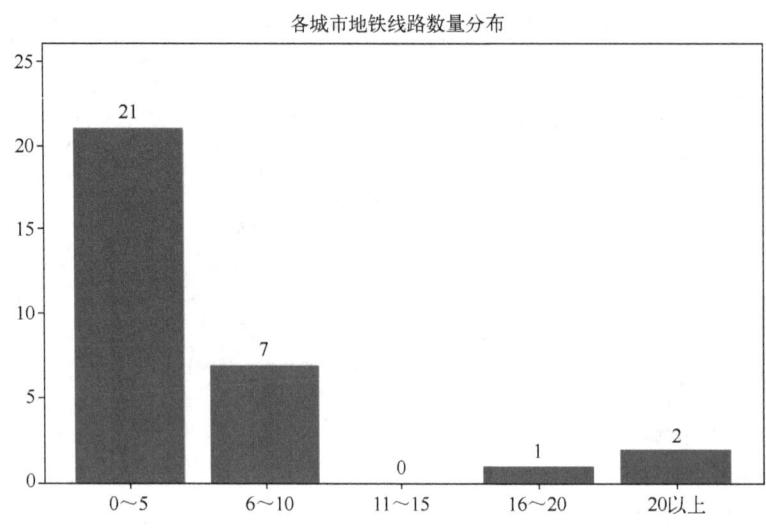

图 11-21　各城市地铁线路数量分布图

2. 分析中国地铁站最爱用的字

为了探索地铁站命名中最为偏爱的字符,将采用柱状图的形式进行数据可视化分析。柱状图将直观地展示各个汉字在地铁站名中出现的频率,从而识别出地铁站命名时最为常用的字,进一步理解地铁站命名的文化特色和地域偏好。

具体代码如下:

```
import pandas as pd                    # 导入 pandas 库,用于数据处理
import matplotlib.pyplot as plt        # 导入 matplotlib 库中的 pyplot 模块,用于绘图
from collections import Counter        # 从 collections 模块导入 Counter,用于计数

# 读取 CSV 文件,存储地铁站数据到 data 变量中
data = pd.read_csv('subway.csv')

# 提取第三列(地铁站名称)的数据
```

```
station_names = data.iloc[:, 2]

# 使用 Counter 统计所有站名中的字符频率
char_counter = Counter(''.join(station_names))

# 获取出现频率最高的 10 个字符
most_common_chars = char_counter.most_common(10)

# 将字符及其频率转换为 DataFrame 格式，便于后续操作
common_chars_df = pd.DataFrame(most_common_chars, columns=['Character', 'Frequency'])

# 设置绘图的字体为黑体（SimHei），以便显示中文字符
plt.rcParams['font.sans-serif'] = ['SimHei']
# 解决坐标轴负号显示问题
plt.rcParams['axes.unicode_minus'] = False

# 创建一个新图形，设置图形的大小
plt.figure(figsize=(10, 6))

# 绘制柱状图，x 轴为字符，y 轴为字符出现频率，柱子的颜色为红色
plt.bar(common_chars_df['Character'], common_chars_df['Frequency'], color='red')

# 设置图表标题
plt.title('中国地铁站最爱用的字')

# 在每个柱形上方添加对应的频率值作为数据标签
for i, value in enumerate(common_chars_df['Frequency']):
    plt.text(i, value + 10, str(value), ha='center', va='bottom')   # 在每个柱形的顶部显示频率

# 设置 y 轴的显示范围，确保柱状图的顶部有足够的空间显示数据标签
plt.ylim(0, max(common_chars_df['Frequency']) + 50)

# 显示绘制的图形
plt.show()
```

在上述代码中，读取 CSV 文件并提取地铁站名称，通过 Counter 统计所有站名中的字符频率，获取最常用的 10 个字符。使用柱状图展示这些字符及其出现频率，设置图表格式，添加数据标签以增强可读性，运行结果如图 11-22 所示。此图清晰地揭示了"路"字在命名中的绝对优势地位，共有 745 个地铁站名中包含了"路"字，高居榜首。紧随其后的是"大"字与"南"字，它们同样频繁地出现在地铁站的命名之中，展现出中国地铁站命名在体现地理位置与道路指向的同时，也融入了地域特色与文化底蕴。

3. 分析地铁站最爱用"门"字命名的城市

为了深入探讨哪些城市的地铁站命名中偏爱使用"门"字，将借助柱状图这一直观的数据可视化工具来呈现分析结果。柱状图将清晰地展示各城市中以"门"字结尾的地铁站数量，从而一目了然地看到哪些城市在地铁站命名上更倾向于使用这一富有象征意义和文化内涵的字眼。

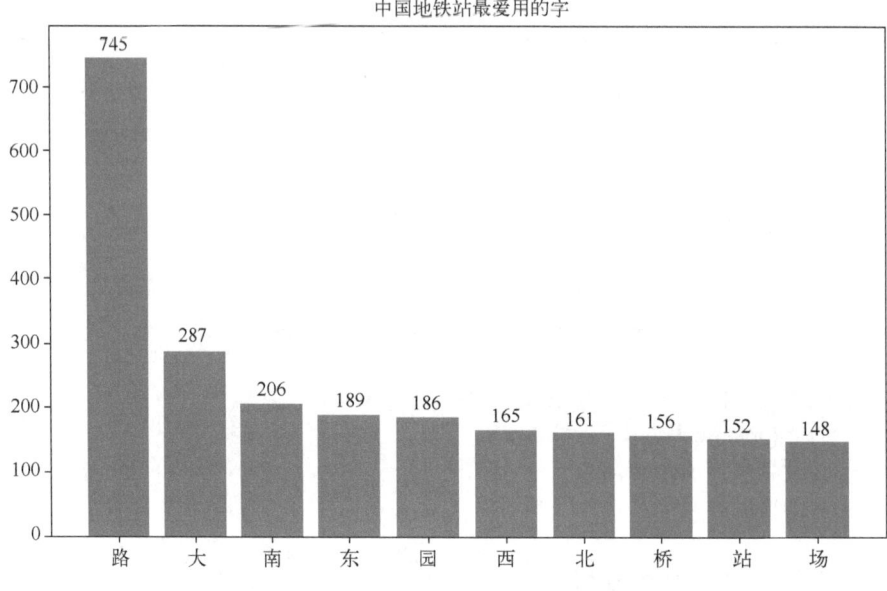

图 11-22　中国地铁站最爱用的字柱状图

具体代码如下：

```python
import pandas as pd                      # 导入 pandas 库，用于数据处理
import matplotlib.pyplot as plt          # 导入 matplotlib 库中的 pyplot 模块，用于绘图
import matplotlib.ticker as ticker       # 导入 ticker 模块，用于格式化坐标轴的刻度

# 读取 CSV 文件，存储地铁站数据到 data 变量中
data = pd.read_csv('subway.csv')

# 提取第三列（地铁站名称）和第一列（城市名称）的数据
station_names = data.iloc[:, 2]
cities = data.iloc[:, 0]

# 筛选出以"门"字结尾的地铁站名称
station_with_last_char_men = data[station_names.str.endswith('门')]

# 按城市分组统计以"门"结尾的地铁站数量，并重置索引
city_last_men_count = station_with_last_char_men.groupby(cities).size().reset_index(name='count')

# 按照数量降序排序，并选取前 3 个城市
city_last_men_count = city_last_men_count.sort_values(by='count', ascending=False).head(3)

# 设置绘图的字体为黑体（SimHei），以便显示中文字符
plt.rcParams['font.sans-serif'] = ['SimHei']
# 解决坐标轴负号显示问题
plt.rcParams['axes.unicode_minus'] = False

# 创建一个新图形，设置图形的大小
plt.figure(figsize=(10, 6))
```

```
# 绘制柱状图，x 轴为城市名称，y 轴为数量，柱子的颜色为红色
plt.bar(city_last_men_count.iloc[:, 0], city_last_men_count['count'], color='red')

# 设置图表标题
plt.title('地铁站最爱用"门"字结尾的城市')

# 在每个柱形上方添加对应的数量值作为数据标签
for i, value in enumerate(city_last_men_count['count']):
    plt.text(i, value + 0.5, str(value), ha='center', va='bottom')   # 在每个柱形的顶部显示数量

# 设置 y 轴主刻度的间隔为 10
plt.gca().yaxis.set_major_locator(ticker.MultipleLocator(10))
# 设置 y 轴的显示范围，确保柱状图的顶部有足够的空间显示数据标签
plt.ylim(0, max(city_last_men_count['count']) + 10)
# 设置 x 轴刻度标签的旋转角度
plt.xticks(rotation=0)

# 显示绘制的图形
plt.show()
```

上述代码读取 CSV 文件，提取城市和地铁站名称，筛选出以"门"字结尾的地铁站，计算每个城市中这些地铁站的数量，并排序选择出数量最多的三个城市。使用柱状图展示以"门"字结尾的地铁站数量最多的三个城市，设置图表格式，添加数据标签，运行结果如图 11-23 所示。

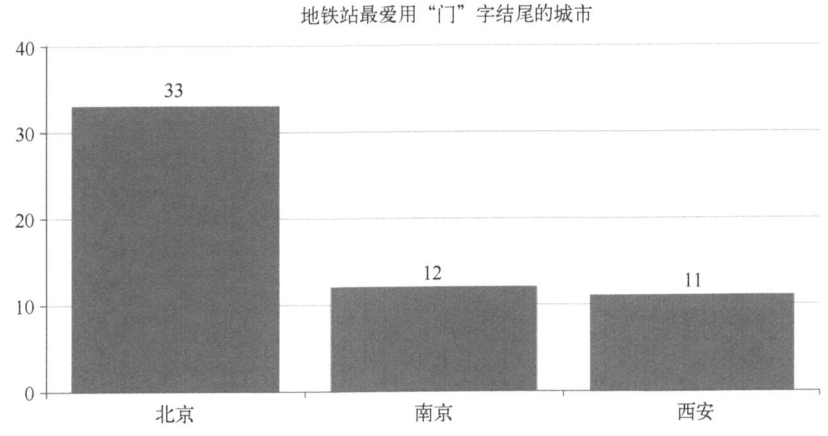

图 11-23　地铁站最爱用"门"字结尾的城市柱状图

通过此图分析地铁站名中蕴含"门"字的站点时，发现了一个有趣的现象：全国范围内共有 17 个城市在地铁命名上采用了"门"字，这一元素无疑为地铁站名增添了几分历史韵味与文化深度。尤其值得注意的是，北京、南京、西安等历史悠久、文化底蕴深厚的古都城市，在这一统计中占据了显著位置。这些城市作为多朝古都，其地铁站名中频繁出现的"门"字，不仅是对历史遗迹的一种传承与致敬，也深刻反映了这些城市在现代化进程中对于自身历史文化的珍视与保留。

4. 地铁词云图

设计一幅地铁相关的词云图，创新地采用了火箭形状的背景图作为基底，这一创意不仅使传统的词云展示方式焕发新生，还寓意着地铁系统作为城市发展的强劲动力，正如火箭般推动着城市快速前行。在这样的背景下，各个地铁站名或地铁相关的关键词以不同大小和颜色密度呈现，形成了一幅既美观又富含信息的画卷。这样的设计不仅有效地突出了关键字，还通过火箭形状的隐喻，深刻展现了地铁在现代城市生活中的重要性和活力。

具体代码如下：

```python
import matplotlib.pyplot as plt          # 导入 matplotlib 库中的 pyplot 模块，用于绘图
from wordcloud import WordCloud           # 从 wordcloud 库导入 WordCloud，用于生成词云
import jieba                              # 导入 jieba 库，用于中文分词
import pandas as pd                       # 导入 pandas 库，用于数据处理
from PIL import Image                     # 从 PIL 库导入 Image 模块，用于图像处理
import numpy as np                        # 导入 numpy 库，用于数组处理

# 读取 CSV 文件，存储地铁站数据到 data 变量中
data = pd.read_csv('subway.csv')
# 提取第三列作为地铁站名称，并去除缺失值，确保数据类型为字符串，转换为列表
station_names = data.iloc[:, 2].dropna().astype(str).tolist()

def create_wordcloud(station_names):
    # 分词并计算词频
    text_list = []    # 初始化一个空列表，用于存放分词结果
    for line in station_names:                            # 遍历每个地铁站名称
        words = jieba.cut(line, cut_all=False)            # 使用 jieba 进行精确模式分词
        text_list.extend(words)                           # 将分词结果添加到 text_list 中

    # 将分词结果转换为字符串
    text = ' '.join(text_list)    # 使用空格连接分词结果，形成一个长字符串

    # 载入火箭形状的背景图片，并确保转换为 RGB 彩色图像
    background_image = np.array(Image.open('ciyun.jpg').convert("RGB"))
    # 获取背景图片的尺寸
    img_height, img_width, _ = background_image.shape

    # 创建词云对象，限制生成区域大小
    wc = WordCloud(
        background_color='white',           # 设置背景颜色为白色
        mask=background_image,              # 设置词云的形状为背景图片
        font_path='华康俪金黑 W8.TTF',       # 设置字体路径，确保路径正确
        max_words=2000,                     # 设置最大显示词数为 2000
        max_font_size=150,                  # 设置最大字体大小为 150
        min_font_size=10,                   # 设置最小字体大小为 10
        prefer_horizontal=1,                # 设置词语更倾向于水平排列
        random_state=50,                    # 设置随机状态，以便于复现结果
        width=img_width,                    # 设置词云宽度与背景图片一致
        height=img_height,                  # 设置词云高度与背景图片一致
```

```
                contour_color='black',          # 设置词云轮廓颜色为黑色
                contour_width=1                 # 设置轮廓宽度为1
    )
    # 生成词云
    wc.generate(text)                           # 根据分词结果生成词云
    # 显示词云
    plt.imshow(wc, interpolation='bilinear')    # 显示词云,使用双线性插值法
    plt.axis('off')                             # 关闭坐标轴
    plt.show()                                  # 展示图像

    # 保存图片
    wc.to_file("地铁名词云.jpg")                 # 将生成的词云保存为 JPEG 格式的文件
    print('生成词云成功!')                       # 打印提示信息

# 调用函数生成词云图
create_wordcloud(station_names)                 # 传入地铁站名称列表以生成词云
```

在上述代码中,读取 CSV 文件并提取地铁站名称,进行去重和类型转换,生成用于词云的文本列表。使用 jieba 库进行中文分词,生成具有特定形状(火箭形状)的词云,设置背景颜色、字体、最大显示词数等参数。显示生成的词云,并将其保存为 JPEG 格式的文件,同时在控制台打印成功信息。运行结果如图 11-24 所示。

在精心设计的地铁词云图中,一个引人注目的现象跃然眼前:"广场""路"与"公园"这三个词汇犹如璀璨星辰,占据了最为显眼的中心位置,它们的高频出现不仅彰显了这些地点在地铁网络布局中的核心地位,也映射出城市生活中这些公共空间的广泛使用和重要性。诸如"大道""南路""大学"与"街"等词汇紧随其后,以不同亮度与形态环绕其旁,进一步揭示了地铁线路覆盖的广泛地域范围与多样化场景,从城市的南北动脉到学术殿堂,再到繁华街市,都与地铁网络紧密相连,共同织就了现代城市的便捷与繁华。

图 11-24　地铁词云图

11.4　本章小结

本章通过综合实践,深入探讨了宿舍管理系统与图书管理系统的设计与实现细节,包括具体的程序代码及其运行效果展示,为读者提供了从理论到实践的全面指导,帮助读者了解系统开发的全过程。此外,还通过地铁数据的分析与可视化案例,生动地展示了 Python 编程语言在数据处理与可视化领域的强大功能,帮助读者掌握数据分析的实战技能,并从中获得实践经验和启示。

参 考 文 献

[1] 闫俊伢，夏玉萍，陈实，等. Python 编程基础[M]. 北京：人民邮电出版社，2016.
[2] 王学军，胡畅霞，韩艳峰. Python 程序设计[M]. 北京：人民邮电出版社，2018.
[3] 王娟，华东，罗建平. Python 编程基础与数据分析[M]. 南京：南京大学出版社，2019.
[4] 黄红梅，张良均，张凌，等. Python 数据分析与应用[M]. 北京：人民邮电出版社，2018.
[5] 黑马程序员. Python 快速编程入门[M]. 北京：人民邮电出版社，2017.
[6] 刘大成. Python 数据可视化之 matplotlib 实践[M]. 北京：电子工业出版社，2018.
[7] 周华平，刘惠临，孙克雷. Python 语言程序设计[M]. 长沙：中南大学出版社，2022.
[8] 王恺，王志，李涛，等. Python 语言程序设计[M]. 北京：机械工业出版社，2019.
[9] 丘恩. Python 核心编程[M]. 宋吉广，译. 2 版. 北京：人民邮电出版社，2008.